영국의 종교개혁과
청교도 운동

영국의
종교개혁과 청교도운동

초판 1쇄 인쇄 2014. 11. 20.
초판 1쇄 발행 2014. 11. 25.

지은이 · 김호욱
펴낸이 · 양우식
펴낸곳 · 가리온

서울특별시 영등포구 여의대방로 43라길 9
전화 · 892-7246 / 팩스 · 0505-116-9977
등록 · 제17-152호 1993.4.9.

국립중앙도서관 출판예정도서목록(CIP)

영국의 종교개혁과 청교도 운동 / 지은이: 김호욱. ㅡ 서울
: 가리온, 2014
    p. ;   cm

표제관련정보: 청교도 운동과 청교도 정신은 지금도 우리에
게 유익한가?
ISBN 978-89-8012-066-6 93230 : ₩15000

청교도 운동[淸敎徒運動]
종교 개혁[宗敎改革]
영국(국명)[英國]

238.599-KDC5
285.9-DDC21   CIP2014034305

영국의
종교개혁과
청교도
운동

목차
contents

저자서문

이사야 선지자는 "여호와의 말씀이 그들에게 '명령에 명령을 더하고, 명령에 명령을 더하고, 규칙에 규칙을 더하고, 규칙에 규칙을 더하여, 여기서도 조금, 저기서도 조금'이라고 하실 깃이니, 그들이 가다가 뒤로 넘어지고 부러지며 덫에 걸리며 붙잡히게 될 것이다."(사 28:13.「바른성경」)고 말씀합니다. 이 말씀은 우리말 속담에 "티끌모아 태산"이란 말이 있는 것처럼 여기저기서 조금씩 취하면 큰 산을 이룰 수 있다는 지혜를 주고 있습니다.

청교도에 관한 훌륭한 작품들이 국내외 학자들에 의해 많이 출판되어 있습니다. 그래서 청교도 관련 서적을 출판한다는 것은 더 이상 의미가 없고 독자들에게 매력을 주지 못할 수도 있습니다. 이러한 염려에도 불구하고 용기를 내어 보았습니다. 그 동안의 청교도 관련 서적에 부족한 면이 있어서가 아니라 청교도 강의를 하면서 내 강의 방식에 맞는 책이 필요했기 때문입니다.

청교도 관련 국내 학자들의 작품과 외국 학자들의 번역서 및 원서가 있었기 때문에 본서가 출판될 수 있었습니다. 이사야의 말씀처럼 "여기서도 조금, 저기서도 조금"하여 모으고 모아서 정리하였습니다.

본서의 제목은 『영국의 종교개혁과 청교도 운동』입니다. 이 제목은 새로운 용어가 전혀 아닙니다. 영국의 종교개혁이라 한 것은 헨리 8세의 지극이 개인적인 이유로 일어난 잉글랜드의 종교개혁이 웨일즈와 아일랜드에까지 영향을 주었고, 스코틀랜드의 종교개혁이 완성될 수 있는 길을 열어주었기 때문입니다. 청교도운동은 잉글랜드 종교개혁이 낳은 위대한 영적 투쟁의 역사이지만 동시에 스코틀랜드에 지대한 영향을 주었고, 역시 웨일즈와 아일랜드에도 영향을 주었기 때문입니다.

본서는 청교도를 간략하고 체계적으로 공부하고 싶은 신학도들과 청교도에 대해 전반적인 내용을 간략하게 알고 싶은 이들에게 초점이 맞추어져 있습니다. 그러므로 영국의 종교개혁과 청교도 운동에 대해 좀 더 포괄적으로 알기를 원한다면 본서를 읽은 후 현존하는 다양한 청교도 서적들을 참고하면 될 것입니다.

청교도 운동이 언제 시작되었는가에 대해서는 학자들 마다 견해가 다릅니다. 어떤 학자들은 윌리엄 틴데일로부터 시작되었다고 보기도 하며, 어떤 학자들은 에드워드 6세 시대에 시작되었다고 주장합니다. 청교도란 용어가 엘리자베스 1세 통치 시대에 만들어진 용어이므로 그때를 청교도의 출발점으로 보아야 한다는 주장도 있습니다. 청교도 운동의 시작 시점을 언제로 보느냐에 따라 발생하는 문제가 하나 있습니다. 과연 누구를 청교도의 아버지로 보아야 하느냐 하는 것입니다. 지금까지 학계에서 청교도 운동의 아버지로 지목되는 인물은 존 후퍼, 존 낙스, 윌리엄 퍼킨스가 지배적입니다. 여기에 라티머, 리들리, 크랜머, 커버데일, 로저스 등이 포함되어야 한다는 주상도 있습니다. 필자는 몇 가지 이유에서 존 낙스를 청교도의 아버지로 보았으며 그 이유에 대한 자세한 내용을 본문에 담아 두었습니다.

보편적으로 종교개혁 이전의 종교개혁자 또는 청교도 이전의 청교도들로 불리는 위대한 하나님의 사람들이 있습니다. 마르시글리오, 위클리프, 얀 후스, 헤라트 흐로테, 사보나롤라, 윌리엄 틴데일 등이 그러한 인물로 평가되고 있습니다. 이 모든 인물들이 청교도 운동에 정신적인 영향을 주었다고 보지만 필자는 청교도 운동은 잉글랜드에서 일어난 운동이란 점을 감안하여 잉글랜드 사람 존 위클리프와 윌리엄 틴데일에 한정하였습니다.

16세기에 일어나서 17세기에 하나의 운동으로서는 종식된 청교도 운동과 21세기의 교회는 어떤 관계가 있을까? 지금도 우리에게 청교도 정신이 유익한가? 이에 대해 제임스 패커과 제임스 헤론이 정리한 내용과 필자의 견해를 설명하였습니다.

본서가 집필될 수 있었던 것은 광신대 전 부총장 정준기 교수님께서 필자에게 청교도 과목을 가르칠 수 있도록 자신의 과목을 내어주셨고, 지속적으로 격려해 주셨기 때문입니다. 그래서 본서 속에 정교수님의 숨결이 살아 있습니다. 필자가 필요할 때마다 타이핑과 교정을 위해 수고해 준 광신대 박준희 전도사와 손수영 전도사에게 감사한 마음을 전하며, 본서를 출판해 주신 가리온출판사 양우식 사장님과 임직원분들께 감사를 드립니다.

제1장

서 론

1. 청교도(淸敎徒)의 용어 정리

청교도의 역사와 신학 및 그들의 신앙을 구체적으로 살피기 전에 청교도를 보다 잘 이해하기 위해 청교도란 용어를 정의하는 것이 도움이 될 것이다. 청교도 용어는 학자들 마다 표현 방법에 약간의 차이가 있으나 근본적으로는 차이가 없다. "청교도란 라틴어 푸리타니(Puritani)에서 나온 말로써 희랍어 카타리(cathari)와 비슷한 뜻을 가지고 있다."[하워드(Leon Howard)]는 문자적인 뜻으로는 자기 이웃보다도 더 거룩하고 세속의 오염으로부터 격리된 자"라 했다.[1] 정준기는 "청교도란 말이 17세기는 꼼꼼한자(precisionist)로써 성경말씀에 근거하지 않는 어떠한 신앙생활도 거부하며, 초대교회의 사도적 순결(apostolic purity)에 일치한 교회를 세우고자 하는 자들로 이해되어 갔다. 이들은 국가교회가 성경에 기초하지 않는 예식, 규범, 교리를 신자들에게 강요할 때 때로는 반발했으며 때로는 국가교회 자체를 개혁하려고 했고, 이들의 개혁의지가 실현되지 못했을 때 신앙지조를 지키기 위해 독립해서 예배를 드리기도 했고, 더 나아 가서는 해외에 이주하여 자신들의 신앙생활을 영위하기도 했다."[2]면서 퓨리탄 용어의 의미를 다음과 같이 정리하고 있다:

[청교도란] 잉글랜드 국교회에 비타협적인 개신교도들을 내리깍는 다분히 조소 띤 것이었다. 국교교도들이 경멸하는 의미에서 청교도들을 까탈스럽고 비판적인 고집 불통이라고 할 때 여기에는 상당한 "정직"이 내포되어 있었다. 청교도란 말의 어원인 라틴어 푸리타니(Puritani)가 말하는 바와 같이 청교도들은 세속의 오염으로부터 격리된 거룩한 양심의 소유자들이었다.... 청교도들은 성경에 근거하지 않은 신앙생활은 어떠한 것이라도 거부하였다.[3]

제임스 헤론은 청교도 용어의 기원에 대해 "잉글랜드의 감독들은 기도와 의식들 그리고 교회의 규율들에 의해 서명하도록 주교관구의 그 성직자들에게 강요함으로써 그들의 권위를 보이기 시작했고 그와 동일한 것들을 악명 높은 퓨리탄이라고 낙인찍었는데 이 나라에서 그 이름이 이 해[1564년]에 처음 사용되기 시작한 것이다."라고 말한 잉글랜드의 역사가 토마스 풀러(Dr. Thomas Fuller, 1608-61)의 말을 인용했

---

1) 정준기, 『미국 대 각성운동』 (광주: 도서출판 복음문화사, 1994), 17.
2) Ibid.
3) 정준기, 『청교도 인물사』 (서울: 생명의말씀사, 2001), 7

다. 그런 다음 청교도란 용어를 "'까다로운 사람'(Precisian), '청교도'(Puritan), '장로교도'(Presbyterian)라는 용어들은 모두 대감독 파커(Parker)가 당시에 그의 문헌들 속에서 똑같은 한 집단을 각각 다른 별명으로 부른 용어들이다."고 정리했다.[4]

청교도(清敎徒)란 라틴어 푸리타니(Puritani)와 영어 퓨리탄(Puritan)을 한자어로 번역한 용어이다. 맑을 청(清), 가르칠 교(敎), 무리 도(徒)로 이루어진 청교도의 의미를 청교도주의의 개념을 포함시켜 풀어보면 '성경말씀을 성경대로 분명하게 가르치고 그 가르침을 실천하는 사람들'이라고 하면 그 개념이 좀 더 가까이 다가온다. 영어 퓨리탄 역시 깨끗한 사람, 순수한 사람, 맑은 사람 등으로 번역할 수 있으니 이 또한 퓨리타니즘(Puritanism) 개념을 포함시키면 '성경말씀을 인간의 사상으로 오염시키지 않고 순수하게 가르치고 그 가르침을 따르는 사람들'로 표현할 수 있다.

---

4) James Heron, 『청교도 역사』(*A Short History of Puritanism*), 박영호 역 (서울: 기독교문서선교회, 1996), 26.

5) 종교개혁이 성공한 이후 "종교개혁 이전의 종교개혁자"란 말이 생겨난 것처럼 청교도란 용어가 잉글랜드에서 사용되면서 "청교도 이전의 청교도"란 말이 사용되고 있는 데 "청교도에게 영향을 준 인물들"이란 후자와 동일한 의미의 다른 표현이다. "종교개혁 이전의 종교개혁자," "청교도 이전의 청교도,"란 말들이 합당한 이유는 "안디옥에서 제자들이 기독교로 불리어지기 이전에 기독교도들이 있었고, 종교개혁 이전에 개혁자들이 있었던 것처럼 청교도라는 이름이 그들에게 붙여지기 이전에 청교도들이 있었기 때문"이다. James Heron, 『청교도 역사』(*A Short History of Puritanism*), 박영호 역 (서울: 기독교문서선교회, 1996), 31.

2. 청교도에게 영향을 준 인물들 [5]

청교도 운동은 잉글랜드에서 시작되었다. 물론 청교도들이 지향했던 성경관과 교회관을 중심으로 하는 신학이나 삶의 태도 면은 청교도만의 독특한 특색은 아니었다. 잉글랜드에서 청교도 운동이 일어나기 이전부터 청교도들과 유사한 행동을 취했던 인물들과 단체가 잉글랜드 기독교사에 남아 있다. 학자에 따라서는 파두아의 마르시글리오(Marsiglio of Padua, 1270-1342)를 중세의 청교도 중 한 사람으로 소개하고 있지만, 마르시글리오는 프랑스인으로서 프랑스에서 활동했기 때문에 그의 신학과 정신은 청교도의 선구자 반열에 놓을 수 있으나 지역 특성상 보헤미아의 얀 후스(Jan Hus, c.1372-1415)처럼 청교도와 곧바로 연결시키기는 것은 어색한 면이 있다. 그러므로 잉글랜드 인으로서 잉글랜드에서 활동한 역사적인 인물 중 청교도 이전의 청교도란 명칭에 어울리는 사람은 존 위클리프(John Wyclif, c.1324-84)와 윌리엄 틴데일(William Tyndale, c.1494/95-1536)로 보는 것이 자연스럽다.

2.1. 위클리프

그레고리우스 11세는 위클리프가 "신적통치와 시민통치(Divine and Civil Dominion)"를 통해 전파한 사상에 충격을 받고 교서를 작성하여 위클리프(John Wyclif, 1324-84)의 사상을 다음과 같이 비난했다. "그와 같은 견해는 사탄의 구덩이 속에서 올라온 두 마리 짐승들인 파두아의 마르시글리오와 잔두노의 존의 비뚤어진 견해와 무지와 학설 그리고 그들의 저주받을 기억들 속에서 몇 마디의 용어만을 바꿔서 사용한 것이다."[6] 토롤드 로저스(Thorold Rogers)는 "청교도주의는 위클리프 때부터 시작되었다고 할 수 있다."[7]고 평가함으로써 위클리프를 청교도주의의 정신적인 아버지 위치에 올려놓고 있다. 존 위클리프의 생애와 사상을 통해 그가 잉글랜드 청교도들에게 미친 영향력에 대해 알아보자.

2.1.1. 위클리프의 생애

종교개혁의 샛별, 복음의 박사로 불리는 존 위클리프는 출생 날짜와 태어난 장소가 확실하지 않지만 1324년경(1320년에서 1330년 사이에 태어난 것으로 추정하는 학자들이 있음) 잉글랜드 더럼 교구에 속한 요크셔의 작은 마을에서 출생한 것으로 알려져 있다. 위클리프는 옥스퍼드 대학에 입학하여 변증법, 수학, 법률학에 두드러진 재능을 보였으나 1345년에 대학 학술 단체의 특별회원이 될 정도로 다른 학문분야에서도 탁월성을 나타냈다. 1360년에는 옥스퍼드 단과대학의 하나인 발리올(Balliol)의 주임이 되었고, 16년간의 신학박사 과정을 마치고 1372년 신학 강의 자격을 획득했다.[8]

1374년 잉글랜드와 로마교회 사이에 정치와 경제적 문제 그리고 교회와 국가의 관계에 현저한 의견대립이 있어, 이 문제 해결을 위해 브루지스에서 모인 교황 사절단과 만나는 협상 테이블에 그는 잉글랜드 대표로 임명되어 참석하였다. 위클리프는 옥스퍼드에 돌아와서 『신적통치』(Divine Dominion)와 『시민통치』(Civil Dominion)를 썼다. 그는 소책자에서 "[로마의 주교들은] 적그리스도, 거만하고 세속적인 로마사제, 흉악한 도적과 강도"라 했고, "[교황은] 여느 사제보다 메고 푸는 권세를 더 많이 지니고 있지 않으며, 세속 군주들이 필요한 경우에는 성직자들의 재산을 몰수할 수 있다."고 강조했다.[9]

1377년 프랑스인으로써 마지막 교황 그레고리우스 11세(Gregorius XI, 1370-78)는 위클리프의 주장을 신자들을 사악한 이단설로 오염시키고, 교회를 전복하고, 국가를 어지럽히는 위험한 사상으로 간주하고 신적통치』(Divine Dominion)와 『시민통치』(Civil Dominion)에서 19가지 죄목을 발췌하고, 그를 단죄하는 대칙서를 발표했다. 위클리프가 비록 로마교황청으로부터는 미움을 받았지만 잉글랜드국민들이 볼 때는 애국자임에 틀림이 없었다. 왜냐하면 위클리프는 교황청의 신학적 오류뿐만 아니라 잉글랜드 국민의 돈이 로마로 빠져들어 가는 것을 반대함과 동시 교황청의 잉글랜드 내정 간섭을 싫어했기 때문이다. 그래서 황태후의 지원으로 법정에서는 위클리프에게 책벌 없이 단순한 경

---

6) Ibid.

7) James Heron, 36.

8) James Heron, 37.

9) Philip Schaff, *History of the Christian Church*, Vol. 6, 이길상 옮김 (서울: 크리스챤다이제스트, 2005), 296-97.

고조치로 이 사건을 마무리 시켰다.[10]

1381년 위클리프 교리를 자의적으로 해석한 결과로 와트 타일러(Wat Tyler)와 존 발(John Ball)이 중심으로 잉글랜드 농민봉기가 일어났을 때 육체적 방종이 영적자유를 나타나는 것이 아니었지만 위클리프는 농민들에게 동정과 관용의 태도를 보여주었다.[11]

위클리프는 대학에서 물러나 목회를 하던 기간(1382-84)에 불가타 성경을 영어로 번역하여 일반 대중들에게 전파한 후 1384년에 운명했다. 그가 죽은 후 도덕적 행정적 개혁을 주목적으로 열린 콘스탄츠 공의회(1414-18)에서 요한 23세는 위클리프의 시신을 파내어 스위프트 강에 던지는 형벌을 가했다. 풀러(Fuller)는 요한 3세가 위클리프에게 내린 형벌을 다음과 같이 묘사했다. "이 시대는 그 유해의 조각들을 아본으로 실어갔고, 아본은 시번으로, 시번은 작은 바다로, 결국에 그것은 대양으로 떠내려가게 되었다. 결국 위클리프의 유해는 전세계에 펼쳐진 그의 교의의 상징이 되었다."[12]

2.1.2. 위클리프의 사상

위클리프의 신학 사상의 핵심은 성경관, 교회관, 성찬관이다. 위클리프는 성경을 법과 진리의 유일한 표준으로 선함으로써 교회의 전통과 교리보다 상위 자리에 올려놓았다. 그는 성경을 그리스도의 법이요, 하나님의 율법이며, 하나님의 말씀이고, 생명의 책(liber vitae)이라고 했다. 성경은 무오하다고 믿었고, "지극히 참되고 지극히 완전하고 지극히 건전하다"면서 설교의 근거는 성경이어야 함을 강조했다. 성경의 철자 하나까지도 참되다고 강조하고, 만약 성경에 오류가 발견된다면 그 원인은 인간의 무지와 왜곡 때문이라고 했다.[13] 어느 누구도 선행으로 상을 얻을 수 없고, 그리스도가 유일한 중보자이시며 그 분을 통해서 하나님과 직접 교통한다고 강조했다. 위클리프는 『세속 주권』에서 교회의 머리를 그리스도라 강조하고, 교회는 산자와 죽은 자와 아직 태어나지 않은 선택받은 사람들로 구성된다고 함으로써 비가시적교회를 주장했다. 즉 교회는 선택받은 모든 사람들의 모임이다. 교황은 지역교회의 머리이지 전교회의 머리가 아님을 강조한 것이다. 이로써 그는 보이는 교회와 보이지 않는 교회를 구분했다.[14] 성찬론에서는 로마 카톨릭의 화체설을 거부하고 영적인 견해를 가지고 있었다. 성찬은 사제가 축성한 후에도 본질이 변하는 것이 아니며, 그리스도의 몸과 피가 실재하지 않는다고 가르쳤다. 성직자 계급제도를 혹독하게 비판하면서 사제와 감독이 하나임을 주장했다.[15]

위클리프는 학자로서 신학적 오류가 발생한 것을 유명론 때문으로

---

10) 朴熙錫, "위클리프의 성경관," 『신학지남』 제208호, 1986, 54-55.

11) James Heron, Ibid., 40.

12) Ibid., 41.

13) Philip Schaff, 318.

14) Ibid, 310-11.

15) James Heron, 43-44. Philip Schaff, 309.

생각하면서, 실재론을 옹호했다.[16] 교회와 국가의 관계성 대해서도 그의 견해를 발표했다. 『신적 주권에 관하여』(De dominio divino)에서는 인간은 청지기로써 자신의 책무를 다할 것을 강조했고, 『세속 주권에 관하여』(De dominio civili)에서는 교황이나 성직자가 재산을 남용하면 국가로부터 재산을 박탈당할 수 있다고 했다.[17]

---

16) 실념론(實念論)이라고도 하는 실재론(實在論, realism)과 명목론(名目論)이라고도 하는 유명론(唯名論, nominalism)은 개념론(槪念論, conceptualism)과 함께 중세의 보편논쟁의 핵심이었다. 실재론은 플라톤의 이데아론에 근거하고 있다. "실재론은 오도(Odo), 에리우게나(Eriugena), 안셀무스(Anselmus), 기욤(Guillaume) 등에 의해 주장되었다. … 실재론에 따르면 보편자는 형상이나 이데아로서 개체와 분리되어 실재한다고 한다. … '보편자는 개별적 사물에 앞선다'(universlia ante rem)는 실재론의 주장도 … 개별적인 인간이 존재하기 이전에 필시 인간성이 보편자로서 존재해야 하는 것처럼 한 대상의 본질인 보편자는 그 개별적 대상이 존재하기 이전에 하나의 실재로서 존재해야 한다. 결국 보편자가 객관적 실재로서 존재한다는 주장이다." 유명론은 실재론과 반대의 기념이다. "유명론 또는 명목론은 11세기 후반에 반실재론자인 로스켈리누스(Roscellinus, 1050-1125)에 의해 주장된 것인데, '보편은 개별적 대상 다음에 존재한다(universlia post rem)는 입장으로서 개체들만이 자연 내에 존재한다는 명제로 집약될 수 있다. … 로스켈리누스는 이러한 입장에서 삼위일체론을 부정한다. 삼위일체의 세 위격은 제각기 독립적인 존재이며, 그들에게 공통된 것이라고는 하나의 단어에 불과하며 실제로 근본적인 것은 아무 것도 없다고 했다. … 14세기에 이르러서 오컴(Occom)은 만일 보편이 실재한다면 그것은 창조에 앞서 신의 미음 속에 존재했었을 것이며 신의를 속박하는 결과가 되어 선의 자유로운' 무로부터의 창조 '와 위배된다고 하였다. .. 보편은 단지 명사이며 개물을 나타내는 기호에 불과하다고 주장했다." 개념론은 아벨라르(Petrus Abelardus, 1079-1142)가 주장한 개념이다. 개념론은 보통 온건 실재론이라고도 하는데, 실재론과 유명론의 견해를 종합하고 조정한 중립적 입장으로서' 보편은 개별적 대상 안에 존재한다 '(universlia post rem)는 명제로 표현된다. … 결국 보편자는 개물 안에 있는 공통 상태로서의 개념 또는 언어로서 지성은 이것을 개물에서 추상하여 인식하기 때문에 개물에는 보편이 전제되어 있다." 윤병운, 『서양철학사』(서울: 리빙북, 2008), 260-63.

17) Philip Schaff, 306-07.

2.1.3. 위클리프의 성경 번역

위클리프의 성경관과 교회관의 열매는 그가 성경을 영어로 번역하여 대중의 손에 안겨 준 일이다. 평신도가 성경을 가질 수 없도록 하는 것은 죄이며, 사제는 평신도에게 모국어로 번역된 성경을 읽을 수 있도록 할 의무가 있다고 했다. 그는 잉글랜드의 귀족들이 프랑스어로 된 성경을 가지고 있는 데 왜 영어 성경은 가질 수 없는지 의문을 제기했다:

> 기독교인이라면 남녀노소를 모두가 성경을 철저하게 연구해야 하며, 지식인이 아닌 범인도 성경을 연구하는 일을 끝없이 하기를 피해서는 안 될 것이다. 사제들의 오만과 탐욕이 그들의 어둠과 이단설을 가져왔고, 성경의 바른 깨달음에서 차단시키고 있다. 성경은 구원을 얻기에 가장 필요한 핵심들에 있어서 범인(凡人)들에게도 깨달을 수 있는 길이 열려 있으며 완전한 권위를 가지고 있다.[18]

위클리프는 로마 카톨릭의 온갖 박해와 비난과 방해 공작 속에서 불가타 성경을 영어로 번역하여 자국민에게 전해 준 최초의 인물이 되었다.

2.2. 윌리엄 틴데일

틴데일(William Tyndale, c.1494/95-1536)은 잉글랜드의 헨리 8세(Henry VIII, 1491-1547)가 정치적인 종교개혁을 일으키기 전에 이

---

18) Ibid., 321.

루어낸 성경번역과 보급 등의 일연의 행동들을 이유로 헨리 8세가 종교개혁을 일으킨 후에 그에 의해 부르셀 근처 빌보드에서 순교함으로써 더욱 유명해 졌다.

16세기 초반과 중반 시기에 잉글랜드의 주요한 개신교 지도자는 로버트 반즈(Robert Barnes, 1495-1540), 토마스 빌네이(Thomas Bilney, c.1495-1531), 휴 라티머(Hugh Latimer, c.1485-1555), 존 프리스(John Frith, c.1503-33), 마일즈 커버데일(Miles Coverdale, 1488-1568), 토마스 크랜머(Thomas Cranmer, 1489-1556), 니콜라스 니들리(Nicholas Ridly, c.1500-1555), 매튜 파커(Matthew Parker, 1504-1575), 윌리엄 틴데일(William Tyndale, c.1494/95-1536) 등이었다. 이들 중 커버데일과 파커만이 자연사했고 나머지는 모두 헨리 8세와 메리 여왕에 의해 순교했다.[19]

틴데일은 잉글랜드의 글로체스터 서남쪽에 위치한 시번(Severn) 강 언덕 위에 자리 잡은 노스 티블리(North Tibley)에서 태어났다. 그는 빌네이의 영향을 받았고, 라티머에게 영향을 주었고, 라티머는 리들리와 그랜머에게 영향을 주었다. 『잉글랜드 국교회』(Ecclesia Anglicana) 저자가 1531년 노르윅의 상가에서 화형 당했던 빌네이를 "음울하고 반미치광이 청교도"라고 표현한 것을 볼 때 빌네이 역시 청교도주의의 색채를 가지고 있었음을 알 수 있다.[20] 틴데일의 친구이며 개혁주의적 교리를 옹호했던 마일즈 커버데일은 루터의 독일어 성경과 불가타(Vulgata)[21] 성경을 참고하여 영역본 성경을 완성하여 헨리 8세에게 헌사했고, 왕은 그 성경을 배포할 수 있도록 허가했다. 제임스 헤론은 이러한 커버데일의 개혁 사상과 성경번역 작업 등을 높이 평가하여 그를 틴데일과 함께 청교도들의 선구자 반열에 올려놓았다.[22] 로버트 반즈(Robert Barnes, 1495-1540)는 틴데일의 영역본 성경을 출판하였다.[23] 틴데일에게 영향을 주었던 인물들과 그로부터 영향을 받았던 인물들 모두가 청교도주의 정신에 영향을 행사했다고 보아야 하지만 학자들에게 가장 주목을 받는 인물은 윌리엄 틴데일이다.

틴데일은 태도와 정신면에서 청교도의 정신적인 아버지로 평가될 만큼 청교도주의의 특징들을 가지고 있었다:

---

19) Williston Walker, *A History of the Christian Church*, 송인설 역, (서울: 크리스챤다이제스트, 2002), 540.

20) James Heron, 52.

21) 불가타(Vulgate)는 "공동번역'이라는 뜻의 라틴어 editio vulgata에서 유래[했다]. 성 히에로니무스[Hieronymus](제롬[Jerome])가 번역한 것으로, 로마 카톨릭 교회가 사용하는 라틴어 성경. 382년 교황 다마스쿠스가 당대 최고의 성경학자인 히에로니무스에게 당시 사용되던 여러 번역본을 토대로, 만족할 만한 라틴어역 성경을 출간하라는 명령을 내렸다. 383년경 복음서의 라틴어역 개정판이 나왔다. 그는 〈70인역 성경〉를 사용하여 새로운 라틴어역 〈시편〉(갈리아 시편)과 〈욥기〉, 몇몇 다른 책들을 펴냈다. 나중에 히에로니무스는 〈70인역 성경〉이 문제가 있다고 판단하고, 히브리 성경 원본을 토대로 〈구약성경〉 전체를 번역하기 시작하여, 405년경에 이 작업을 끝마쳤다. ... 이 책 안에는 보통 〈시편〉을 제외한 히에로니무스의 〈구약성경〉 번역본, 히에로니무스가 번역한 〈갈리아 시편〉, 〈토비트〉·〈유딧〉·〈복음서 개역본〉 등이 들어 있었다. 나머지 〈신약성경〉은 히에로니무스가 이전의 라틴어 역본에서 취해 약간 고친 듯하다. 또한 개신교와 유대교에서는 외경으로 취급하고 로마 카톨릭에서는 제2경전으로 분류하는 〈70인역 성경〉의 일부도 이전의 번역본에서 취하여 포함시켰다." 브리테니커.동아일보,『브리테니커 세계 대백과사전』 *Vol 10* (서울: 삼화인쇄, 1993), 270.

22) James Heron, 56-57.

23) William R. Estep, 『르네상스와 종교개혁』 (*Renaissance and Reformation*), 라은성 역 (서울: 그리심, 2003), 150.

청교도주의는 1524년 윌리엄 틴데일(William Tyndale)에게서 최초의 모습을 드러냈다고 주장하는 바입니다. 그 이유는 – 제가 입증하기를 원하는 것이지만 – 청교도주의는 일종의 사고의 형태였기 때문입니다. 청교도주의는 태도요 정신입니다. 청교도주의의 커다란 특징들 가운데 두 가지가 틴데일에게서 그 보습을 보이기 시작했음이 틀림없습니다.[24]

마틴 로이드 존tm(Martyn Lloyd-Jones, 1899-1981)은 틴데일이 가지고 있던 청교도주의의 두 가지 특징을 자국어(영어)로 성경을 번역한 것과 성경을 번역해야 한다는 열망으로 왕의 승낙 없이 잉글랜드를 떠나 독일로 간 것을 예로 들고 있다. 틴데일은 독일에서 루터의 도움을 받으면서 성경 번역을 마무리했다.[25]

틴데일이 성경번역을 위해 잉글랜드를 떠나야 했던 것은 런던의 주교 툰스탈(Cuthbert Tunstall)이 1522년부터 시작한 신약성경 번역을 지원하지 않았기 때문이다:

마침내 나는 런던의 궁전에는 신약성경을 번역할 수 있는 방이 한 칸도 없으며 전 잉글랜드 안에서도 그것을 할 수 있는 장소는 없다는 사실을 이해하게 되었다.[26]

틴데일이 성직자 회의에 소환되었을 때 성직자 회의는 그를 소환한 이유를 "성경에 없는 것이거나 성경에 의해 입증되지 않은 것은 그 어떤 것이라도 믿음의 조항으로 믿도록 강요되어서는 안 된다."고 가르쳤기 때문이라고 했다. 이에 대한 틴데일의 응수는 "몇 년 후까지 만약 하나님께서 나의 삶을 살게 해 주신다면 나는 소년에게 그가 하고 있는 것보다 성경을 알게 하기 위해 더 많은 신간을 쏟게 하겠습니다."였다.[27]

틴데일은 1524년 독일로 건너가서 이미 루터가 독일어 신약성경과 에라스무스의 헬라어 성경을 많이 의존하면서 신약성경 영역본을 출판하였다. 잉글랜드 당국은 1526년 틴데일이 번역한 영어 성경의 유입을 막으려고 했지만 실패했다.[28] 틴데일의 신약성경과 역대기까지의 구약성경 영역본은 그가 순교한 후 1537년 매튜(Mattwes)라는 필명으로 출판을 허락받았다.

틴데일은 고국 잉글랜드로 돌아가기를 희망하면서 구약성경 번역을 계속하던 중 1536년 상원의원을 통해 고국으로 돌아와 상원의원의 허락으로 그의 집에 잠시 머물고 있었다. 그 때 왕의 하수인에게 밀고를 당해 수감되었고, 1년 이상의 수감 생활 동안 역대기까지 번역하다가 1536년 "주여, 잉글랜드 왕의 눈을 뜨게 하옵소서"라고 외치면서 화형

24) Martyn Lloyd-Jones, 『청교도 신앙 그 기원과 계승자들』
   The Puritans: Their Origins and Successors, 서문강 옮김 (서울: 생명의말씀사, 2005), 341.

25) Ibid., 341-42.

26) James Heron, 54.

27) Ibid., 53-54.

28) Williston Walker, Ibid., 540. 틴데일은 1524년 함부르크(Hamburg)에 도착하여 마태복음과 마가복음을 번역했고, 비텐베르크(Wittenberg)에서 루터를 만난 후 코롱(Cologne)에서 신약성경 번역을 완료하여 인쇄한 후 로마 카톨릭 성직자들을 피하여 보름스(Worms)로 자리를 옮겨 그곳에서 출판했다. James Heron, 『청교도 역사』 55.

대에서 순교했다.[29]

헨리 8세는 조강지처(糟糠之妻) 캐더린과 이혼하고 앤볼린과 결혼하기 위해 1534년 로마 카톨릭과 정치적 종교적으로 절연함으로써 잉글랜드의 종교개혁을 이끌었지만 그의 사상은 로마 카톨릭 교리와 예식에서 벗어나지 못함으로써 잉글랜드 특유의 개신교(성공회)를 형성하는 길을 열었다. 헨리 8세는 잉글랜드 종교개혁 이후 틴데일을 죽임으로써 그를 청교도의 선구자로 더욱 빛나게 만들었고, 청교도주의의 발흥에 도움을 주었다.

---

29) James Heron, 『청교도 역사』 57.

3. 청교도 연구의 필요성

청교도는 잉글랜드 종교개혁을 완전하게 이루고자 하는 열망에서 비롯되었다. 청교도들은 성공회가 지향하는 '신학은 개혁주의를 따르고 형식은 로마 카톨릭주의를 따른다.'는 설익은 종교개혁에 만족할 수 없었던 것이다. 즉 청교도는 16세기 종교개혁 시대의 산물이며, 특히 잉글랜드 종교개혁과 그에 따라 발생한 성공회와 관련한 운동이었다. 그렇다면 잉글랜드 성공회의 영향도 없고, 시대상황도 다른 21세기 한국교회가 청교도에 관심을 가져야 할 이유는 무엇인가? 제임스 패커는 다음과 같은 여섯 가지의 이유를 말하고 있다.

첫째, "우리는 그들의 통일된 일상에서 교훈을 배워야 한다."는 것이다. 청교도들의 삶은 기독교가 포괄적인 만큼 포괄적이었다는 것이다. 이 말은 성속의 분리가 없었다는 의미이다. 즉 모든 삶의 영역이 성결해야 한다는 개념이다. "청교도들은 하늘에 소망을 두고 질서를 존중하며, 실제적이며 현실적이고, 기도하고 큰 뜻을 품으며, 실천하는 사람이 되었다. 그들은 인생을 나눌 수 없는 한 덩어리로 보았기 때문에 철저하게 양심적이고 사려 깊게 행동과 묵상, 노동과 예배, 하나님 사랑과 이웃 및 자기 사랑, 사회적 정체성과 개인적 정체성, 그리고 관계가 부과하는 넓은 책임과 개개인을 통일시킬 수 있었다."고 설명한다. 여기에는 철저함이 뒤따랐는데, 청교도들의 철저함은 균형이 잡혀 있었다고 분석했다.

둘째, "우리는 뼈를 깎는 듯한 그들의 영적 경험에서 교훈을 배워야 한다."는 것이다. 패커는 청교도들의 영적 경험을 성경대로 살기에 초점을 맞추고 있다. "청교도들은 스스로를 사고와 감정과 의지를 지닌 피조물로 알았기에, 그리고 하나님께서 인간의 마음(의지)에 찾아오실 때 머리(지성)를 통하심을 알았기에, 청교도들은 그들에게 적용된다고 본 전체 성경 진리에 관해 논증적이고 조직적으로 묵상했다."도 설명한다. 성경적 삶은 설교 강단에서 그치는 것이 아니라 전 삶에서 실천으로 보이려고 노력했다는 것이다. 윤리와 도덕면에서도 성경 말씀에 기초하여 모범을 보였다는 것이다.

셋째, "우리는 그들의 실효를 거두는 행동에서 교훈을 배워야 한다."고 했다. 청교도들은 비전을 품고 그 비전을 이루는 데 있어서 실천적이었다는 것이다. 그래서 청교도들은 "다른 이들에게 세계 변혁의 임무를 떠넘길 만큼 수동적인 사람들도 아니었고," "실천가요 행동가요, 그들 안에서, 그들을 통해서 일하시는 하나님께 전적으로 의존하고, 돌이켜 볼 때 어떤 옳은 행위가 있었다면 모든 영광을 하나님께만 돌리는 그분의 종들이었다."는 것이다. 그들은 일을 이루기 위해 행동만 하는 것이 아니라 하나님께 기도하는 사람들이었고, 그 결과를 하나님께 영광과 찬송을 드렸다고 했다.

넷째, "우리는 가정의 견고함을 위하는 그들의 조처들에서 교훈을 배워야한다."고 했다. "청교도들의 자녀 교육은 정도(正道)를 행하고 몸과 마음을 함께 돌아보며, 건실하고 경건하며 사회적으로 가치 있는 생활을 꾸려갈 성인으로 키우는 데 그 목표를 두었다. 청교도들의 가정 윤리는 질서, 예의범절, 그리고 가정 예배를 유지하는 데 기본을 두었다."는 것이다.

다섯째, "우리는 인간의 가치를 소중히 여기는 그들의 자세에서 교훈을 배워야 한다."고 했다. 청교도들은 "인간 개체가 지닌 경이를 폐부 깊숙이 느꼈"고, 인간은 "하나님의 친구로 지음 받은 피조물"이므로 "인간의 존귀함에서 나오는 아름다움과 고상함을 감지"하였던 것이다.

여섯째, "우리는 교회 갱신에 관한 청교도적 이상에서 교훈을 배워야 한다." 청교도들은 "개혁"과 "개량"(改良)이라는 말을 즐겨 사용했다. 패커는 이 용어를 현대인들에게 적요하기를 "이 말은 20세기를 사는 우리들에게는 교회의 정통성, 질서, 예배 형식, 그리고 치리 조례 등 외형적인 것에 국한된 무엇을 시사하는 양 들릴 수 있다. 그러나 청교도들이 "개혁"을 설교하고 저술하고, 기도했을 때는, 그것 이상도 이하도 아닌 개혁만을 염두에 두었다."고 설명한다.[30]

---

30) James Paker, "추천사,"『청교도-이 세상의 성자들』(Worldly Saints-The Puritans As They Really Were), 릴랜드 라이큰 저, 김성웅 옮김 (서울: 생명의말씀사, 2009), 11-18.

제임스 헤론은 "청교도주의 역사 연구의 가치성,"을 논하면서 "그 당시에 토론되어졌던 근본적인 원리들은 실질적이고도 긴박한 것으로서 여전히 오늘도 살아"있다고 했다.[31] 그러면서 청교도주의는 도덕적으로 사회를 개혁하기 위해 투쟁하였고, 합법적인 정부를 옹호했던 사람들이었다고 강조하였다. 그들이 가정과 사회적 자립정신과 교육과 문화에 끼친 영향력이 얼마나 중요했던가를 상기시키면서 청교도를 배워야할 이유를 설명한다.[32] 헤론은 "청교도 정신은 우리의 국가[영국]적 생명과 역사 속에 깊게 스며들어 있으며, 종교의 깊이와 강렬함을 주었을 뿐 아니라 헌법에 자유와 넓이를, 애국심과 열정을 주었고, 높고 훌륭한 문학에 심원한 색채를 입혔고, 영향을" 끼쳤다고 했다. 그러면서 "만약 엘리자베스의 '드넓은' 시대와 크롬웰의 '철'의 시대에 '영웅적'이란 말이 적용되어졌다면 우리는 그 영예를 청교도들에게 돌려야"한다고 강조한다.[33]

필자는 청교도가 우리의 시대에도 여전히 중요하다는 사실에 대한 패커의 여섯 가지와 제임스 헤론의 견해를 매우 심도 있게 받아들인다. 그러면서 21세기 한국교회 상황에 비추어서 청교도 정신을 계승해야 할 필요성 몇 가지를 추가하자면 다음과 같다.

---

31) 제임스 헤론, 『청교도 역사』 (A Short History of Puritanism), 박영호 역 (서울: 기독교문서선교회, 1996), 7.

32) Ibid., 8-21.

33) Ibid., 21.

첫째, 한국교회는 심하게 분열되어 있기 때문이다.[34] 물론, 교리나 신앙, 좀 더 나아가 심각한 인문주의(부정부패) 문제에 봉착한다면 분리주의 청교도들처럼 바른 진리를 수호하기 위해 분리해 나갈 수 있다. 하지만 이권문제, 기득권 문제 등 교권주의가 분리의 중심에 있는 경우가 많아졌다는 것은 매우 염려스러운 모습이다. 2014년 8월 기준으로 예수교장로회란 이름의 교단이 약 200개 된다는 것이 한 예이다.[35]

둘째, 다양한 신학들이 한국교회 안에 침투해 들어오고 있기 때문이다. 세계교회협의회(WCC, The World Council of Churches) 중심의 종교다원주의요 혼합주의적인 에큐메니칼 운동, NCCK(The National Council of Churches in Korea)가 주동하는 카톨릭과의 신앙과 직제 일치 운동 등이 크게 드러나 있는 예들이다.

---

34) "많은 이들이 지적하는 바와 같이 한국 교회가 여러 교단들로 나뉘어져 있고, 더구나 그 중에서 '대한 예수교 장로회'라는 이름의 교단들이 무수하다는 것은 하나님 앞에서 그리고 온 세상 앞에서 매우 부끄러운 일이 아닐 수 없다. 모두가 하나님의 이름을 내세우면서 분열되어 있는 우리의 이 현실은 매우 안타까운 일이다." 이승구, "한국 교회의 연합 문제에 대한 교의학적인 한 성찰: 교회 연합의 예들을 통해 살펴본 한국 교회 연합에 대한 제언,"『성경과 신학』 제57권(2011), 22.

35) "한국장로회는 세포분열이 이루어져 2008년 기준으로 볼 때 장로회란 이름으로 결선된 총회가 94개에 이르고, 미확인된 장로회 교단 145개를 포함하면 239개였다." 권문상, "한국교회 연합과 '가족' 신학,"『성경과 신학』제57권(2011), 165. "다시 말하지만 칼빈교회 옳다 하면서 어찌하여 한국 장로교회는 칼빈의 이름으로 교단을 300개 이상으로 나누어서 지금 무엇을 하는가?"『들소리신문』제1495호, 제1면, 2013년 9월 8일.

셋째, 바른 신앙생활의 기준을 개교회나 교회연합회에서 활동하는 것을 기준으로 하는 경향이 여전히 강하게 작용하고 있다. 이단사이비인 안상홍의 하나님의 교회는 사회사업 등을 오른손이 하는 일을 왼손이 알게 하는 방법으로 사회로부터 인정을 받아 신흥종교로 자리를 잡아가고 있다. 이러한 때에 한국교회는 제자화 훈련, 평신도 운동 등을 통해 교회 안의 성도를 지나치게 양산함으로써 예수님이 말씀하신 세상 안에서의 소금이요 빛의 역할을 상대적으로 소홀히 하고 있다. 이로 인해 2014년 8월에 있었던 교황 프란체스코의 한국방문 이후에 한국교회에 미칠 교황의 영향력을 염려하는 지경에까지 이르게 되었다. 이런 중에 한국교회 안에는 몇 몇 대형교회가 만들어 내고 있는 비복음적인 요소들이 사회의 지탄의 대상이 되고 있어 대다수의 건전하고 성경적이고 복음적인 교회들의 선한 영향력에 먹칠을 하고 있다.

그러므로 개혁주의 신학에 뿌리를 박고 있는 청교도 신학과 신앙은 21세기에도 여전히 우리가 귀기울여야할 역사이다. 그래서 태도(예전)와 정신(교리) 두 가지 모두를 철저하게 개혁하고, 성경적 가치관이 국가와 사회에 뿌리내릴 수 있도록 정치적인 면에서, 개인적 경건 면에서, 사회와 가정의 삶에서 모범을 보였던 청교도 정신이 한국교회에 그 위력을 발휘하기를 바라는 마음이다.

- 제2장 -
영국의 초기 기독교 전래사

    아일랜드에 최초로 복음을 전한 사람은 패트릭(Patrick)이다. 패트릭에 대해서는 5세기 초에 자신이 쓴 자서전에 의해 알려졌다. 그의 자서전에 의하면 패트릭은 아일랜드의 스코트족이 잉글랜드 해안 지역 마을을 습격했을 때 그들에게 붙잡혔다가 탈출했다. 패트릭은 아일랜드인들에게 붙잡히기 전에 그리스도인이었다. 패트릭의 아버지는 부제(deacon)였으니 잉글랜드에 이미 기독교가 깊이 뿌리를 내리고 있었음을 알 수 있다.[1] 잉글랜드 종교개혁이 일어나기 전까지의 영국(United Kingdom of Great Britain and Northern Ireland)[2]의 기독교 역사를 알아보자.

---

1) Roland H. Bainton, 『세계교회사』 (*Christendom*), 이길상 옮김
  (서울: 크리스챤다이제스트, 2001), 148-49.
2) 브리튼(Britain)은 기원전 325년 그리스의 탐험가 피아테스(Pytheas)에 의해 붙여진 이름이다. 그가 잉글랜드에 도착했을 때 켈트족들이 몸에 문신을 하고 다니는 것을 보고 그들을 "몸에다 그림을 그린 사람"이란 뜻의 그리스어 '프레타니카이' 라 했다. 이 '프레타니카이' 가 '브리타니아' 로 언어 변천을 거쳐 후에 '브리튼' 이 되었다. 그러므로 브리튼족은 켈트족과 동일하다. 앙드레 모루아, 『영국사』 (*Historore D'angleterre*), 신용석 옮김 (서울: 김영사, 2013), 26-27.

1. 영국의 원시족과 신앙

로마제국이 잉글랜드를 지배하기 전의 잉글랜드의 원시족은 켈트족, 픽트족, 스코트족이었다. 켈트족은 기원전 6세기에서 4세기 사이에 원시족 이베리아인을 몰아내고 잉글랜드와 아일랜드에 자리를 잡았다.[3] 이후 기원전 2세기 말에 벨가이(Belgae)라는 새로운 켈트족이 기존의 켈트족의 저항을 물리치고 잉글랜드 남동부 지역을 중심으로 자신들의 위치를 구축했다.[4] 즉 잉글랜드의 켈트족은 두 갈래로 나뉜다. 하나는 잉글랜드에서 스코틀랜드로 이주한 사람들과 초기부터 아일랜드에 정착했던 사람들이다. 다른 하나는 2세기 경에 침입하여 기존의 켈트족을 몰라내고 정착한 브리튼 사람들이다.[5] 켈트족 전사들은 전차와 철제 창검으로 무장했고, 알몸 또는 대청 물감을 칠한 몸으로 전쟁에 임했다. 기독교 이전의 종교는 초자연적인 힘에 의지하기도 하고, 자연만물에 신령(spirits)이 살고 있다고 믿은 것을 보면 자연신교 또는 범신론이었다.[6] 가장 존경을 받는 계층은 드루이드(Druid, 오크나무를 알고있는 사람들〈지식백과〉)라는 사제계급이었다. 드루이드는 힌두교의 브라만이나 페르시아의 메이거스(Magus)와 유사한 계급이었다. 브리튼의 신앙을 알 수 있는 보존된 문장이 있다:

신을 숭상하라. 비열한 행동을 하지 말라. 용기를 가지고 행동하라.
죽음이란 장소의 변화에 불과하며 생명은 같은 형태와 재산을 지닌 채 대기 중

에 있는 영혼의 집합소인 사자의 세계에서 계속된다.[7]

픽트족과 스코트족 역시 켈트족의 일원이었던 것으로 추정하고 있다. 픽트족은 하일랜드(Highlands)와 로울랜드(Lowlands) 지방에 자리를 잡았다. 이들을 픽트족이라 한 것은 로마인들이 몸에 청색 물감을 칠하고 다니는 것을 보고 '색칠한 사람들'이라고 부르면서 생겨난 말이다.[8]

스코트족은 몸에 문신하기 위해 상처를 내었기 때문에 '상처 낸'이란 뜻에서 붙여진 이름이다.[9] 이들은 아일랜드에 거주하였다가 선사시대에 스코틀랜드로 이주해 와서 픽트족을 지배함으로써 스코틀랜드를 건설하였다.

---

3) 앙드레 모루아, 25.

4) 나종일.송기범, 『영국의 역사』 상 (서울: 한울 아카데미, 2008), 27.

5) 앙드레 모루아, 26.

6) 나종일.송기범, 27-28.

7) 앙드레 모루아, 28-29.

8) 나종일.송기범, 29.

9) Ibid.

2. 브리튼에 대한 로마 제국의 지배 (BC 55-AD 450)

잉글랜드에 기독교가 전파된 것은 로마제국이 잉글랜드를 지배하면서부터이다. 캐사르(Julius Caesar, B.C.100-44)는 기원전 55년 약 1만명의 병력을 이끌고 잉글랜드(브리튼)을 침범했으나 브리튼인들의 완강한 저항을 1개월도 채 견디지 못하고 철수했다. 캐사르는 기원전 54년에 2만 5천명의 병력과 8천척의 배를 동원하여 브리튼을 다시 침략하여 상륙했으나 갈리아에 반란이 일어나자 3개월 머문 후 철수했다. 기원후 43년 클라우디우스(Claudius, 41-54)가 아울루스 플라우티우스 장군에게 명령하여 병력 4만을 이끌고 브리튼 왕들을 항복시켰고, 61년부터는 완전하게 지배하였다. 하드리아누스(Hadrianus) 황제는 픽트족과 스코트족의 침입을 방어하기 위해 '하드리아누스 성벽'(Hadrian's Wall)을 122년부터 시작하여 128년에 완공했다. 로마인들은 스코틀랜드 중부 지방의 비옥한 땅을 차지하기 위해 142년 '안토니우스 성벽'(Antonine Wall)을 쌓았으나 픽트족의 저항에 밀려 하드리아누스 성벽까지 후퇴하였다. 로마제국의 브리튼 지배는 대내외의 적들과 로마 제국 자체의 쇠퇴가 맞물리면서 종식되었다. 367년 브리튼족은 로마에 저항했고, 브리튼 자체는 아일랜드의 켈트족과 스코틀랜드의 픽트족, 그리고 대륙의 색슨족의 공격을 받았다. 브리튼에 주둔하고 있던 마그누스 막시무스(Magnus Maximus)는 383년 황제로 옹립되어 일부 군인들을 이끌고 갈리아로 건너갔다. 호노리우스

(Honorius) 황제는 398년 비시고트족을 막기 위해 브리튼 주둔군에게 철수 명령을 내렸고, "로마는 이제 그대들의 안전을 보장할 수 없으니 그대들 스스로 자위의 방법을 강구"하라고 편지를 보냄으로써 브리튼에 대한 로마제국의 지배는 끝이 났다.[10]

---

10) Ibid., 31-39.

3. 기독교의 영국 정착

잉글랜드는 잉글랜드(England), 스코틀랜드(Scotland), 웨일즈(Wale), 북아일랜드(Northern Ireland)로 구성된 연합국이다. 이 네 곳에 복음이 전파된 초기 역사에 대해 알아보자.

3.1. 잉글랜드(웨일즈 포함)

로마인들이 브리튼에서 철수한 후에도 웨일즈 주민들 대부분이 그리스도교 신자였을 정도로 잉글랜드에는 로마인들에 의해 비교적 초기에 복음이 전파되었다.[11] 로마제국이 그리스도교를 핍박했을 때 브리튼에서 로마 병사 올번(Alban)이 순교했다. 세인트 올번즈는 순교자 올번의 이름을 기념하기 위해 지어진 이름이다. 잉글랜드에 초대교회 시대에 복음 전파되었다는 것은 314년 아를 공의회(Council of Arles)에 런던, 요크, 링컨의 주교 3인이 참석한 것에서도 알 수 있다.[12] 펠라기우스(Pelagius, c. 354-c. 420/440)도 브리튼 출신이었고, 그의 사상이 브리튼에 전파되는 것을 막기 위해 갈리아교회는 게르마누스(St. Germanus of Auxerre)를 브리튼에 파견했다. 아일랜드에 복음을 전한 패트릭(St. Patrick)은 게르마누스 밑에서 공부했다.[13]

교황청의 지원으로 잉글랜드에 복음이 전해진 것은 그레고리우스 1세(590-603)가 597년 아우구스티누스와 40명의 선교일행을 켄터베리에 파송하면서 시작되었다. 그레고리우스가 잉글랜드에 선교사를 파송하게

된 동기는 그가 노예시장에서 본 잉글랜드 인과의 인연이 작용했다 :

고레고리우스 : [하얀 살결에 금발을 가진 젊은이에게] 너는 어디서 왔느냐?
젊은이 : 나는 브리튼의 앵글인입니다.
그레고리우스 : 앵글인이 아니라 천사로다(Non Angli sed Angeli).[14]

당시 잉글랜드에는 기독교가 뿌리내리고 있었고 켄트(Kent)의 왕 애설버트(Aethelbert)는 그리스도인인 파리 왕의 공주 버서(Bertha) 와 결혼한 상태였고, 왕실에는 예배당이 있었고, 왕비와 함께 프랑스에 서 온 성직자가 예배당을 담당하고 있었다. 그레고리우스는 잉글랜드

---

11) 앙드레 모루아, 56.

12) 나종일.송기범, 40. "아를 공의회[Council of Arles]는 서로마 제국의 그리스도교 주 교들이 참석한 최초의 교회 회의[이다]. 이 회의는 황제 콘스탄티누스 1세가 무엇보다 도 북아프리카의 분리파 그리스도교 집단인 도나투스주의자들의 문제를 처리하기 위 해 소집한 회의로, 314년 8월 남부 갈리아 지방의 아를에서 열렸다. 43개 주교구의 대 표들이 참석한 이 공의회가 열린 이유는 도나투스주의자들이 자신들을 정죄한 로마 공 의회와 아프리카 공의회의 대표성을 부인했기 때문이다. 아를 공의회에서도 도나투스 주의자들은 정죄 받았지만, 이들은 이 회의의 결정마저 거부하고 콘스탄티누스에게 자 신들의 입장을 재고해줄 것을 호소했다." 브리테니커.동아일보,『브리테니커 세계 대 백과사전』Vol.14 (서울: 삼화인쇄, 1993), 167.

13) 펠라기우스(Pelagius)의 사상은 그의 사후 그의 사상을 추종하는 사람들에 의해 펠라 기우스주의(Pelagianism)로 구체화되었다. "펠라기우스는 인간 본성의 선함과 인간의 자유의지를 강조했다. … 펠라기우스의 제자인 켈레스티우스는 원죄에 대한 교회의 교리와 유아세례의 필요성을 거부했다. 히포의 주교인 아우구스티누스는 … 인간이란 그들 자신의 노력으로는 의(義)에 도달할 수 없고 온전히 하나님의 은총에 의지해야 한 다고 주장했다. … 반(半)펠라기우스주의로 알려진 다른 이단은 남부 갈리아에서 융성 하다가 529년 2차 오랑주 공의회에서 결국 단죄 받았다." 브리테니커.동아일보,『브리 테니커 세계 대백과사전』Vol.23 (서울: 삼화인쇄, 1993), 383-84.

14) 앙드레 모루아, 58.

의 상황을 정확하게 알지 못했기 때문에 선교사를 파송했다. 그러면서 아우구스티누스에게 그들의 관습을 무시하지 말 것을 당부하면서 다음과 같이 지시했다:

산에 오를 때는 뛰어 넘어서는 안 된다. 서서히 한발 한발 걸어 올라가야 한다. … 우상을 모시고 있는 신전을 파괴해서는 안 된다. 우상만 없애버리고 성수를 뿌린 후 성골을 안치하면 된다. … 신전이 훌륭한 건물이라면 그것을 이용해서 악귀숭배를 그만두고 참된 하나님을 모시게 되면 좋은 일이며 유익한 일이다. 왜냐하면 사람들이란 자기들의 예부터 소원해오던 건설이 남아 있으면 손질을 잘할 것이며 이때까지의 습관으로 참된 하나님을 숭상하게 될 것이다.[15]

켄트 왕 애설버트(Aethelbert)는 처음에는 기독교를 두려워했으나 아우구스티누스의 진실함을 알고 감동하여 그리스도인이 되었고, 켄터베리에 수도원을 세웠다. 아우구스티누스는 잉글랜드 남부 일대를 다니면서 복음을 전파하여 그리스도교로 개종하는데 성공했다.

노섬브리어 등 북부 잉글랜드는 노섬브리어 왕 에드윈(Edwin, 616-632)이 그리스도인이 됨으로서 복음이 활발하게 전파되었다. 에드윈은 625년 켄트 왕 애설버트의 공주와 결혼하면서 그리스도인이었던 신부가 결혼 후에도 그리스도교 신앙을 유지할 수 있다고 약속했다. 신부 애설버트 공주는 주교(파울리누스, Paulinus)를 대동했고, 그 결과 에드윈 왕도 그리스도인이 되어 세례를 받았다. 에드윈이 그리스도인이 된 과정은 이렇다. 에드윈이 친구와 자문관과 함께 파울리누스의 설교를 들은 후 그들에게 소감을 물었다. 그 중 한 사람이 왕에게 대답했다:

삼가 아룁니다. 인간의 세상생활은 우리가 모르고 있는 긴 시간에 비한다면 한 마리의 새가 방 안을 잽싸게 날아가는 것과 같다고 생각됩니다. … 사람의 생명도 이와 같이 잠깐 동안은 알 수 있으나 과거도 미래도 우리는 모르고 있습니다. 이 새로운 교리가 좀 더 확실한 것을 가지고 있다면 그것을 따를 가치가 있다고 생각됩니다. 이에 대해 한 이교도 고승이 동조했다. 소승은 오래전부터 우리가 숭상하고 있는 교리가 허무하다고 느껴왔습니다. … 국왕께 아룁니다. 모든 것을 버리고 오랫동안 아무 이득도 없이 숭상해온 신전과 제단에 불을 질렀으면 합니다.[16]

이후 에드윈은 그리스도인이 되어 세례를 받았다. 아우구스티누스가 최초의 켄터베리 대주교가 된 것처럼 파울리누스는 최초의 요크 대주교가 되었다. 그런데 노섬브리어는 켈트계와 로마계라는 두 그리스도교가 혼재하는 현상이 일어났다. 에드윈이 632년 이교도 왕 펜더(Penda)가 다스리던 머시어에 패하여 노섬브리어가 이교도 왕국이 된 것이 그 원인의 시발점이다. 에드윈의 전 왕 애설프리스(593-610)의 두 아들 오스월드(Oswald, 633-641)와 오스위(Oswiu, 641-670)가 노섬브리어를 다시 회복하면서 그리스도교를 회복하였다. 오스월드는 즉위 하자 아이오나 수도원의 수도사들을 노섬브리어에 초청하여 해안에 수도원을 세움으로써 다시 복음이 활발하게 전파되었다.[17]

---

15) Ibid., 56.
16) 앙드레 모루아, 59-60.
17) 나종일.송기범, 49-51.

이것이 노섬브리어에 켈트계와 로마계 그리스도교가 함께 존재하게 된 과정이다. 이후에 기술할 664년 휘트비 교회회의(the Synod of Whitby)는 잉글랜드 기독교의 교회력을 하나로 만들기 위한 회의였다.

3.2. 아일랜드(Ireland)

전술한 바와 같이 아일랜드에 최초로 복음을 전한 사람은 패트릭 (Patrick, c.389-c.461)이다. 잉글랜드 해안 마을에 살고 있던 패트릭 은 아일랜드인들에게 노예로 잡혀가서 돼지를 먹이는 일을 하게 된다. 패트릭의 부친은 부제(deacon)였지만 패트릭은 아버지의 신앙을 따르 지 않았는데 아일랜드인들의 노예 신세가 되어 돼지를 먹이는 일을 하 면서 기독교인이 되었다. 그는 돼지를 먹이면서 노예로부터 해방될 수 있게 해 달라고 하나님께 기도하면서 기회를 엿보고 있었다. 어느 날 아일랜드 사냥개들을 프랑스로 보내기 위해 배에 싣고 있는 것을 발견 하고 비밀리에 승선했다. 배가 프랑스로 출항한 지 얼마 안 되어 패트 릭은 선원들에게 발견되었고, 갑판에 끌려 나가 개들을 돌보는 일을 해 야 했다. 배가 대륙에 도착하여 사람들을 찾았으나 여러 날 동안 만나 지 못하자 선원들은 양식을 구하기 위해 애쓰던 중 패트릭이 기독교인 임을 알고 하나님께 기도해 보라고 요청했다. 선장의 요청에 따라 패트 릭이 기도하자 갑자기 돼지 떼가 나타나 그들의 음식이 되어 주었다. 패트릭은 하나님께서 자신의 기도를 들어주신 것은 자신을 받아들인 것으로 믿고 수도원으로 갔다가 고향으로 돌아갔다. 고향에서 생활하고 있던 어느 날 꿈속에서 마게도냐 인이 바울을 불렀듯이 아직 태중에 있는 아일랜드의 어린아이 하나가 그곳으로 와서 복음을 전해달라고 요청했다. 그래서 패트릭은 대륙으로 가서 게르마니우스 등으로부터 훈련을 받았고, 14년 만인 432년에 교황청의 요청을 받아 주교의 신분으로 아일랜드로 가서 복음을 전했다. 아일랜드는 패트릭의 영향으로 수도원 운동이 활발하게 진행되었다.[18]

3.3. 스코틀랜드

스코틀랜드가 본격적으로 기독교로 개종한 것은 아일랜드의 수사(修士) 콜룸바(Columba, 521-597, 비둘기)의 영향이었다. 물론 콜룸바가 활동하기 이전에도 성 니니안(St. Ninian, Nynia) 같은 인물들의 활동으로 하드리아누스 성벽 북쪽에 기독교 신앙을 가진 켈트족이 있었지만 크게 확장되지 않았던 것으로 보인다.[19] 콜룸바는 563년 아일랜드와 스코틀랜드 사이에 있는 스코틀랜드 서해안 헤브러디즈(Hebredes) 제도의 아이오나(Iona) 섬에 수도원을 세웠다. 그 후 왕이 회심하자 스코트족이 복음화 되었다.[20]

---

18) Roland H. Bainton, 『세계교회사』 (Christendom), 이길상 옮김 (서울: 크리스챤다이제스트, 2001), 148-49.

19) Williston Walker, A History of the Christian Church, 송인설 역 (서울: 크리스챤다이제스트, 2002), 255.

20) Roland H. Bainton, 157.

4. 휘트비 교회회의

잉글랜드는 973년 웨식스 왕가의 에드먼드(939-946) 왕의 손자 에드가(Edgar, 959-975) 왕이 앵글로 색슨인과 데인인에게 동시에 인정을 받고, 또한 스코틀랜드와 웨일즈의 왕들에게도 인정을 받아 통일된 잉글랜드 왕이 될 때가지 7왕국 시대에는 7왕국 중 가장 유력한 왕국의 왕인 종주 왕이 되는 브레트왈더(Bretwalda) 제도가 있었다. 오스위(Oswiu, 641-670)가 노섬브리어의 왕일 때 그는 브레트왈더였다.

이 때 발생한 것이 켈트계 기독교인들과 로마계 기독교인 간의 부활절 축제 날짜가 통일되지 않아 켈트계 그리스도인들이 부활절 축제 행사를 개최하고 있을 때 로마계 그리스도인들은 여전히 단식 중에 있어 혼란이 야기되었다. 이 일은 일반 가정이나 마을뿐만 아니라 왕은 켈트계의 영향을 받았고, 왕비는 로마계의 영향을 받았기 때문에 왕궁에서도 이러한 문제가 표출되었다. 오스위 왕은 이 문제를 해결해야겠다고 생각하고 664년에 휘트비 교회회의(the Synod of Whitby)를 개최했다. 켈트계나 로마계 모두 초대교회 시대의 결정에 따라 부활절은 춘분 후 만월 뒤에 오는 첫 번째 주일로 지킨다는 것은 일치했다. 문제는 춘분 날짜였다. 켈트계는 춘분을 3월 21일로 정했으나 로마계는 3월 25일로 정했기 때문이다.

오스위는 토론이 시작되기 전에 "같은 신을 섬기는 자는 같은 규율을 지켜야 할 것이다. 그리스도교의 진정한 전통이 있을 것이다. 모두가 교의의 근원을 천명할 의무가 있다."고 했다. 토론이 진행된 후 다음과 같은 절차에 의해 결론이 내려졌다:

로마계 주교 윌프리드(Wilfrid) : 당신네들의 콜룸바를 성자라고 칩시다. 그렇다고해서 콜룸바가 베드로를 능가하지는 못할 것입니다. 우리 사도의 으뜸이신 주님께서 그에게 '내가 너에게 이르노니 너는 베드로라, 내가 이 반석위에서 교회를 세우리니 음부의 권세가 이기지 못하리라. 내가 천국 열쇠를 네게 주리니...' 라고 하시지 않았던가요.

오스위 왕 : 켈트계 주교 콜만(Colman)에게 묻기를 "주께서 이 말을 하신 것이 사실입니까?"

켈트계 주교 콜만(Colman) : 사실입니다.

오스위 왕 : 그렇다면 베드로 같은 권한을 콜룸바가 받았다는 것을 증명할 수 있습니까?

켈트계 주교 콜만(Colman) : 증명할 수 없습니다.

오스위 왕 : 너희 양 파는 천국의 열쇠를 베드로에게 맡겼다고 생각하는 데는 의견이 일치합니까?

윌프리드(Wilfrid)와 콜만(Colman) : 예.

오스위 왕 : 그렇다면 베드로가 열쇠를 가지고 있는 한 나는 베드로의 명령에 복종하도록 하겠습니다. 후일 내가 천국으로 갔을 때 열쇠를 맡은 사람과 대립하고 있다 해서 문을 열어줄 사람이 없으면 큰일입니다.[21]

---

21) 앙드레 모루아, 61-63.

회의에 참석한 모든 사람들은 성경에 대한 바른 지식도 없었고, 정통 교리에 대한 식견도 없었기 때문에 왕의 의견에 동조했고 교황에게 순종하기로 했다. 휘트비 교회회의가 개최될 당시 노섬브리어의 오스위 왕이 브레트왈더였기 때문에 이 회의의 결과는 잉글랜드 전역에 영향을 미치게 되었다. 이후 잉글랜드는 헨리 8세가 종교개혁을 일으키기 전까지 교황청과 우호적이기도 하고 배타적이기도 하면서 신성로마제국과 교황청의 영향을 받게 된다.

14세기에 위클리프와 롤라드가 교리적인 도전을 시작하기 전에 서임권과 성직자의 특권, 그리고 독립권 등 세속적인 문제로 왕과 대주교가 크게 대립한 사건이 발행했다. 헨리 2세(Henry Ⅱ, 1154-1189)와 켄터베리 대주교 토마스 베켓(Thomas Becket, 1162-1170)과의 대립이 그것이다. 둘의 갈등이 깊어진 가운데 베켓이 켄터베리로 돌아와서 헨리 2세 왕자의 대관식에 참여한 주교들을 파문하자 헨리 2세는 분노하면서 말했다. "이 미천한 신부 놈이 이렇게 나를 모멸하는 데도 복수해 주는 자가 아무도 없다니, 집안에서 나는 바보 겁쟁이들만 먹여살려 왔는가 보군!" 그러자 왕 옆에 있던 네 명의 기사가 켄터베리로 달려가서 베켓을 살해했다. 베켓이 죽은 후 교황은 그를 성자로 시성했고, 헨리 2세는 1173년 순례자의 옷을 입고 베켓의 무덤에 참배한 후 70명의 수도사들이 자신을 매질하도록 함으로써 참회의 의지를 보였다.[22]

---

22) 앙드레 모루아, 135-142. 나종일.송기범, 107-116.

- 제3장 -
튜더왕조의 종교개혁과 청교도 운동

1. 청교도의 기원

　오늘날 청교도의 기원을 확정하는 일이 어려움에 봉착해 있다. 역사를 해석하는 시각에 따라서 개인적인 기원을 윌리엄 틴데일로 보이기도 하고, 존 후퍼 (John Hooper, 1495-1555)를 핵심에 두고 주변에 존 브래드포드(John Bradford, 1510-1555)와 휴 라티머와 리들리 및 크랜머 등을 언급하기도 한다. 존 낙스 (John Knox, c.1514-1572), 리차드 로저스(Richard Rogers), 윌리엄 퍼킨스(William Perkins, 1558-1603) 등을 청교도 아버지로 보는 견해가 있다. 그리고 청교도주의를 기원시킨 잉글랜드 왕의 시대를 헨리 8세, 에드워드 6세, 그리고 엘리자베스 1세로 다양하게 해석하고 있다. 때문에 청교도를 보다 정확하게 이해하기 위해 청교도 기원의 년도와 날짜, 그리고 그 인물을 정확하게 찾으려다가 자칫 미궁 속으로 빠질 수 있다는 것을 기억하고 조심스럽게 접근해야 한다.

피더 루이스(Peter Lewis)는 "비록 청교도 운동이 보다 일찍 시작되었다고 하더라도 일반적으로 청교도 운동은 '통일령'(the Act of Uniformity)이 선포된 1559년경에 시작되어 17세기 후반 무렵에, 아마도 공식적으로는 1662년의 통일령과 뒤이어 일어난 '대 추방령'(Great Ejection)과 함께 막을 내린 것으로 간주한다."고 하였다.[1] 피터 루이스는 청교도가 1559년에 시작되었다고 말하고 있지만 그의 말 속에는 청교도는 1559년 이전에 이미 시작되었다는 것을 포함하는 모순을 안고 있다. 또한 청교도 운동이 1662년 찰스 2세에 의한 대추방령으로 끝났다는 것은 청교도를 장로회와 비분리청교도에 국한시켰을 때 가능한 표현이다.

릴랜드 라이큰(Leland Ryken)은 "나는 이 책의 집필 목적에 부합하기 위해 청교도들을 "분리주의자" 그리고 "비국교도"와 확연하게 구분하려고 시종 애썼지만, 17세기를 지나면서 그들의 의지와는 반대로 점차 비국교도 분리주의자들이 되었음을 인정하지 않을 수 없다. 청교도는 탄생한 날짜가 없듯이 소멸한 날짜도 없다."고 했다.[2]

제임스 패커(James I. Packer, 1926-)는 청교도의 기원과 그들이 추구했던 목표, 그리고 발전과 절정에 대해 다음과 같이 설명한다:

청교도주의는 핵심에 있어 하나님과 경건에 열정적으로 관심을 두는 영적 운동이었다. 청교도주의는 '청교도'라는 말이 생겨나기 전 세대이며 루터와 같은 시대의 성경 번역자 윌리엄 틴데일과 함께 잉글랜드에서 시작되어 17세기 말엽,

곧 '청교도'라는 말이 사용되지 않게 된 후 수십 년 계속되었다. ...

청교도의 목표는 잉글랜드의 개혁이 시작한 바를 완성하는 것이었다. 곧 잉글랜드 국교회 예배의 형태 수정을 완성하고, 잉글랜드 국교회 교구에 효과적인 교회 기[규]율을 도입하고, 정치와 가정과 사회 경제 체제에 정의를 수립하고, 모든 잉글랜드인들을 살아 있는 복음적 신앙으로 개종시키는 것이었다. 복음을 전도하고 가르침을 통해, 그리고 모든 예술, 과학, 기술들의 성경화를 통해 잉글랜드는 성도들의 땅, 집합적 경건의 귀감과 모범이 되는 것이며, 그리하여 세계의 축복 수단이 되는 것이었다.

이상이 청교도의 꿈으로 이 꿈은 1660년(왕정복고)과 1689년(신교 자유령) 사이에 있었던 박해의 긴 굴을 지나며 위축되기 전에 엘리자베스, 제임스, 찰스의 통치하에서 발전하여, 왕위가 비어있는 동안 꽃을 피웠다.[3]

청교도 기원에 대한 패커의 견해는 전술한 윌리엄 틴데일에서 언급했던 마틴 로이드 존tm과 제임스 헤론의 견해와 일치하며, 국내학자로는 정준기와 박영호 등과 일치하고 있다. 마샬 내픈(Marshall M. Knappen)은 잉글랜드 청교도주의 기원 년도와 그 기원을 제공한 인물에 대해 다음과 같이 기술하였다:

---

1) Peter Lewis, 『청교도 목회와 설교』(The Genius of Puritanism), 서창원 옮김 (서울: 청교도신앙사, 2002), 19. 브루스 비클(Bruce Bickel)은 Light and Heat: The Puritan view of The Pulpit를 통해 청교도의 기원을 피터 루이스의 견해에 의존하고 있다.

2) Leland Ryken, 『청교도-이 세상의 성자들』(Worldly Saints-The Puritans As They Really Were), 김성웅 옮김 (서울: 생명의말씀사, 2009), 40.

3) James I. Packer, 『청교도 사상』(Among God'S Giants: Aspects of Puritan Christianty) 박영호 역 (서울: 기독교문서선교회, 2001), 28-29.

잉글랜드 청교도주의 이야기는 1524년에 최초로 시작되었다. 그해 봄에 윌리엄 틴데일이라는 한 젊은 글로스터셔 사람이 성경을 영어로 번역하기 위하여 독일로 떠나기로 결정했다. 그는 그 고장의 언어로 성경을 인쇄하여 발행해야겠다고 생각한 최초의 인물은 아니었지만 [성경 번역이] 그의 죽음을 가져왔다는 의미에서 놀라운 일을 이루어낸 것이다. 틴데일의 결정은 튜더 시대에 청교도 운동의 특징적인 많은 요소를 포함하고 있기 때문이다. … [청교도주의의] 진정한 시작은 틴데일이 활동하던 시기에 만들어졌다.[4]

정리해보자. 청교도주의는 윌리엄 틴데일로부터 시작되었다. 청교도는 헨리 8세가 1534년 정치적이고 종교적으로 로마 카톨릭과의 관계성을 완전하게 청산함으로써 이루어진 잉글랜드의 종교개혁을 보다 완전하게 이루어보려는 열망에서 비롯되었기 때문이다. 청교도의 온전한 모습은 존 후퍼와 존 낙스에게서 찾을 수 있고, 청교도 신학의 체계는 윌리엄 퍼킨스에게서 찾을 수 있다. 이로 보아 청교도주의 선구자는 윌리엄 틴데일이고, 청교도의 아버지는 존 후퍼나 존 낙스이다.[5] 그리고 윌리엄 퍼킨스는 청교도주의 신학을 체계화 한 인물로서 리차드 로저스와 함께 청교도의 위대한 신학자의 자리에 앉는 것이 합당할 것이다.[6]

---

4) "The story of English Puritanism is best begun in 1524. In the spring of that year a young Gloucestershire man named William Tyndale decided to leave London for Germany in order to prepare an English translation of the Bible. … For this one decision involved many elements which were to be characteristic of the Puritan movement throughout the Tudor period. … but a real beginning was made at this time." Marshall M. Knappen, *Tudor Puritanism* (Chicago: The University of Chicago Press, 1965), 3.

2. 헨리 8세의 종교개혁: 성공회의 설립

　영국의 종교개혁은 잉글랜드 종교개혁에서부터 시작되었고, 카톨릭의 형식과 칼빈주의 교리가 혼재하는 성공회를 탄생시켰다. 잉글랜드, 스코틀랜드, 웨일즈, 북아일랜드로 구성 된 영국은 로마제국의 지배를 받을 때부터 헨리 8세(Henry Ⅷ, 1509-47)에 의해 잉글랜드 종교개혁이 일어나기 전까지 오랫동안 카톨릭 영향아래 있었다.

　헨리 8세의 종교개혁으로 시작된 성공회 설립은 헨리 8세와 왕후 캐더린의 이혼 과정에서 계획적인 요소를 무시할 수는 없지는 돌발적으로 일어난 사건이었다. 독자들의 이해를 돕기 위해 성공회를 성립시킨

---

5) 전통적 카톨릭 예복을 입는 것을 거부한 최초의 인물이며, 기독교회에서 요구되는 모든 것을 성경에 근거를 두어야 한다고 주장한 점 등에서 청교도의 아버지를 존 후퍼(John Hooper, 1495-1555)로 보는 견해가 있다. 그러나 후퍼는 성공회가 제공하는 로마 카톨릭 까운(교황의 법의)을 거부하다가 수락하였고, 글로체스터의 감독직을 수행했다는 점 때문에 청교도의 아버지 자리를 존 낙스에게 양보해야 한다. 즉 존 후퍼는 신학적인 면에서는 청교도의 아버지 자격이 있으나 실천적인 면에서 청교도의 아버지가 되기에는 미흡한 점이 있다. 마틴 로이드 존스가 말한 것처럼 청교도주의는 정신과 태도가 균형을 이루어야 하기 때문이다. 존 후퍼는 대전제와 소전제로 구분하고 대전제는 성경에 근거하는 것이고, 소전제는 성경이 금하지도 허락하지도 않은 중립적인 것이라 했다. 그리고 중립적인 것은 사용해도 유익이 없고, 사용하지 않아도 해롭지 않은 것이라 했다. 소전제에 대해서는 네 가지로 구체화시켰다. "중립적인 것은 성경에 근거해야 한다. 둘째, 성경에 그러한 근거가 없다면 그러한 것들은 기독교신앙에 위배되지 않는 범위 내에서 각 개인의 양심이 지시하는 대로 행할 수도 있고 하지 않을 수도 있다. 셋째, 그러한 것들을 정하려면 교회에서 용도가 무엇인지 정확하게 밝혀야 한다. 넷째, 그러한 것들을 교회에서 제정하려면 억압적인 방법이 아니라 자원하는 심령으로 지키도록 해야 한다. 변질되거나 남용되는 것은 본래 중립적인 것이라도 더 이상 중립적인 것이 아니다." 박영호, 『청교도 실천신학』 (서울: 기독교문서선교회, 2005), 75.

6) 17세기의 위대한 청교도 신학자 윌리엄 에임스(William Ames, 1576-1633)나 존 오웬(John Owen, 1616-83) 등은 청교도 기원 이후의 인물들이기에 여기서는 생략한다.

잉글랜드 종교개혁 과정을 개략적으로 소개한 후 보다 구체적인 과정을 소개할 것이다.

2.1. 잉글랜드 종교개혁의 개략적인 과정

잉글랜드가 오랜 전통을 가진 카톨릭 신앙에서 돌아설 수 있었던 것은 헨리 8세의 이혼소동과 관계가 있다. 헨리 8세는 전쟁을 최소화 하겠다는 부친 헨리7세의 정치적 방향 때문에 자신의 친형 아더(Arthur, 1486-1502)의 부인이었던 캐더린(Catherine of Aragon, 1485-1536)과 결혼했었다. 잉글랜드 황태자 아더와 결혼한 케더린은 스페인의 페르디난도(Ferdinando II, 1442-1516)와 이사벨라(Isabella of Castile, 1451-1504)의 딸이다.[7] 그녀는 아더와 결혼한 후 6개월이 채 안되어서 미망인이 되었다. 케더린은 당시 강국이었던 스페인 왕의 공주였으니, 헨리7세는 정치적인 안정을 위해서라도 그녀를 계속 붙잡아야 두어야 했다.

헨리 8세는 아버지 헨리7세가 형수와 결혼할 것을 제안하자 거절했지만, 만약 형수와 결혼하지 않는다면 왕의 자리를 보장할 수 없다고 위협하자 승낙했다. 헨리 8세와 캐더린의 결혼식은 교황청의 승인을

---

7) 카톨릭의 두 나라 아라곤의 왕 페르디난도와 카스티야(Castilla)의 왕녀 이사벨라의 결혼식은 세기의 결혼식이라 할만하다. 페르디난도와 이사벨라가 1469년에 결혼하고, 이사벨라가 1474년 카스티야의 왕으로 즉위하고, 페르디난도가 1479년에 아라곤의 왕으로 즉위하자 두 왕국은 1479년에 통일이 이루어졌고, 스페인(에스파냐)이 거대한 강대국으로 등장하였기 때문이다. 기쿠치 요시오, 『신성로마제국』 이경덕 옮김 (서울: 다른 세상, 2010), 197.

얻어 거행되었고, 두 사람은 18년 동안 결혼생활을 유지하면서 5명의 자녀를 낳았다. 하지만 그 중 4명의 자녀는 어릴 적이 죽었고, 딸 메리만 건강하게 자라났다. 이쯤 되자 헨리 8세는 후계자가 걱정이 되었다. 당시 잉글랜드 역시 왕자가 후임 왕의 서열 1순위였기 때문이다. 헨리 8세는 형수와 결혼한 것이 자신에게 오는 불행한 사태의 원인이 아닌가 하는 생각이 들어오기 시작했다. 이런 생각에 잠겨 있을 때 궁중에서 일하는 시녀 앤볼린(Anne Boleyn, 1507-36)이 그의 마음속을 채우자 비밀리에 그녀와 교제를 시작했다. 앤볼린은 캐더린과 이혼하라고 헨리 8세를 부추겼고, 헨리 8세는 이혼을 결정하고 메디치가가 배출한 걸출한 두 번째 교황(첫 번째는 레오10세, 재위 1513-21) 클레멘트 7세(Clement Ⅶ, 재위 1523-34)에게 캐더린과의 이혼을 허락해 달라고 청원했다. 클레멘트는 교황의 위세가 예전만 못했고, 대신 신성로마제국의 황제의 위세가 높아진 상태였기에 스페인의 왕이자 신성로마제국의 황제와 반대되는 것을 결정하는 일에 신중을 기하고 있었다. 때문에 스페인의 왕이자 신성로마제국의 황제 카를 5세(Karl Ⅴ, 재위 1519-56)의 고모인 케더린을 이혼녀로 만드는 일에 동의할 수 없는 입장이었다. 헨리 8세는 캐더린과의 이혼허락을 받지 못하자 정치와 종교 양쪽 모두에 대한 카톨릭과의 관계 단절을 결심하고 애볼린과의 결혼식을 비밀리에 거행했다. 1534년에는 잉글랜드의 왕은 국가의 머리이면서 동시에 잉글랜드교회의 수장이라는 수장령(Act of Supremacy)을 반포하여 잉글랜드의 정치적 종교개혁을 단행했다.

2.2. 잉글랜드 종교개혁의 보다 상세한 과정

일명 30년 전쟁으로 불리는 장미전쟁(1455-85)[8]에서 최종적으로 승리하고 잉글랜드의 왕이 된 헨리 7세는 아들 아더와 헨리 8세 그리고 딸 마가렛을 건강하게 키워냈다. 장미전쟁 등 전쟁에 지친 헨리7세는 자신의 치세 중에 주변 국가와 정치적인 안정을 취하고 싶었다. 우선적으로 북쪽 스코틀랜드와의 더 이상의 전쟁이 일어나지 않도록 딸 마가렛을 스코틀랜드 왕자와 결혼시켰다. 헨리7세의 이러한 행보는 그가 의도한 것은 아니지만 후에 큰 전쟁 없이 대영제국이 형성되게 하는 밑거름이 되었다. 다음으로는 프랑스를 견제할 수 있도록 스페인 왕가와 손을 잡아야 했다. 그 일을 위해 첫째 왕자 아더와 스페인의 공주 캐더린(Catherine of Aragon, 1885-1536)과의 결혼을 성례시켰다. 그런데 문제가 발생했다. 아더가 결혼한 지 6개월도 채 되지 않은 어느 날 갑자기 죽고 만 것이다. 헨리7세는 정치적 안정에 황색불이 들어온

---

8) 장미전쟁이라고도 하는 잉글랜드의 30년 전쟁은 에드워드 3세의 두 왕자의 가문인 랭커스터가와 요크가의 왕의 계승권 싸움이었다. 랭커스터 공 존의 아들이 에드워드 흑세자의 아들 리처드 3세를 이어 왕이 헨리4세로 등극했고, 이어서 헨리5세와 헨리6세로 왕권이 이어졌다. 30년 전쟁은 랭커스터가의 헨리6세 치세 중에 일어난 전쟁으로 전쟁 중 요크가의 에드워드4세에게 왕위가 넘어갔고, 잠시 헨리6세가 왕위를 되찾기는 했지만 결국은 요크가에게 와위가 넘어갔다. 요크가가 왕위를 확고하게 했던 1471년을 역사가들은 장미전쟁의 사실상의 마지막해로 평가한다. 그러나 장미전쟁이 완전히 종결된 것은 1485년 요크가의 리처드3세가 죽고 랭커스터가의 헨리7세가 왕이 되면서이다. 랭커스터가의 헨리7세 때 장미전쟁이 종식될 수 있었던 것은 리처드3세가 자신의 조카인 요크가의 에드워드5세를 폐위시키고 왕이 된 것, 그리고 헨리7세가 요크가의 엘리자베스와 결혼한 것이 크게 작용하였다. 헨리는 1485년 8월 22일 보즈워스 평원 전투에서 프랑스와 요크파 망명자들의 도움으로 리처드를 죽임으로써 31년간의 전쟁이 끝난 것이다. 나종일.송규범, 『영국의 역사』, 223-37.

것이다. 헨리7세는 이 문제를 해결하기 위해 헨리 8세와 캐더린을 결혼시켰다. 헨리 8세는 형수와 결혼하고 싶지 않았지만 차기 대권을 놓고 위협하는 부친의 요구와 캐더린이 아더와 함께 부부생활을 한 적이 없다는 말을 듣고 결혼하기로 결정하였다.

헨리 8세는 캐서린과 결혼하여 딸 메리 외에는 왕세자가 없었다. 자녀들이 모두 어린 시절에 죽었기 때문이다. 헨리 8세는 레위기 20장 21절 말씀을 기억하면서 자신에게 닥친 불행한 사태의 원인은 하나님이 금하시는 결혼을 했기 때문이라고 생각했다.[9] 그 때 궁녀 앤볼린이 마음에 들어왔고, 그녀와 결혼하기 위해 하나님의 말씀을 어겼다는 마음의 부담을 핑계 삼아 결혼 20년 만에 캐더린과 이혼하였다. 헨리 8세가 앤볼린과 결혼하려고 한 것은 1520년대 초부터였으나 교황 클레멘스 7세의 허락이 없었고, 이것이 그와 교황청(바티칸)과 갈등의 단초가 되었다.

잉글랜드에서 헨리 8세의 이혼을 반대하는 사람은 추기경이자 상서경(수석장관)인 울지(Wolsey)였다. 헨리 8세는 울지가 교황청의 뜻을 받들어 자신의 이혼을 강하게 반대하자 1529년에 그를 교황상소금지법 위반죄를 적용하여 상서경직에서 물러나게 한 후 다음 해(1530년) 4월 울지에게 적대적이었던 대신들의 요청을 수용하여 그를 체포하여 레스터 수도원에 감금했다. 울지는 재판석에 참석하기 전에 그곳에서

---

9) "누구든지 그의 형제의 아내를 데리고 살면 더러운 일이라 그가 그의 형제의 하체를 범함이니 그들에게 자식이 없으리라." 레20:21.

사망했다.

헨리 8세는 개신교 성향을 가진 토마스 크롬웰(Thomas Cromwell, 1485?-1540)에게 울지의 뒤를 이어 상서경직을 맡겼다. 그리고 1529년부터 1536년까지 종교개혁의회를 개최하였다. 종교개혁회의는 1532년 새로운 교회법은 국왕의 허가를 받아야 하며, 기존의 교회법이 효력을 발휘하려면 국왕이 임명한 위원회의 재검토를 받아야 한다는 내용이 포함되어 있는 '성직자의 항복(submission of clergy)' 서를 통과시켰다. 또한 1532년 3월에 초수입세잠정제한법을 제정하여 카톨릭의 성직자들이 교황에게 납부하던 초수입세의 납부를 유보시켰다. 토마스 크랜머(Thomas Cranmer 1498-1556)는 켄터베리 대주교에 임명되었고, 앤볼린의 임신 사실이 확인되자 헨리 8세와 앤볼린은 1533년 1월 크랜머의 주례로 결혼식을 거행했다. 1533년 3월에는 교회와 관련된 최고 사법권을 국왕이 통제하기 위해 상소제한법을 제정하였고, 1533년 5월에는 헨리 8세가 형수와 결혼한 것이므로 그 결혼은 무효라고 선언했다. 그리고 그해 6월 앤볼린은 왕비가 되었다.

캐더린은 헨리 8세와 1502년 17세에 미망이 된 후 1509년 그녀의 나이 24세에 헨리 8세와 재혼했고, 그와 24년간의 공식적인 부부생활 속에서 딸 메리를 남겼고, 48세가 되어 이혼녀가 되었다. 그리고 이혼 3년 후인 1536년 2월 이국땅에서 병으로 생을 마감했다.

1534년에 발효된 수장령(首長令)은 잉글랜드의 종교개혁과 성공회 설립의 신호탄이었다. 헨리 8세는 루터파를 공격하여 1521년 교황 레오 10세로부터 '신앙의 수호자(fidei defensor)'란 명칭을 부여 받기도 했지만, 1536년에는 루터파 중심의 성직자 회의가 작성한 10개항으로 된 신조(Ten Articles of Faith)에 동의했다.[10] 10개 신조에는 성례를 카톨릭의 7성례 대신 성찬, 세례, 참회(Penance) 등 세 가지로 정했고, 믿음과 행위로 의롭게 된다고 하였다. 헨리 8세는 1539년에 10개 신조를 개정하여 6개 신조를 공포했고, 거기에 화체설을 포함시켰다. 헨리 8세의 종교개혁은 잉글랜드 내 카톨릭에 대한 박해로 이어졌다. 1536년과 1539년에는 카톨릭교회와 수도원을 해산되었고, 재산은 몰수되었다.

헨리 8세의 결혼 생활은 평탄하지 않았다. 앤볼린은 공주 엘리자베스를 남기고 불륜의 누명을 쓰고 1536년 5월 처형되었고, 제인 시모어(Jane Seymour)는 에드워드 6세를 출산했지만 1537년 10월 산욕열로 죽었다. 왕은 왕비 시모어 사후 크롬웰의 주도로 독일과의 친선을 위해 1540년 1월 클레브의 앤(Anne of Cleves) 공주를 왕비로 맞았지만 그녀의 외모에 매우 실망했고, 곧바로 이혼한 후 영지를 주어 그곳으로 나가 살게 했다. 그리고 결혼을 주선한 크롬웰은 처형되었다. 크롬웰의 처형은 평소 적대적인 감정을 가지고 있었던 노포크 공작 토머스 하워드가 크롬웰에게 결혼 실패의 책임을 물었기 때문이다. 추밀원은 1540년 6월 10일 그를 체포하여 런던탑에 감금했고, 1540년 7월

---

10) 헨리 8세는 1539년 의회가 제출한 6개 조항을 수용한다. 6개 조항에는 7성례를 모두 수용하고, 화체설을 부정하면 사형에 처한다고 했다.

28일 런던탑에서 비밀리에 처형되었다. 헨리 8세는 앤볼린의 사촌인 19세의 캐서린 하워드(Catherine Howard)와 다섯 번째 결혼을 했지만, 하워드는 근위대장 켈페퍼와의 외도사건과 결혼 전 남자와의 연애 사실 등이 발각되어 참수되었다. 어섯 번째 부인은 메리와 엘리자베스의 가정교사이자 과부인 캐서린 파였다. 캐더린 파는 헨리 8세보다 오래 살았다.

이처럼 헨리 8세는 재위기간에 왕비 두 명을 처형했고, 정치적으로 중요한 인물들을 여럿 처형하였다. 이들 외에도 토머스 모어(1535년, 「유토피아」의 저자), 윌리엄 틴데일(1536년) 등을 포함하여 시종과 공신들을 처형했다. 정치적으로는 중앙집권체제를 강화하였고, 절대왕정을 확고히 했다. 1536년에 공국 웨일즈를 잉글랜드에 완전히 합병하였다. 헨리 8세는 비록 잉글랜드 종교개혁을 이루었지만 그의 종교개혁은 신학과 신앙 문제가 아닌 개인적인 욕구를 실현하기 위해 시행된 것이었고, 때문에 그는 성공회 신자라기보다는 로마 카톨릭의 교리와 예전의 신봉자였다고 보아야 한다.

3. 에드워드 6세와 청교도

헨리 8세의 종교개혁이 성공회의 출발점을 제공했다면 에드워드 6세(Edward Ⅵ, 1547-1553)는 청교도 운동의 시발점을 제공했다. 에드워드 6세가 1547년 잉글랜드의 왕이 되었을 때 그의 나이 9세로 소년이었다. 헨리 8세의 세 번째 왕비 제인 시모어의 아들인 에드워드 6세가 왕이 된 것은 첫 번째 왕비 캐더린와 두 번째 왕비 애볼린 사이에 각각 공주만 1명씩 있고 왕자가 없었기 때문이다. 에드워드 6세의 모친 제인 시모어는 종교는 개신교에 가까웠고, 그렇기 때문에 비록 시모어가 산욕열로 일찍 죽었지만 에드워드는 자연스럽게 개신교 교육을 받았으므로 개신교에 호의적이 되었다.

에드워드 6세는 1547년 열린 첫 회의에서 반역법과 6개 조항법 등 이단을 규제하고 탄압하는 법률들 대부분을 폐지했다. 잉글랜드의 종교상황의 변화는 독일 슈트라스부르크 종교개혁자 마르틴 부처(Martin Bucer, 1499-1551) 등 대륙의 개신교 교리를 선호하는 학자들의 발걸음을 잉글랜드로 향하게 했다. 헨리 8세가 미처 시행하지 못했던 종교개혁의 일들이 이루어졌다. 죽은 자를 위해 기도할 목적으로 제작되어 있던 약 2,374개의 공양제단들이 철폐되었고, 카톨릭 신학과 신앙을 가르치고 있던 약 90개의 대학(칼리지)과 약 110개의 병원과 구빈원(poorhouse, workhouse), 그리고 모든 카톨릭 종교의 동아리(guild)들이 해산되었고, 성상들이 파괴되었다.

카톨릭 냄새가 나는 옛 것을 무너뜨렸으니 이제 새 것을 건설하는 것은 자연스러운 현상이다. 평신도 성경 읽기 운동이 활발하게 진행되었고, 교회 예식 등에 대한 표현의 자유가 주어졌으며, 모국어인 영어로 작성 된 『제1차 공동기도서』(First Book of Common Prayer)가 제정되었다. 공동기도서에는 성찬의 의미, 사제의 결혼, 만민제사장주의가 포함되었다. 성찬식은 그리스도의 희생을 기념하는 것이라 했고, 사제에게 결혼이 허용되었으며, 사제와 회중이 예배에 함께 동참하도록 했다. 의회는 공동기도서를 잉글랜드의 모든 교회가 사용하도록 1549년에 통일령(Act of Uniformity)을 통과시켜 발표했다. 여전히 카톨릭을 신봉하는 이들은 반항하였다. 공동기도서 사용을 반대던 워리크 백작 존 더들리는 1550년 2월 개신교에 호의적인 서머세트를 몰라내고 노섬벌런드의 권력을 취한 후 서머세트를 처형했고, 그런 다음에 갑자기 태도를 바꾸어 카톨릭교도들을 추밀원에서 쫓아내고 교회의 성상과 성화를 모두 제거하는 등 시대상황에 순간적으로 적응하는 기이한 행동을 하기도 했다.

에드워드 6세는 크랜머를 중심으로 「제2차 공동기도서」를 만들었다. 1553년에 만들어진 「제2차 공동기도서」는 칼빈주의 신학을 적용한 42개 조항(42 Articles of Religion)으로 구성되었다. 잉글랜드와 프랑스의 협상으로 1549년 프랑스 겔리선의 노예생활에서 해방되어 잉글랜드에서 활동하고 있던 존 낙스(John Knox, 1514?-1572)는 「제2차 공동기도서」 작성에 직접 참여하지는 못했지만 성찬식 때 무릎을 꿇어야 한다는 조항을 반드시 지킬 필요는 없다는 것을 명시하게 하는 데 공헌하였다. 크랜머(Thomas Cranmer , 1489-1556), 리들리 (Nicholas Ridley, 1500?-55), 라티머 (Hugh Latimer, 1485-1555), 존 후퍼(John Hooper, 1495-1555), 커버데일(Miles Coverdale, 1488?-1569) 등의 청교도 인물들이 활동하고 있었지만 이들이 『제2차 공동기도서』에 성찬식 때 무릎을 꿇은 것을 그리 심각하게 생각하지 못했다는 아쉬움이 있다. 「제2차 공동기도서」는 성경에 근거하지 않는 모든 것은 폐지되어야 한다는 청교도의 성경관을 담고 있고, 미사라는 용어를 사용하지 않았으며, 기타 화체설 등 많은 카톨릭 의식들을 부정 했다. 에드워드 6세는 제2차 통일령을 반포하여 「제2차 공동기도서」 사용을 의무화 했다. 세례식과 성직자 의복이 제네바 식으로 보다 단순 해졌고, 주일 예배 참석을 의무화했다. "헨리 8세 때의 교회 개혁이 정 치적이고 입헌적인 것에 그친 데 비하여, 에드워드 시대의 개혁은 교리 와 의식의 면에서 급진적 변화를 보인 것이다."[11]

만약 에드워드 6세가 1553년 7월 6일 재위 6년 만에 15살의 나이로 병사하지 않았더라면, 아마 잉글랜드의 종교상황은 개혁주의 신학의 뿌리에서 오는 보다 성경적인 교리와 의식의 진액을 먹고 성장하였을 것이다. 그런데 에드워드 6세가 연약한 몸을 이기지 못하고 어린 나이 에 병사함으로써 잉글랜드의 정치와 종교 상황은 청교도들이 힘겹게 투쟁해야하는 방향으로 나아갔고, 이것은 뉴잉글랜드에서의 새로운 복 음의 역사를 준비하게 했다.

---

11) 나종일.송기범, 296.

4. 메리 튜터와 청교도

에드워드 6세가 15세의 어린 나이에 자녀 없이 죽음으로써 그의 후계는 완고한 카톨릭 신자였던 이복누이 메리(Mary Tutor, 재위 1553-58)에게 넘어갔다. 메리는 아버지 헨리와 어머니 캐더린의 이혼을 주선했던 개신교에 대해 자연스럽게 적대적인 감정이 싹터 있었다. 그녀는 잉글랜드의 왕이 됨으로써 드디어 어머니의 명예를 회복하고 성공회와 청교도에게 복수할 수 있는 기회를 잡은 것이다. 어머니 캐더린의 이혼을 부결시키고 이혼을 끝까지 반대했던 카톨릭을 잉글랜드의 국교로 회복시키고, 이혼을 찬성하고 헨리 8세와 캐더린의 결혼은 무효라고 선언했던 개신교를 이단으로 취급하고 철저한 탄압의 대상으로 삼았다. 이 일을 위해 우선 에드워드 6세 시절에 제정하였던 모든 종교 법령을 취소하거 폐지했다.

메리는 잉글랜드 종교개혁을 예식과 교리 면에서 보다 완전하게 개혁하고자 했던 청교도 지도자들인 라티머(Hugh Latimer), 리들리(Nicholas Ridley), 후퍼(John Hooper)를 1555년에 화형시키고, 캐더린의 결혼을 무효화시키는데 중요한 역할을 했던 온건한 청교도이며 성공회 기도서의 아버지로 불리는 크랜머 대감독(Archbishop Cranmer)를 1556년에 화형시켰다. 크랜머는 처음에 여왕 메리의 회유책에 넘어갔지만 이를 회개하고 자신의 결정을 철회했고, 화형대에

서는 그의 변화된 모습을 분명히 알리기 위해 메리의 정책에 동조한다
고 서명했던 오른손을 먼저 불 속에 집어넣었다. 메리는 짧은 통치기간
에 여인을 포함한300여명의 개신교도들을 화형이나 참수형 등으로 죽
임으로써 역사는 그녀를 피의 메리(Bloody Mary)라고 부르고 있다.

메리는 잉글랜드를 완전하게 카톨릭으로 돌려놓기 위해 자신의 어머니
의 나라 스페인의 왕 카를 5세의 왕자 필립 2세(Philippe II, 재위 1556-
1598)와 1554년에 결혼을 했다. 필립 2세 역시 당시 강대국이 되어 스페
인과 대립하고 있던 프랑스를 잉글랜드의 힘을 이용하여 대항할 목적으로
메리와의 결혼을 허락한 것이다. 두 사람의 결혼은 사랑은 없고 정치만 있
는 순전히 정치적인 이득을 얻기 위한 결혼이었다. 필립 2세가 메리와 결
혼할 때 잉글랜드의 섭정왕의 직위를 얻었기 때문에 잉글랜드 국민들은
두 사람의 결혼에 대해 불만이 많았다. 필립2세는 부친 카를 5세로부터
1556년 왕위를 계승받았지만 부친의 생전에는 스페인으로 돌아가지 않고
대부분 잉글랜드에 머물러 있다가 1558년 메리가 죽고, 부친도 사망하고,
엘리자베스 1세에게 청혼을 거절당하자 스페인으로 돌아갔다. 그리고
1559년 스페인과 프랑스 사이의 60년간의 전쟁이 종료되고 캬토-캄브레
시(Cateau-Cambresis) 평화조약이 체결되자 조약 내용에 따라 프랑스
왕 앙리 2세의 공주 엘리자베스와 결혼하였다. 메리 튜터의 핍박과 숙청
기간에 잉글랜드 내에서 그리고 망명을 통하여 성공회와 청교도들에게 특
징적인 세 가지의 신앙생활이 형성되었다.

첫째, 교회조직도 정치적 간섭 없이 카톨릭교회의 눈을 피하여 조용하게 모여 예배드리는 성도들이다. 예배장소는 개인집, 직장, 선박 안 등이었다. 에드워드 6세 때 제정되었던 42개 조항의 기도서(the Edwardian Prayer Book)를 사용하였고, 교회정치는 장로회와 유사했으나 그렇다고 장로회는 아니었다. 즉 통일된 교회정치 형태가 형성되지 않았던 것이다.

둘째, 메리의 핍박을 피하여 제네바로 망명하여 칼빈의 영향 하에 들어간 성도들이다. 이들은 제네바에서 장로회 정치형태를 보고 배웠으며, 그곳에서 칼빈의 배려로 잉글랜드인의 교회를 조직하였고, 신학은 칼빈주의로 형성되었다.

셋째, 메리의 핍박을 피하여 개혁파 교회에 속한 유럽지역으로 망명한 성도들이다. 프랑크푸르트로 망명한 사람들은 그곳의 개혁파 교회(the Church of the White Ladies)의 영향을 받았다. 잉글랜드 인들보다 먼저 프랑스 카톨릭의 핍박을 피해 망명해 온 프랑스 위그노들은 장로교회 정치를 수용하면서 그곳에 자리를 잡고 있었다. 프랑스 인들은 잉글랜드 인들이 망명해 오자 자신들이 사용하고 있는 교회당을 사용할 수 있도록 배려하였다. 메리의 핍박을 피하여 망명했던 존 낙스(John Knox)도 칼빈의 권유로 이곳에서 잉글랜드 교회를 섬겼다. 그러나 1555년 성공회 신봉자 리차드 콕스(Richard Cox) 일행이 망명해

와서 장로회정치 형태 등 개혁파 교회 운영을 방해하자 모든 것을 양보하고 제네바로 돌아간 후 기즈의 메리가 섭정으로 있는 자신의 고향 스코틀랜드로 귀국하였다.[12]

---

12) 낙스와 리차드 콕스, 그리고 기즈의 메리와의 관계는 본서 "제4장 스코틀랜드의 종교 개혁"을 참고 바람.

5. 엘리자베스 1세와 청교도

엘리자베스(Elizabeth I, 1558-1603)는 이복언니 메리와 어린 시절을 자주 같이 보냈고, 메리는 엘리자베스의 처지가 자신의 처지와 다를 바 없었기 때문에 비교적 친절하게 대해주었다. 그렇지만 메리가 왕이 되었을 때는 정치적인 문제가 결부되어 있기 때문에 엘리자베스는 메리 튜더 통치 기간에 자신도 카톨릭의 신앙을 고백함으로써 언니의 분노를 피할 수 있었다.

메리 튜더가 일찍 죽음으로써 엘리자베스는 정치적인 어려움은 극복되었고, 왕이 되었을 때는 자신의 위치를 굳건히 하기 위해 노력했다. 가장 중요한 것은 잉글랜드의 대내적인 정치적 안정이었다. 여왕은 내란과 외침 두 마리의 토끼를 동시에 잡아야 왕권이 안정될 수 있다고 파악했다. 그러려면 이복언니가 심각하게 저질러 놓은 카톨릭과 개신교 사이의 종교문제를 슬기롭게 해결해야 했다. 엘리자베스는 방법을 찾아냈다. 전통적인 카톨릭 예식을 유지하면서 종교개혁자들의 교리를 절충하는 방법이었다. 그것은 "형식은 카톨릭, 교리는 개신교"(Protestant in doctrine and Catholic in from)라는 성공회 특유의 색깔을 가진 새로운 종교 형태였다. 자신 나름대로의 계획을 구상하였다. 이 일을 효과적으로 추진하려면 헨리 8세처럼 여왕 자신이 교회의 머리를 겸해야 했다. 그래서 왕이 된 다음해인 1559년에 "수장령"(Act of Supremacy)을 발표했다. 엘리자베스의 수장령은 청교도에도 좋은 소식은 아니었지만, 메리 튜더가 수백 명을 죽여가면서 카톨릭을 다시 잉글랜드의 국교회로 회복하려던 노력이 물거품이 되는 순간이었다. 이것을 감안 할 때, 엘리자베스의 조치는 잉글랜드가 카톨릭으로 되돌아가는 것보다는 좋은 것이었다.

교회의 수정이 된 엘리자베스는 1559년 성직자 회의를 유명무실화하고 국회에서 "통일령"(the Act of Uniformity)을 제정하였다. 그리고 2년 후인 1571년에는 신앙지도를 위한 "제2예배서"(Second Book of Homilies)와 에드워드 6세 시대에 만들었던 42개 조항의 기도서를 개정한 "39개 신조"(Thirty-nine Articles)를 발표하였다:

제1조 성 삼위일체 신앙에 관하여 제2조 참 인간이 된 말씀, 하나님의 아들에 관하여 제3조 그리스도께서 음간에 내려가신 일에 관하여 제4조 그리스도의 부활에 관하여 제5조 성령에 관하여 제6조 구원을 위한 성경의 충족성에 관하여 제7조 구약성경에 관하여 제8조 세 가지 신경에 관하여 제9조 원죄, 즉 생득의 죄에 관하여 제10조 자유 의지에 관하여 제11조 인간이 의롭다고 인정받는 일에 관하여 제12조 선행에 관하여 제13조 의롭다고 인정받기 이전의 행위에 대하여 제14조 여분의 공덕에 관하여 제15조 그리스도만이 죄 없으심에 관하여 제16조 세례 후에 지은 죄에 관하여 제17조 예정과 선택에 관하여 제18조 그리스도의 이름으로써만 영원한 구원을 얻는 것에 관하여 제19조 교회에 관하여 제20조 교회의 권위에 관하여 제21조 총회의 권위에 관하여 제22조 연옥에 관하여 제23조 교회의 사목에 관하여 제24조 회중이 이해할 수 있는 말의 사용에 관하여 제25조 성례에 관하여 제26조 성직

자의 품성 결함이 성례의 효과에 영향을 미치지 못하는 것에 관하여 **제27조** 세례에 대하여 **제28조** 주님의 만찬에 대하여 **제29조** 불경한 사람이 주님의 만찬에서 그리스도의 몸을 먹지 못하는 것에 관하여 **제30조** 이종배찬(二種陪 餐)에 관하여 **제31조** 십자가 위에서 끝난 그리스도의 한 번의 제물에 관하여 **제32조** 사제의 결혼에 관하여 **제33조** 파문된 사람을 피하는 것에 대하여 **제 34조** 교회의 전통에 관하여 **제35조** 교리서에 관하여 **제36조** 주교와 성직 서 품에 관하여 **제37조** 시민 통치 권력에 관하여 **제38조** 그리스도인의 재산은 공유물이 아님에 관하여 **제39조** 그리스도인의 맹세에 관하여[13]

엘리자베스는 39개 신조를 제정함으로써 에드워드 6세 이후 메리 튜더 시대에 흔들렸던 성공회의 틀을 확고하게 만들었다. 오늘날까지 성공회 교리의 중심에 있는 39개 신조는 주교직을 사도직의 계승이라 고 했고, 제복 착용을 의무화하는 등 성공회의 특징을 담고 있다. 성상, 성물, 성화는 우상숭배를 방지하기 위해 사용을 금지시켰다. 교회의 수 장이 잉글랜드의 왕이었으므로 대감독 등 교회 직분자 임명권은 자연 스럽게 왕에게 주어졌다. 여왕은 잉글랜드 교회를 대표하는 켄터베리 대주교에 매튜 파커(Matthew Parker, 1504-75)를 임명했다. 파커는 앤 볼린(Anne Boleyn, 1507-36)의 가족과 친분이 있었고, 온유한 성 격에 지식을 겸비했다. 파커가 켄터베리 대주교으로 있는 동안 많은 청 교도들이 국교회의 중요한 자리에서 일을 했다.

파커가 성격이 온순하고 청교도를 중요한 자리에 기용하는 것과 파

---

13) 성공회 39개 신조의 자세한 내용은 부록 참조.

커 자신의 사상은 별개의 문제였다. 1566년에 출판한 그의 작품 「광고」(Advertisement)는 성직자들의 예복착용의 의무화, 성찬식 때 무릎을 꿇을 것 등을 주장함으로써 카톨릭 예전 속에 그의 생각을 명확하게 포함시켰다. 1563년에 모인 성직자 회의는 성자의 날, 세례식에서의 십자가 표시 제도를 폐지할 것을 주장했다. 이것은 투표로 결정했는데 폐지하자는 측이 58대 59로 패하고 말았다. 청교도는 이어서 제복논쟁(Vestiarian Controversy)을 시작하였다. 샘슨(Thomas Sampson, 1517-89)과 험프리(Laurance Humprey, 1527-90)가 주교의 제복착용의 의무화를 거부하면서 시작된 이 논쟁은 1563에서 시작해서 1567년까지 지속되었다. 이 일로 인해 청교도(Puritan)란 이름이 붙여졌다.[14] 성공회 39개 신조에는 주교의 법의 착용 의무화에 대한 직접적인 언급은 없다. 그렇지만 제36조는 주교가 의무적으로 제복을 착용해야 한다는 의미를 포함하고 있다:

제36조 주교와 성직 서품에 관하여

에드워드 6세 때에 발행되어 의회의 승인을 받은 대주교와 주교의 축성 및 사제와 부제의 서품식 예식문은 축성과 서품에 필요한 모든 것을 포함하고 있다. 이 예식문에는 미신적이거나 불경건한 것은 아무것도 없다. 그러므로 성직자는 앞에서 말한 에드워드 왕 제2년부터 오늘에 이르기까지 기도서의 의식에 따라

---

14) W. H. Frere, *(The English Church in the Reigns of Elizabeth and James I)*, 1904. 김광채, 『근세. 현대 교회사』 제5장. 마틴 로이드 존스, 354. Marshall M. Knappen, *Tudor Puritanism* (Chicago: The University of Chicago Press, 1965), 187-216.

축성되고 서품되었으며, 이후에도 이와 같은 의식에 따라 축성되고 서품될 것이다. 우리는 이렇게 하여 축성되고 서품을 받은 모든 성직자를 올바른 질서에 따라 정당하게 축성 받고 서품 받은 사람으로 인정한다.

제36조가 말하고 있는 "에드워드 왕 제2년부터 오늘에 이르기까지 기도서"란 에드워드 6세가 1549년에 발표한 『제1차 공동기도서』를 말한다. 『제1차 공동기도서』는 주교의 예복착용을 금지하지 않았다. 중세 로마 카톨릭에서 착용했던 주교의 예복 대신에 제네바식 까운을 착용할 것을 규정한 것은 1553년에 발표한 『제2차 공동기도서』에 포함되었다. 그러므로 성공회의 39조 신조는 주교의 예복을 로마 카톨식으로 규정한 것으로 보아야 한다.

1576년 파커가 켄터베리 대주교에서 물러나고 에드먼드 그린달(Edmund Grindal)이 그 자리를 대신했다. 그린달은 파커보다 청교도에 동정적이었다. 그는 국교회 내에서 설교에 무능한 성직자와 청중이 없는 교역자를 제거하였다. 여왕은 설교를 강조하는 그린달에게 위협을 느끼고 성직자들이 설교하거나 "예언"(prophesying)하는 것을 금지시켰다. 그리고 그린달은 종신토록 집 밖으로 나오지 못하는 수감생활을 하다가 1583년에 숨을 거두었다. 이때까지만 해도 청교도들은 거의 성공회에 속하여서 장로회정치(Semi-Presbyterian)를 하는 국교회를 만들기 위해 노력하였다.

케임브리지 대학에서 법학과 신학을 공부한 후 교수가 된 토마스 카트라이트(Thomas Cartwright, 1535~1603)는 장로교 제도를 신호하는 칼빈주의 신학자였다. 그는 가장 좋은 교회정치는 장로회 정치임을 강조하다가 같은 대학 교수 존 위트기프트(John Whitgift)와 그를 따르는 일단의 교수진들과 학교 당국자들에 의해 학교에서 쫓겨났다. 카트라이트의 주장의 핵심은 다음과 같다:

1. 주교제도는 비성경적이므로 폐지되어야 한다.
2. 신약성경에 나와 있는 대로 감독(목사와 장로)과 집사를 두어야 한다.
3. 감독은 순수하게 영적기능만을 담당해야 하며 집사는 가난한 자들의 구제에만 힘써야 한다.
4. 목사는 자기가 목회하는 지교회를 가져야 하며 그 지교회의 신도를 신앙적으로 지도하는 일에 전념해야 한다.
5. 목사는 각 지교회 신도의 민주적 선거에 의해서 선출되어야 한다.
6. 교회정치의 실질적 책임은 목사와 장로회에 주어져야 한다.[15]

케임브리지 대학에서 쫓겨난 카트라이트는 제네바로 갔고, 그곳에서 베자와 칼빈주의 신학자들 및 복회자들을 만나 제네바 학당(Geneva Academy)에서 강의도 하고 교회도 섬기면서 칼빈주의 장로교회를 직접 보고 배웠다.

카트라이트는 잉글랜드로 돌아 온 후 『제1, 제2간언』(*Admonitions*, 1571년 발행)를 작성하여 성도들의 자치적인 교회정치와 의회 민주적인 장로회 정치로 노회와 총회의 대표자를 선출할 것을 주장하

---

15) 김광채, 『근세. 현대 교회사』, 106-07.

였다. 그리고 제네바처럼 시민 통치자도 교회에서 훈련을 받아야 한다고 강조했다. 그의 주장은 실현되지 못했고, 도리어 비난을 받았지만, 그럼에도 불구하고 런던 상인들, 청교도들, 일부 케임브리지 교수들, 그리고 여왕 측근 중에서도 그의 의견에 동조하는 사람이 많았다.

카트라이트는 비록 지하교회였지만『제1, 제2간언』을 발행한 다음해인 1572년 완즈워드(Wandsward in London)에 잉글랜드 최초의 장로교회를 세웠다. 카트라이트는 여왕의 탄압이 심해지자 하이델베르크로 갔고, 그곳에서 자신처럼 위트기프트 일행에게 케임브리지 대학에서 쫓겨난 월터 트래버스(Walter Travers)를 만난다. 트래버스는 장로회 정치와 시민정부, 그리고 장로회의 국교화를 주장하는『신앙생활의 훈련』(*De Disciplina Ecclesiastica*)을 저술하고 그 서문을 카트라이트에게 부탁했다.

엘리자베스가 새로운 기독교 교파를 잉글랜드에 안착시켜가는 것을 보고 있던 교황청은 잉글랜드의 종교적인 분위가 아직까지 카톨릭을 향해 있다고 판단하고 카톨릭으로의 회복운동을 시도하였다. 이를 위해 교황 피우스(Pope Pius)는 1570년 2월 25일 엘리자베스를 파문한 후 여왕에게 충성하지 말 것을 선포하였다. 이어서 1571년 엘리자베스를 퇴위시키고 메리 스튜어트(Mary Stuart, 1542-87)를 여왕으로 삼는다는 리돌피 음모(the Ridolfi Plot)을 꾸몄다. 엘리자베스는 이 음모를 사전에 알아차리고 노포크 공작(Norfolk)과 스코틀랜드의 메리를 사형에 처하였다:

그 동안 라임스에 있는 로마 카톨릭 신학교에서는 한 가지의 음모가 계획되어 안토니 바빙톤(Anthony Babington)이 이 음모를 수행하도록 임명되었다. 이 음모는 엘리자베스를 암살하고 스페인의 도움으로 메리 스튜어트를 영국 옥좌에 앉히려고 하는 것이었다. 이 음모에 메리가 공모한 사실이 그녀 자신의 서신에 의해 증명되었다. 메리는 46명의 추밀원 위원들과 귀족들의 위원회에 의해 유죄로 선고되었고, 1587년 2월 8일 포터린게이 성의 공회당에서 사형을 당했다. 메리가 사형을 당함으로 사람들의 마음에서 부담이 덜어졌고 보다 자유롭게 호흡을 하게 되었다.

엘리자베스의 안전에 대한 가장 커다란 위험은 메리의 인격에 있었다. 그러나 필립의 영국 침략의 결심은 조금도 늦추어지지 않았고, 오히려 메리의 죽음에 의해 더욱 굳어졌다. 왜냐하면 메리가 영국의 옥좌를 계승하라는 유언을 그에게 남겼기 때문이었다.[16]

이 사건 후 1593년 성공회 예배에 참석하기를 거절하는 자는 형벌로 다스린다는 법령을 공포하여 카톨릭과 청교도를 강하게 위협했다. 여왕의 강경한 종교정책 실행의 중심에는 1583년부터 1604년까지 켄터베리 대주교직을 맡았던 위트기프트가 있었다.[17]

엘리자베스 1세는 1603년 사망할 때까지 헨리 8세가 시작했던 구빈원의 기능을 확대하는 등 가난한 백성을 위한 정책을 시도하였고, 1588년에는 칼레해전에서 스페인의 무적함대를 무찔러서 해상권을 장

---

16) 제임스 헤론, 『청교도 역사』 153-54.
17) Kenneth Latourette, *A History of Christianity*, Vol.2, (New York: Harper, 1953), 815.

악하여 장차 대영제국의 힘이 세계를 향할 수 있는 길을 열어놓았다.[18]
이처럼 엘리자베스는 잉글랜드 입장에서 볼 때 많은 공적이 많이 있었
다. 하지만 종교적으로 볼 때는 성공회가 국교회가 되는 확고한 뿌리
를 내렸고, 청교도들과 청교도에 동정적인 인사들을 핍박한 점 등은 그
녀 치세의 오점으로 남아 있다.

---

18) 엘리자베스 시대에 일어났던 칼레 해전은 역사가들이 말하는 세계4대해전 중 하나이
다. 스페인은 잉글랜드의 엘리자베스를 폐위시키고 스코틀랜드의 메리 스튜어트를 왕
에 앉혀 잉글랜드 국교회를 로마 카톨릭으로 만들기 위해 해전을 준비했지만, 메리 스튜
어트는 1587년에 처형되었고, 스페인의 무적함대는 칼레전투에서 패함으로서 그 뜻을
이루지 못했다. 제임스 헤론, 『영국의 역사』 151-161. 윤지강은 그의 저서 『세계 4대
해전』에서 세계4대해전은 기원전 480년에 발생한 그리스와 페르시아의 살라미스해
전, 1588년에 일어난 잉글랜드와 스페인의 칼레해전, 1592년에 일어난 조선과 일본의
한산대첩, 1805년에 발생한 영국과 프랑스의 트라팔가해전이라고 했다. 이중에서 다
양한 자료들을 참고해 볼 때, 그리고 해전의 규모와 결과를 참고할 때 한산대첩보다는
1597년의 명량해전을 세계4대해전으로 평가하는 것이 더 어울린다.

- 제4장 -
스튜어트왕조와
청교도 운동

1. 제임스 1세와 청교도

엘리자베스 1세는 결혼하지 않았고 자녀 없이 1603년에 죽었다. 그리고 엘리자베스를 끝으로 헨리 8세의 직계 자녀는 하나도 없게 되었다. 그러자 왕위 계승에 문제가 발생했다. 잉글랜드 내에 헨리 8세뿐만 아니라 헨리 7세의 직계손도 찾을 수 없자 자연스럽게 스코틀랜드의 왕 제임스 6세에게 관심이 쏠렸다. 제임스 6세의 모친 메리 스튜어드는 헨리 7세의 딸 마가렛(Margaret)의 딸이었기 때문이다.[1]

스코틀랜드 제임스 6세는 잉글랜드에서 제임스 1세로 등극했다. 이로써 잉글랜드와 스코틀랜드는 정치적(국회)이고 군사적인 면에서는 아직 분리된 채 남아 있었지만 왕정은 서로의 피를 흘리지 않고 통일을

---

1) 잉글랜드의 튜더 왕조와 스코틀랜드의 스튜어트 왕조와의 혈연관계는 본서 제4장에서 자세하게 다루어지므로 여기서는 생략한다.

이루었다. 제임스 1세는 스코틀랜드에서 칼빈주의 장로교 교육을 받았기 때문에 잉글랜드의 청교도들은 기대를 가지고 천명의 서명을 받아 잉글랜드 국교회를 장로회로 만들어 주기를 청원하였다. 그러나 제임스 1세는 "감독 없이는 왕이 없다"(No bishop, no king)고 말함으로써 청교도의 기대는 물거품이 되었다. 제임스 1세는 한 걸음 더 나아가서 왕권신수설(divine right theory, ius divinum)을 주장하여 왕권은 하나님이 주셨으니 누구도 도전할 수 없으며, 하나님만이 왕에게 책임을 물을 수 있다고 했다.

제임스 1세의 왕권신수설은 교회와 의회 모두의 반발을 샀다. 왕권신수설이 적용되면 의회가 어떤 법령을 제정한 것이 왕의 의도와 다르다면 왕은 언제든지 그 법령 제정을 취소시킬 수 있다는 것이니 의회가 환영할 이유가 없었다.[2]

당시 잉글랜드 의회는 귀족원과 평민원이라는 양당 체제였는데 평민원은 상업 자본가, 법률가, 시골 지주들 중에서 선출되어 구성되었다. 이들은 처음에는 국교회를 신봉하였으나 17세기에 접어들면서 청교도들이 다수의 의석을 차지했다. 제임스 1세는 잉글랜드 교회의 "정화"(Purify)를 요구하면서 성공회에 남아 있는 거창한 예식과 권위주의적 성직 계급제도를 개혁하기 원하는 평민원의 의사를 거부했다. 또

---

2) "귀족원은 귀족들과 감독들로 구성되었기 때문에 제임스 1세의 통치 방법에 일반적으로 찬성했지만, 평민원(the House of Commons)에서는 심한 거부 반응을 나타냈다." Birdsall Viault, *Western Civilization since 1600* (New York : McGraw-Hill, 1990), 3.

한 청교도들이 요구하는 장로교 대의 정치(Presbyterian representative system of church government)를 노골적으로 혐오하였다. 제임스 1세의 장로회에 대한 협오는 존 낙스에 의해 섭정의 자리에서 물러나서 잉글랜드로 왔다가 결국은 처형당한 모친 메리 스튜어트 사건이 영향을 미쳤을 것이다.

제임스 1세 시대에 물가는 뛰었고 왕실은 재정난을 겪었다. 왕은 이를 극복하기 위해 국회를 열어 합법적으로 세금을 인상하려고 했다. 그러자 평민원은 왕이 자신들의 권위를 인정해 준다면 법안을 통과시키겠다는 타협안을 제시했다. 그러나 왕은 평민원의 요구를 들어주지 않았다. 그리고 세관의 세입을 증가시키고, 작위를 팔아 왕실의 재정난을 해결해 나갔다. 이로써 왕과 의회 간의 불편한 관계가 깊어지기 시작했다.

1605년 11월 5일 제임스와 카톨릭과의 관계에 문제를 발생시키는 사건이 발생했다. 카톨릭교도들이 의사당을 폭파시키려 한다는 음모가 정부에 적발된 것이다. 가이 포크스(Guy Fawkes, 1570-1606)가 중심이 된 카톨릭교도들이 의사당을 폭발시키려고 폭발물 운반 도중 발각된 것이다.

제임스 1세 재위 기간에 기독교에 공헌한 것 중 하나는 1603년 청교도들의 요청에 따라 『킹제임스역』(흠정역, *King James Authorized Version*) 성경을 번역하여 1611년에 출판한 일이다. 청교도들은 39개 신조와 소요리문답의 폐기도 요구했으나 이 두 가지는 거절되었다.

제임스 1세가 포크스 사건으로 카톨릭뿐만 아니라 청교도에 대해서도 냉소적이었지만 전반적으로 이 기간에 청교도들이 증가했고, 상업, 공업, 의료직, 그리고 평민원까지 다양한 분야에 고르게 진출하였다. 그러나 제임스 1세가 주일에 스포츠를 장려하자 각종 체육 행사들이 주일에 개최되었다. 청교도들은 기독교의 세속화를 막기 위해 성수주일을 더욱 강조하면서, 개인적인 성경 읽기와 가정 예배, 찬양 등을 강화하였다. 그리고 일단의 청교도들은 종교의 자유를 찾아 네덜란드로 갔다가 다시 잉글랜드로 돌아와서 102명이 1620년 9월 16일 메이플라워(Mayflower) 호를 타고 잉글랜드 남부에 위치한 플리머스(Plymouth)를 출발하여 11월 21일 뉴잉글랜드에 도착하였다. 그리고 그 곳 이름을 자신들이 떠나온 잉글랜드의 플리머스(Plymouth)와 동일하게 이름하였다.

2. 찰스 1세와 청교도 혁명

2.1. 찰스 1세와 청교도

왕실과 의회의 갈등을 심화시킨 제임스 1세는 1525년에 서거했다. 부친의 뒤를 이어 왕이 된 찰스 1세(재위 1625-49)는 아버지보다 성격이 완고하고 편협적이었다. 청교도에게 더 나쁜 시절이 온 것이다. 의회는 제임스 1세 시대처럼 국정이 운영되지 않도록 1628년 국왕도 법을 준수해야 하며, 새로운 세금제도를 시행하려면 의회의 승인을 받아야 한다는 권리청원(the Petition of Right)을 통과시켰다. 찰스 1세는 권리청원을 거부하다가 왕실의 재정이 어려움에 처하자 의회의 도움을 구하기 위해 청원서에 서명했다. 찰스 1세에게는 의회란 없으면 좋은 기구였다. 때문에 의회가 왕에게 어떤 문제에 대해 이의를 달면 의회를 해산시키고 장기간(11년, 629-40) 동안 의회를 소집하지 않는 악수(惡手)를 두었다. 그리고 왕권신수설에 의지하여 나라를 다스렸다.

찰스 1세는 국민들이 정교도를 따르는 수가 증가하자 성공회수의자 윌리엄 로드(William Laud, 1573-1645)를 켄터베리 대감독으로 임명하였다. 로드가 모든 잉글랜드인은 국교회 예배에 참석하라고 명령하자 청교도들의 불만은 커져갔다.

찰스 1세는 한 걸음 더 나아가 1637년 스코틀랜드인들도 국교회의 예전을 사용(the use of the Anglican worship service)하도록 명령하였다. 장로교식 대의정치를 실시하고 있던 스코틀랜드는 1578년 장로교 총회를 개최한 자리에서 『제2치리서』(*The Second Book of Discipline)*를 만든 후 이 치리서를 국회에 제출하여 통과시킴으로 교회의 정치적 독립을 재천명해 놓은 터였다.[3]

찰스 1세의 종교정책에 문제가 있음을 간파한 스코틀랜드인들은 종교의 자유를 위해 잉글랜드를 공격하겠다고 위협했다. 그러자 찰스 1세는 스코틀랜드와의 전쟁에 필요한 군비를 확보하기 위해 의회를 소집하였다. 처음에는 3주간의 단기 의회(the Short Parliament)를 개최하였으나 문제가 해결되지 않자 장기의회(the Long Parliament)로 돌입했다. 장기의회는 1640년에 시작되어 1649년 1월 찰스 1세가 참수된 후에도 끝을 보지 못하고 1653년까지 흐지부지 끌다가 왕정복고가 이루어진 1660년에 이르러서야 공식으로 막을 내렸다.

찰스 1세는 스코틀랜드 침입군의 위협을 막기 위해 의회를 소집했지만 의회는 찰스 1세의 외고집을 꺾고 정치적인 헤게모니를 다시 찾기 위해 찰스 1세의 다급한 사정을 이용하여 그의 주변 인물들을 숙청할 준비를 했다. 의회가 지목한 첫 번째 인물은 스트래퍼드(Strafford) 백작 토머스 웬트워스(Thomas Wentworth)였다. 찰스 1세는 불쾌한 심정을 감추고 자신이 원하는 것을 얻기 위해 자신에게 충성한 측근의 희생을 허락했다. 의회가 두 번째로 숙청을 요구한 인물은 윌리엄 로드(William Laud, 1573-1645)였다. 로드는 옥스퍼드 대학을 졸업하고 그 대학의 총장까지 역임했던 지성과 도덕성 면에서 훌륭한 인물이었

---

3) 오덕교, 『장로교회사』(서울: 합동신학교 출판부, 1995), 129.

다. 그렇지만 그는 청교도들의 개혁주의 신학을 몹시 싫어했다. 국교도와 카톨릭의 전통을 간직한 성공회를 잉글랜드 국교회로 확고하게 자리 잡게 하는데 있어서 언제나 걸림돌이 되는 것이 청교도였기 때문이다. 찰스 1세는 지성과 도덕성을 겸비하고 자신의 뜻을 잘 받들어 주는 로드와 같은 인물이 자신의 주변을 지켜준다고 생각하니 마음이 든든했다. 그래서 로드를 켄터베리 대감독(재위 1633-45)으로 임명했던 것이다. 찰스 1세는 이번에도 측근을 보호하지 못했다. 1641년 3월 로드는 런던탑에 갇혔고, 1645년 1월 시민전쟁의 책임을 지고 참수되었다.

잉글랜드 내에서 왕과 의회 간의 팽팽한 긴장이 계속되고 있을 때 아일랜드에서는 심각한 유혈 사태가 발생했다. 아일랜드의 카톨릭 교도들이 1641년에 아일랜드 개신교도 약 3만 명을 살해한 것이다. 그렇지 않아도 찰스 1세의 행보에 의구심을 품고 있던 의회는 아일랜드 사태의 배후에 찰스 1세의 비인 마리아(the French princess, Henrietta Maria)가 있을 것이라고 추측했다. 의회는 아일랜드 사태를 진정시키기 위한 군대를 파견할 것과 군대의 지휘관 임명권을 의회로 넘기라고 요구했다. 찰스 1세에게 맡긴다면 개신교도들에게 더 큰 불행이 닥칠 것이라 생각했기 때문이다. 잉글랜드는 찰스 1세와 의회파와의 갈등의 골이 깊어지면서 시민전쟁의 전운이 점점 짙어갔다.

2.2. 청교도 혁명전쟁(1642-51)

청교도 혁명전쟁은 왕당파와 의회파의 전쟁이며, 이 두 파를 지지하는 잉글랜드 국민들의 전쟁이었다. 여기서는 시민전쟁(청교도 혁명전쟁) 과정과 그 신학적 배경에 대해 알아본다.

2.2.1. 혁명전쟁 과정.

왕과 의회의 갈등이 점점 고조되고 있는 상황에서 의회는 왕비인 마리아가 아일랜드 사태를 뒤에서 조정했을 것, 찰스 1세의 불법 행위, 국교회 감독제도 폐지, 귀족원(왕당파)에 있는 감독들의 축출 등이 포함되어 있는 "대항의서"(Grand Remonstrance)를 왕에게 제출했다.

대항의서의 내용은 찰스 1세의 참을 수 없는 분노를 일으켰다. 찰스는 대항의서를 주동한 의회의 다섯 명의 지도자를 체포하라고 명령했고, 의사당 안에 군사가 들이 닥쳤다. 그러나 의원들은 이미 피신한 상태였다. 시민전쟁의 서막이 오른 것이다. 고위직 성공회 성직자들과 왕으로부터 작위를 받았던 사람들은 왕을 동조했지만 많은 시민들은 의회에 동정적이었다.

청교도 혁명전쟁이라고 하는 시민전쟁은 왕당파(Cavaliers)와 의회파의 전쟁이었다. 왕당파는 왕을 지지하는 세력이었고, 의회파는 청교도를 옹호하는 세력이었다. 의회파는 원두당(Roundheads)이라고도 했는데, 그것은 의회파 지도자가 머리카락이 짧은 것을 빗대어 왕당파 측에서 붙인 이름이다.[4] 전쟁 중 의회파의 지휘권이 칼빈주의자들인 독립파(the Independents)의 수중으로 들어갔다.

잉글랜드 국민들은 자신들의 지지파를 결정해야 했다. 북서부 지역

은 주로 왕당파를 지지했고, 남동쪽은 주로 의회파를 후원하였다. 런던
의 경우는 1/3 정도는 왕당파였고, 나머지 2/3는 의회파였다. 경제적
으로 남쪽이 더 부유했기 때문에 군비조달은 의회파 측이 좀 더 우세
했다. 그러나 찰스 1세는 성직자들과 귀족계급, 그리고 일부 부유층 주
민들이 자신에게 동정적이고, 아일랜드의 카톨릭 교도들이 자신의 편
이기 때문에 군비조달이 원할 것으로 기대하면서 전쟁에 승산이 있다
고 생각했다. 아일랜드의 카톨릭 측은 1643년 찰스 1세와 동명을 맺었
으니 왕의 생각은 비현실적인 판단은 아니었다. 왕당파가 아일랜드의
카톨릭과 손을 잡았다면 의회파는 스코틀랜드 개신교도들과 손을 잡았
다. 의회파는 스코틀랜드 개신교도(장로회)들과 "엄숙한 연맹과 계약"
(a Solemn League and Covenant)을 맺고 왕당파와 싸우기로 합의
했다.

　1644년 마스톤 무어전투(the battle of Marston Moor)에서 의회파
가 왕당파를 격파하였다. 무어전투는 올리버 크롬웰(Oliver

---

4) "많은 청교도들이 당시 찰스 1세의 궁정에서 유행하던 긴 고수머리와는 아주 대조적으
　로 머리를 짧게 깎은 데서 유래했다. 원두당이라는 용어는 1641년 말에 '주교 배제 법
　안'에 대한 의회의 논란으로 웨스트민스터에서 봉기가 일어났을 때 별칭으로 처음 사용
　된 듯하다. 사학자 존 러슈워스는 저서 〈역사선집〉[Historical Collections of Private
　Passages of State](1680~1701)에서 봉기가 한창인 1641년 12월 27일 퇴역장교인 데
　이비드 하이드가 칼을 휘두르며, "주교에게 짖어대고 있는 저 빡빡머리 개들의 목을 베
　어 버리겠다."라고 말한 데서 처음 쓰였다고 주장했다. 그러나 청교도 학자 리처드 백스
　터는 1641년 3~4월 스트래퍼드 백작 1세 토머스 웬트워스의 재판 때 왕비 헨리에타 마
　리아가 의회파 지도자 존 핌을 가리키며 "저 빡빡머리의 사내가 누구요?"라고 물어본
　데서 비롯된 것이라고 주장했다." 브리테니커.동아일보, 『브리테니커 세계 대백과사전』
　Vol.17 (서울: 삼화인쇄, 1993), 520.

Cromwell, 1599-1658)의 지휘아래 치러진 전투였고, 이 전투의 승리로 청교도이자 평민원 의원인 크롬웰은 의회파의 지도자 자리를 확고히 했다. 크롬웰은 감독직과 유사하게 보이는 장로정치를 지향하는 장로회보다는 회중파를 더 선호했지만 청교도를 지지한다면 누구든지 그의 휘하에 두었다. 그래서 장로교도, 회중교도, 침례교도 등 칼빈파 청교도들이 크롬웰의 지휘 아래로 들어갔다. 크롬웰은 1645년에 벌어진 네즈비(Naseby) 전투에서 또 다시 승리했고, 이 승리는 크롬웰의 명성을 한 층 더 높여주었다. 네즈비 전투에서 패한 찰스 1세는 전투의욕을 상실하고 1646년 스코틀랜드 군에 항복하였다.

찰스는 비록 전세가 불리하여 스코틀랜드 군에 투항했지만 조용하게 재기할 날을 엿보고 있었다. 그때 그는 크롬웰과 장로교도들 사이에 문제가 발생하고 있다는 것을 포착하였다. 크롬웰은 국가와 종교의 분리를 주장했고, 장로회 청교도들은 장로회를 국교회로 만들고 싶어 했다. 장로회 청교도들은 크롬웰이 교리적인 면에서 느슨하면서 과격파 편에 서서 급진적인 정책을 추진하려는 것으로 보였다. 크롬웰에 대한 이러한 시각은 스코틀랜드 장로회도 유사했다. 의회파에는 장로회와 크롬웰 외에 인간평등과 인민주권을 주장하면서 왕정을 폐지할 것을 주장하는 수평파(Levellers)라고 불리는 극단주의적 청교도들이 있었다. 이렇듯 의회파는 왕당파에 승리하기는 했지만 정치적인 안정을 취하기도 전에 내분에 휩싸고 있었다. 찰스 1세는 이러한 의회파의 내부 갈등을 이용하여 정권을 다시 잡을 계획을 세우고 1647년 12월 조심스럽게 스코틀랜드인들과 회합하여 자신을 국왕으로 회복시켜준다면 장로회를 잉글랜드의 국교회로 만들겠다고 약속했다.

스코틀랜드 장로회와 잉글랜드 내 장로파 청교도들은 찰스 1세의 속내를 간파하지 못하고 합세하여 크롬웰 군에 대항하는 대실수의 역사를 만들었다. 찰스 1세와 장로회는 1648년 8월 프레스톤 펜즈(Preston Pans)에서 치룬 크롬웰 군과의 전투에서 패했고, 왕은 크롬웰 군에게 넘겨졌다. 이 전쟁으로 인해 의회파 내에의 장로파 의원 140명이 의원직을 잃었고,[5] 의회는 독립파(Independents) 의원 60명으로 구성된 "잔당의회"(the Rump Parliament)가 되었다. 독립파 혁명군들은 왕도 법률에 저촉되면 법에 정해진 대로 처벌을 받아야 한다고 했다. 크롬웰은 1649년 1월 찰스 1세를 참수했다.

2.2.2. 청교도 혁명의 신학적 배경

칼빈은 시민정부가 성경에 위배되는 명령을 내릴 때는 불순종해도 되며, 만일 정부의 요구가 비성경적이라고 판단되었을 때는 평화롭게 해결하도록 노력할 것이며, 최후에는 순교하거나 피신하라고 했다. 칼빈은 폭군에게는 "고대 스파르타의 왕들에 대한 감독관, 로마 집정관들에 대한 호민관, 아테네의 원로원에 대한 지방장관"과 같은 정부 책임자들이 군주에게 항거할 수 있다고 했다.[6] 그런데 칼빈의 후계자 베

---

5) Crane Brinton, ed, *Civilization in the West*, (Englewood Cliff: Prentic-Hall, 1981), 277.

6) John Calvin, *Institute IV*.

자(Theodore de Beza, 1519-1605)는 보다 과격한 시민저항권을 인정하였다.[7]

　베자의 시민 저항권 신학을 청교도들은 좀 더 확대하여 시민의 무력봉기(armed rebellion)의 정당성을 합리화하는데 사용하였다. 윌리엄 퍼킨스의 제자 윌리엄 에임즈(William Ames, 1576-1633)는 필수불가결한 악(a necessary evil)에 대항하기 위해서는 3가지의 조건을 제시하면서 전쟁이 정당하다고 가르쳤다:

　1) 정당한 사유(just cause)가 있을 것
　2) 시민정부의 최고 통치권자의 권위적인 명령이 있을 것
　3) 평화와 안정을 유지하거나 회복하기 위한 분명한 명분이 있을 것[8]

　청교도 목사들은 시민전쟁에 가담하여 전투지역을 오가면서 성경과 교리로 병사들을 격려하였다:

　청교도 목사 마샬, 목사 아쉬, 목사 몰톤, 목사와 오바댜와 세지윅, 목사 윌킨즈, 그리고 여러 뛰어난 목사들이 진중의 위험지역을 오르내리며 "병사들의 종교와 시민법을 수호하기 위해 단연코 일어나야 한다."고 말하면서 도망치지 말고 용감히 싸우라고 병사들을 위로 격려하고 있었다.[9]

　시민전쟁 중 병사들을 격려하는 방식은 이처럼 목사들이 직접 병영으로 가서 설교하는 방법과 『기독교전사』(The Christian Soldier),

『병사의 요리문답』(*The Soldier's Catechism*)과 같은 책을 이용하는 방법이 있었다.

2.3. 웨스트민스터 총회(1643-49)

시민전쟁의 전운이 문턱까지 다가오고 있을 때 잉글랜드 청교도들은 스코틀랜드 장로회처럼 1643년 감독제도를 폐지한 후 두 나라가 공통으로 사용할 수 있는 교리서를 제작하기로 합의하였다. 이것이 웨스트민스터 총회(Westminster Assembly, 1643-52) 개최의 동기이다.[10]

웨스트민스터 총회 회원은 회중파, 감독파, 장로교인들로 구성되었다. 총회에 참석한 회중파는 칼빈주의를 선호하는 인물들이었고, 감독파는 청교도적인 인물들이었다. 실제 회의 기간인 약 5년 6개월 동안

---

7) Basil Hall, "Calvin against the Calvinists," *In John Calvin*, ed. G. E. Duffield (Grand Rapids: Eerdmans, 1966), 28. Hall argues that "It is to Beza, and no to Calvin(who insisted on obedience, martydom, of flight) that the principle of resistance to tyrannous princes is due".

8) William Ames, *Conscience*, London, 1643, 184.

9) C. H. Firth, *Cromwell's Army* (London, 1961; original ed., 1902), 313. Timothy Geroge, "War and Peace in the Puritan Tradition," *Church History* 53, 1984, 492-503.

10) 웨스트민스터 총회가 실제로 모인 기간은 1643년 7월 1일부터 1649년 2월 22일까지 약 5년 6개월이다. 하지만 문서상의 총회 종식 년도는 1652년이다. "It was convened in the most ornate portion of this noble fabric, the Chapel of Henry VII, on the first day of July, 1643; ... In that room it thereafter sat, ... It ultimately vanished with the famous "Long Parliament" to which it owed its being, The last entry in its Minutes is dated March 25, 1652." B. B. Warfield, *The Westminster Assembly and Its Work*, Mack Publishing Company, 1972, 3.

총회는 웨스트민스터 신앙고백서, 예배규범, 정치모범, 대요리문답, 소요리문답 등을 제정하였다.[11]

총회는 웨스트민스터 사원의 헨리 7세 채플에서 1643년 6월 12일 의회를 통과하여 7월 1일에 소집되어 시작되었다. 원래는 1642년 중반에 소집하려 했으나 찰스 1세가 계속(5회)해서 양당 의회가 요구하는 총회 소집을 거부하는 바람에 결국 왕의 동의 없이 1년 늦게 시작된 것이다. 총회를 소집한 것은 잉글랜드의 국교를 장로회 형태로 바꾸기 위함이었다. 총회의 이러한 목적은 총회가 제정한 문헌의 내용을 보아도 알 수 있다. 총대의 수는 모두 151명으로 이중 상원의원 10명, 하원의원 20명, 그리고 121명의 잉글랜드교회 소속 청교도 목사들이었다. 스코틀랜드 장로회는 6명의 목사(Alexander Henderson, Robert Douglas, Samuel Rutherford, Robert Baillie, George Gillespie, Robert Blair)와 대체된 원인 포함 9명의 장로를 대표로 파견하였으니 이들을 합하면 웨스트민스터 총회 참석인원(Lauderdale은 John, Lord Maiyland와 교체하여 참석했다)은 166명이 된다. 순수한 잉글

---

11) 웨스트민스터 총회가 개최되었던 웨스트민스터 교회당은 런던에 위치하며, 참회왕 에드워드(Edward the Confessor)가 1045-1050년에 건축하여 1065년 12월 28일에 봉헌하였다. 본래의 건물은 로마네스크 양식이었으나 1245-1517년에 재건하면서 현재의 고딕 양식으로 되었다.

12) 웨스트민스터 총회에 참석한 인물들의 명단은 William Beveridge, *A Short History of The Westminster Assembly* (Greenville: Reformed Academic Press, 1993), 109-116과 William Maxwell, *History of The Westminster Assembly of Divines*, The United of America, 1993, 388-405를 참고 바람.

랜드 소속의 목사 총대 인원 121명 속에는 약간 명의 회중교회 목사와 감독제를 선호는 2-3명의 목사, 그리고 교회가 국가권력에 소속되어야 한다고 생각하는 에라스티안(Erastian)이 3명이었고, 나머지는 장로회를 선호하는 청교도 목사들이었다.[12]

총회는 의회가 성공회의 39개조 신조 내용의 일부를 개정하여 그대로 사용해 줄 것을 요구하자 그 의견을 수용하여 39개 신조 개정작업에 들어갔다. 의회는 잉글랜드의 국교회가 카톨릭의 예식을 배제한 예배모범, 장로회 정치, 개혁주의 신조를 채택하는 것이었으니 총회는 의회의 요구를 거부할 이유가 없었다. 니케아신조와 아타나시우스신조를 참고하면서 제16조 신조 개정을 하고 있을 때 시민전쟁이 발생했다. 전쟁이 t;작되었으니 더 이상 39개 신조에 얽매일 필요가 없었다. 총회와 의회파는 스코틀랜드의 지원이 필요했기 때문에 스코틀랜드에서 파견된 목사들의 발언권도 자연스럽게 강화되었다. 이들은 참관인이 아니라 정식회원자격으로 총회가 만들어내는 문서들의 초안 작성에 적극적으로 참여할 수 있었다.

웨스트민스터 총회는 시민전쟁의 발발로 더욱 엄숙하고 경건한 분위기로 진행되었다. 회의 전에 기도, 예배, 금식을 실시했고, 여덟 시간 동안 예배를 지속한 경우도 있었다. 한 시간의 설교, 두 시간의 기도는 총회 기간 동안 일상적인 일이 되었다. 총회는 1643년 7월 1일부터

1649년 2월 22일까지 5년 6개월 22일 동안 1,163차례를 모였다. 주일이 되면 각자 자신의 교구와 교회로 돌아가서 교회를 섬겼고, 거리가 먼 사람들은 웨스트민스터 성당에서 예배를 드렸다. 총회가 결정하는 데 가장 논의를 많이 하고 여러 가지로 검토한 것은 장로회 정치의 신적 권위에 관한 것이었다. 총회는 1647년 11월 회의를 마칠 무렵에 시편찬송을 포함하여 '예배모범'(1645년), '장로회 교회 정치규범'(1645년), '신앙고백서'(1646년), 그리고 '대소요리문답'(1648년) 등의 네 가지 신앙 표준문서들을 제정하였다. 이 일이 마무리되자 스코틀랜드 교회 대표자들은 1647년 11월에 총회를 떠났다.[13]

스코틀랜드 의회는 신앙고백서를 1647년에 곧바로 채택했고, 잉글랜드 의회는 신앙고백서 내용의 성경적 근거를 추가로 제시하라는 등 이런 저런 이유로 승인을 미루다가 1648년 6월 2일에 승인하였다.

---

13) B. B. Warfield, *The Westminster Assembly and Its Work*, Mack Publishing Company, 1972. William Beveridge, *A Short History of The Westminster Assembly* (Greenville: Reformed Academic Press, 1993). William Maxwell, *History of The Westminster Assembly of Divines*, The United of America, 1993.

3. 크롬웰과 공화정(1649-58)

크롬웰 주도의 잔당의회는 왕정(the monarchy)과 귀족원을 폐지함으로써 공화정(Republic, 共和政) 시대를 열었다.[14] 크롬웰은 국정의 안정을 위해 자신에게 적대적인 감정을 가지고 있는 아일랜드와 스코틀랜드가 걸림돌을 제거하기를 원했다. 그래서 먼저, 1649-50년에 아일랜드에 군사를 보내 반대세력을 소탕하였다. 스코틀랜드의 경우는 그들이 장로회 정치 실현을 희망하면서 찰스 2세의 지도를 받아 크롬웰과 전쟁을 일으켰지만 던바·워스터 전투에서 크롬웰에게 패했고, 찰스 2세는 프랑스로 망명하였다. 크롬웰의 근심거리가 사라진 것이다. 이어서 크롬웰은 1651년 항해조령(the Navigation Act)을 반포하고, 화란과의 해상권 전쟁에 승리함으로써 유럽의 해상권을 장악하였다.

크롬웰의 종교정책은 국가교회를 두되 감독정치나 장로회정치가 아

---

14) 공화정치란 왕이 없는 정치로서 "주권이 한 사람의 의사에 따라 행사되지 않고 여러 사람의 합의에 의하여 행사되는 정치"이다. "공화(共和)라는 말은 중국 주나라 려왕이 폭군이어서 제후들이 연합해 반란을 일으키고, 폭군이 축출되자 권력의 공백이 발생해 여러 제후들이 힘을 합쳐 나라를 다스렸다는 고사에서 유래한다. 공화정의 기원은 고대 그리스와 로마의 귀족정치에 그 연원을 두고 있으며, 로마 공화정은 300명으로 구성된 원로원 의원들에 의해 정책이 결정되고 실행되었다. 원로원 출신 중 집정관 2명을 대표로 선출했으며 임기는 1년으로 원로원의 지지를 받아야 선출이 가능했다. 원로원은 지금의 국회와 비슷하지만 국회의원처럼 국민에 의해 선출되는 게 아니라 원로원들의 지지를 받아야 선출되었고, 초기에는 귀족만이 원로원이 될 수 있었으나 후기로 가면서 평민도 원로원이 되어 정치에 참여할 수 있게 되었다." 브리테니커.동아일보, 『브리테니커 세계 대백과사전』 Vol.2 (서울: 삼화인쇄, 1993), 138.

닌 하나님의 말씀(the Word)이 성직자를 통해 바르게 전해지고, 성도들은 그 말씀에 따라 성결한 삶을 사는 그런 형태의 국가교회를 꿈꾸었다. 때문에 성직자는 교파를 초월하여 자신의 뜻을 따르는 칼빈주의 청교도 목사를 지도자로 세웠다. 이것은 크롬웰 시대에도 여전히 수장령의 효력이 남아 있었다는 것을 보여 주는 사례이다.

크롬웰의 온화한 정책은 당시의 분위기에서는 카톨릭, 성공회, 극단주의 청교도 지도자들에게 크게 환영을 받지 못했다. 주로 침례파로 구성된 수평파(the Levellers)는 만인의 평등권을 주장했고, 의원은 국민의 투표로 선택되어야 하고, 선택된 의원은 행정과 정치에만 관여하되 종교문제는 교회에 맡겨야 한다고 주장했다. 다섯 번째 제국(the Fifth Monarchy)을 꿈꾸는 자들은 앗수르 제국, 페르시아 제국, 그리스 제국, 로마 제국에 이어 마지막으로 그리스도 왕국 시대가 온다고 주장했다. "친우회"(Society of Friends)라 불리는 퀘이커Quakers) 교도의 창시자 죠지 폭스(George Fox, 1624-91)는 1647년에 "기독교란 외적인 신앙고백이나 의식이 아니요, 그리스도가 직접 신자의 혼에 비추어 주시는 내적인 빛이다. 성경은 참으로 하나님의 말씀이다. 성경은 신자의 영을 비추어 준다. 성령은 우리의 사명이 무엇임을 가르쳐 주시며, 우리에게 봉사의 정신을 새롭게 하여 주신다."고 했다.[15] 폭스의 주관적인 깨달음은 1650년 내적인 빛을 강조하는 퀘이커교를 창시하였다. 이들은 성결한 삶의 강조함으로써 윤리와 도덕적인 면에서 장점이 있지만 문제는 교역자, 성례, 교회의 권위를 배척하는 데에 있다.

크롬웰은 잉글랜의 다양해진 개신교 교파의 지도자들의 지지를 받지 못했지만, 1653년 잔당의회를 해산하고 회중교회 목사들로 잔여 의석을 채우도록 하는 독재적인 방법으로 국정을 안정시켰다. 주일에는 체육행사, 도박, 음주, 유희 등을 금했고, 사창가를 폐쇄하는 등 종교적 윤리적인 면들을 개선하였다.

크롬웰은 왕이 아닌 호민관(the Lord Protector of England)이 되었고, "1653년 일단의 왕당파의 반역이 있자, 크롬웰은 카톨릭 성직자들을 국외 추방시키고, 잉글랜드 국교회(성공회) 성직자들은 설교금지 명령을 내렸다. 잉글랜드를 11개의 군대 주둔 지역으로 나누어 장군들로 하여금 세금을 징수케 하고, 경찰업무를 수행토록 하며, 공중도덕을 유지시켰다. 크롬웰은 의무교육, 출판의 자유, 국립은행 설립을 도왔으며 국제적으로 상업 발달을 위해 국제무역과 해외 진출을 장려 하였다."[16]

1658년 9월 3일 크롬웰이 죽자 아들 리처드(Richard)가 그를 대신하여 호민관이 되었다. 리처드의 지도력 부족은 국정을 군부에 의해 끌려 다니는 형국을 낳았다. 군부의 요청으로 잔당의회를 소집한 것이 한

---

15) Williston Walker, *A History of the Christian Church*, 류형기 역 (서울: 한국기독교문화원, 1974), 300.

16) 정준기, 『미국 대 각성운동』 (광주: 복음문화사, 1994), 48.

예이다. 크롬웰 치세 때 숨죽이고 있던 왕당파 세력도 힘을 규합하여 왕정복고를 추진하였다. 결국 리처드는 호민관 직을 잃었고, 1660년 5월 29일 찰스 2세(1660-85)가 왕이 됨으로서 잉글랜드는 다시 왕정 시대로 되돌아갔다.

4. 왕정복고와 청교도 운동의 종식

　찰스 2세(재위 1685-88)는 청교도 혁명 기간에 왕당파를 도와 의회파에 맞섰지만 왕당파가 패배하자 프랑스로 망명하였다. 프랑스 망명 기간 중 부친 찰스 1세가 처형당하고, 스코틀랜드와 크롬웰 관계가 소원해진 틈을 이용하여 1650년 스코틀랜드로 가서 왕의 대접을 받았다. 그리고 그는 그 여세를 이용하여 군대를 이끌고 1651년 9월 크롬웰 군과 우스터에서 전쟁을 벌였다. 그러나 스코틀랜드 군은 크롬웰에게 격퇴 당했고, 찰스 2세는 다시 프랑스로 망명해야 했다. 찰스 2세가 프랑스에 두 번째 망명 생활을 하는 동안 잉글랜드에는 정치적인 변화가 일어났다. 크롬웰을 이어 호민관이 된 크롬웰의 아들 리처드의 지도력에 문제가 생겼고, 그는 곧 퇴출되었다. 스코틀랜드의 멍크(Monck) 장군은 왕정을 회복하겠다고 마음먹고 1659년 2월 3일 5천명의 군사를 이끌고 런던에 도착하였다. 잉글랜드는 멍크 군대에 저항하는 것이 아니라 환영을 했다.

　멍크는 의회를 소집하고 스튜어트 왕조를 회복하기로 결정하고 유럽지역을 전전긍긍하다가 네덜란드에 머물고 있던 찰스 2세에게 왕으로 등극해 줄 것을 요청했다. 찰스는 기회를 놓치지 않고 "어떤 사람도 왕국의 평화를 교란하지 않는 종교의 문제에 있어서 의견의 차이로 불안함을 당하거나 의심을 받아서는 안 될 것이다."는 "부레다 선언"

(Breda declaration)을 의회에 제출하고 1660년 5월 25일 런던에 입성했다.[17] "런던은 거리에 꽃과 카펫을 깔고 장식한 종, 넘쳐흐르는 포도주로 그를 열렬히 환영했다. ... 찰스 2세는 미소를 띠면서 시종들을 돌아보고 말했다. '오랫동안 이 나라를 비워둔 것은 짐의 잘못이었다. 짐의 귀국을 바라지 않았던 사람은 하나도 없었던 것 같구나.'"[18] 잉글랜드에 왕정복고가 이루어진 것이다.

찰스 2세가 왕이 되자 스코틀랜드도 환영하였다. 스코틀랜드는 멍크 장군의 활약으로 찰스 2세가 왕으로 등극했으니 잉글랜드의 국교회를 장로회로 만들 수 있는 기회가 왔다고 생각했을 것이다. 그러나 찰스 2세는 스코틀랜드가 기대하는 그런 인물이 아니었다. 그는 겉으로는 성공회를 국교회로 받아들이는 듯 했지만 카톨릭에 동정적이었고, 청교도들을 혐오하였다. 찰스 2세의 이러한 행보는 부친 찰스 1세와 청교도와의 관계 그리고 스코틀랜드가 행했던 역사를 보면 쉽게 이해할 수 있다.

찰스 2세는 1661년 3월 25일 12명의 감독과 12명의 장로교 신학자들이 참석한 사보이 궁전 회의에서 종교문제에 대한 아무런 답변을 내놓지 않았다. 찰스 2세는 이런 식으로 시간을 끌다가 1661년에 왕단원

---

17) 제임스 혜론, 『청교도 역사』 299.
18) 앙드레 모루아, 『영국사』 474.

또는 평의원의회를 조직하고, "모든 의원들은 영국 국교도 양식으로 성찬을 받도록 명령되었으며 [왕으로 등극하기 전에 맺었던] 거룩한 동맹과 언약은 웨스트민스터에서 깨어졌다."[19] 그런 다음 그는 1662년 통일령(Act of Uniformity)과 공동기도서(the Book of Common Prayer)를 복원시킨 후 성공회식 예전을 따르겠다고 동의하라고 했다. "1662년 8월 24일 프랑스 위그노 신도들의 대량학살을 기념하는 성 바돌로매의 날은 그 명령을 순응하기를 거부하는 것이 허락된 마지막 날이었다."[20] 이에 불응하는 사람은 교회에서 더 이상 설교할 수 없으며, 학교에서 교사역할을 할 수 없다고 했다. 이러한 조치에 끝까지 불응하는 강사와 목사 등 2천명의 성직자들은 추방되어 일자리를 잃었다. 이로써 청교도들의 개혁운동은 종식되었다. 우리는 이것을 찰스 2세의 청교도 대추방령이라고 한다.

찰스는 대추방령 이후에도 계속적으로 청교도들을 감시하고 그들의 활동을 억압했다. "1664년과 1670년 비밀집회 금지령(the Conventicle Act)을 반포하여 5명 이상이 모이는 것을 금했으며, 만일 모일 때는 국교회에서 사용하는 기도서(the Prayer Book) 외에 다른 종교서적을 사용치 못하도록 했다. 그리고 5마일 퇴거령(the Five Mile Act)을 1665년 반포하여 국교도 성직자가 아닌 성직자는 도시에

---

19) 제임스 헤론, 『청교도 역사』 230-31.
20) Ibid., 231

서 5마일 이상 격리하여 살도록 했다. 만일 청교도 성직자가 5마일 이내 도시에 입성하여 설교하거나 성경을 가르칠 때 국교회와 정부에 반대되는 이야기를 일체하지 않는다는 조건 하에서만 허용하였다."[21]

찰스 2세가 1672년에 발표한 종교 자유령(the Declaration of Indulgence)은 의회의 반발을 샀다. 의회는 성공회 외에는 다른 종교를 허용할 생각이 없었던 것이다. "의회는 1673년 국왕에게 종교 자유령 취소를" 강요하고, "심사법(the Test Act)을 제정하여 국교도 이외는 공직을 담당할 수 없도록 했다."[22] 의회는 왕이 왕권신수설을 내세워 찰스 2세 마음대로 국정을 운영하지 못하도록 계속해서 법을 제정하여 왕을 압박했다. 의회가 1679년 인신보호령(Habeas Corpus Act)을 제정한 것도 의회의 동의 없이 왕이 국민을 체포, 투옥할 수 없게 하려는 것이었다.

왕정복고 시대는 훌륭한 기독교 작품들이 생산되었고, 새로운 의회 정치 체제가 확립되었다. 시민전쟁 중에 『아레오파기티카』(Areopagitica, 1644)를 통해 언론의 자유를 주장했던 존 밀톤(Jhon Milton, 1608-74)은 『실락원』(Paradise Lost, 1667)을 써서 "퓨리타니즘의 승리를 보고 느낀 환희와 그 패배에 대한 당혹스러운 비탄을 표현한 동시에 또한 영원토록 살아있을 무언가를 남겨놓겠다는 개인적 소망"을 표출하였다.[23] 존 번연(Jhon Bunyan, 1628-88)은 『천로역

정』(Pilgrim's Progresses, 1678)을 통해 "왕정이 복고된 후 퓨리턴들이 품고 있던 생각을 전형적으로 보여주었다."[24]

토리당(Tory Party)과 휘그당(Whig Party)이 생긴 것도 찰스 2세 시대이다. 찰스 2세는 여러 명의 정부(情婦)가 있었고 그녀들을 통해 아들을 낳았지만 적자가 없었다. 그래서 찰스 2세는 자신의 후계자로 동생 요크 공작 제임스를 지목하였다. 제임스는 카톨릭 교도였기 때문에 국민 여론은 그를 환영하지 않는 분위기였고, 의회는 제임스를 왕으로 받아들이자는 고교회파 성공회 측과 반대하는 저교회파(복음주의 노선) 성공회 측으로 나뉘었다. 여기서 제임스를 받아들이자는 측을 반대하는 측에서 경멸의 의미를 담아 토리(Tory, 불량, 도적)라고 부른데서 토리당이 시작되었고, 제임스를 왕으로 받아들일 수 없다는 측을 찬성하는 측에서 비난하는 뜻에서 휘그(Whig, 모반자, 말도둑)라고 부른데서 휘그당이 시작되었다. 찰스 2세는 임종시 카톨릭으로 개종하였고, 제임스 2세는 휘그당의 반대가 있었지만 토리당의 우세에 힘입어 왕으로 등극할 수 있었다.

---

21) 정준기, 『미국 대 각성운동』 52.

22) Ibid.

23) 나종일.송규범, 『영국의 역사』 389.

24) Ibid.

5. 제임스 2세와 명예혁명(1688)[25]

제임스 2세가 어렵게 왕이 된 것은 그의 카톨릭 선호 사상 때문이었다. 찰스 2세는 의회가 심사법 조항의 강화를 지속적으로 요구해 오자 1679년 17년 간 존속해 오던 의회를 해산했고, 서자 중의 장남인 제임스 스코트(Scott)를 옹립하려는 의회의 시도도 무산시켰고, 휘그당의 방해는 반대세력인 토리당의 도움으로 물리치고 죽으면서 동생을 왕으로 등극시켰다. 이렇게 어렵게 왕위에 오른 제임스 2세는 왕이 된 후에도 어려움을 겪다가 결국 추방을 당함으로써 명예혁명의 역사를 낳게했다. 그러면 제임스 2세의 정치행보와 종교 정책을 알아보자.

제임스 2세는 등극하자 곧바로 카톨릭 색깔로 전국을 물들기 시작했다. 1686년에 개최한 "국왕 법정"은 카톨릭 신자를 관료로 채용하는 것을 제한하는 심사율을 폐지하고, 카톨릭을 노골적으로 반대하는 성공회의 런던 주교 헨리 콤프튼을 물러나게 하였고, 옥스퍼드 대학교의 교직원은 카톨릭 신자로 교체했다. 많은 로마 카톨릭 신도를 상비군도 카톨릭 신자들로 고용했고, 3만 4천여 명의 상비군을 런던 근교에 있는 하운슬로우에 주둔시켰다. 이어서 양심의 자유를 선언하였고, 이에

---

25) 앙드레 모루아, 『영국사』, 신용석 옮김 (서울: 김영사, 2013). 제임스 헤론, 『청교도 역사』 박영호 역 (서울: 기독교문서선교회, 1996). 나종일.송규범, 『영국의 역사』 (서울: 한울아카데미, 2008). 정준기, 『미국 대 각성운동』 (광주: 복음문화사, 1994) 등 참조

반발하는 캔터베리 대주교 윌리엄 샌크로프트와 6명의 주교를 체포하여 감금하였다. 설상가상으로 제임스 2세는 1688년 4월 왕자를 낳았다. 왕의 득남은 그의 사후에도 아들이 왕이 된다는 것을 의미했고, 그렇게 되면 그 동안의 제임스 2세의 행보를 생각할 때 영국은 완전히 카톨릭으로 복귀할 수도 있다는 우려를 낳게 했다.

이러한 상황이 벌어지자 그 동안 대립과 반목으로 서로의 관계에 간격이 있던 토리당과 휘그당은 뜻을 합하여 국왕과 맞섰다. 제임스 1세의 딸 메리는 개인교도였고, 그의 남편인 네덜란드의 총독 윌리엄 역시 개신교도였기에 토리당과 휘그당은 두 사람을 제임스 2세를 대신하는 왕으로 삼고자 했다.

네덜란드의 오랜지 공 윌리엄과 아내 메리는 영국의 정치적인 상황을 파악하고 의회의 두 당과 뜻을 함께할 생각이 있다는 뜻을 전했고, 잉글랜드 침공계획을 진행해 나갔다. 윌리엄이 잉글랜드 침공 계획을 세우고 있던 중 제임스 2세에 의해 수감 중이던 캔터베릴 대주교와 6명의 주교로부터 한 통의 편지를 받았다. 1688년 6월 30일에 도착한 이 편지는 윌리엄의 침공이 잉글랜드의 개신교를 폭군으로부터 구원하는 일이라는 명분을 주었다. 이 해 8월 14일 제임스 2세의 정책에 크게 실망한 왕실 해군의 수장 말버러프 백작 존 처칠이 윌리엄과 뜻을 같이 하겠다고 했다.

윌리엄은 보병, 기병, 용병으로 구성된 대규모의 군대를 이끌고 도버해협을 건넜다. 그리고 피해를 최소화하기 위해 느린 속도로 진군하면서 제임스 2세를 압박했다. 제임스 2세는 자신을 왕으로 옹립하는데 적극적이었던 토리당을 자신의 편으로 끌어들이기 위해 노력했지만허사가 되었고, 런던에서 일어난 반카톨릭 폭동은 그의 군대를 흩트려놓았다. 제임스 2세의 군대는 윌리엄 군대에 계속 투항하였고 이로써전의를 상실한 왕은 결국 군을 해산했고, 12월 11일 왕실 인장을 템즈강에 던지고 도망하다가 붙잡혀 사위 윌리엄의 처분을 기다렸다. 윌리엄은 제임스 2세의 요청에 따라 12월 23일 프랑스로 갈 수 있도록 길을 열어주었다. 명예혁명이 이루어진 것이다.

의회는 단독 왕을 옹립할 것인가 아니면 두 명의 공동 왕위 시대를열 것인가를 놓고 이견이 있었지만 윌리엄과 메리가 공동으로 집권하는 것으로 결론을 맺었다. 그래서 윌리엄은 윌리엄 3세(재위 1689-1702)로, 메리는 메리 2세(재위 1689-94)로 각각 즉위했다. 공동 왕은1689년 2월 13일 1689년 권리장전에 서명했고, 1689년 5월 스코틀랜드의 권리장전에도 서명함으로써 스코틀랜드의 왕권도 인수하였다. 제임스 2세는 재커바이트(Jacobite, 아일랜드와 스코틀랜드의 고원지대, 그리고 잉글랜드의 제임스 2세 지지자들) 반란을 주도했으나 1691년에완전히 진압되었다. 영국은 명예혁명으로 인해 전제군주제는 사라지고, 입헌군주제가 시작되었다. 이러한 결과는 최종적으로 성공회에 의해 주도되었지만 그 뿌리는 청교도 운동에 있다.

제임스 헤론은 "청교도주의는 분명히 패배를 당하였으나 실제적으로 승리하였다."면서 "그들은 국교 안에 남아 있기보다는 가능한 한 시민과 종교의 자유와 그리고 다른 고상한 일들에 커다란 공헌을 남겼다."고 했다.[26] 가디너는 "1688년의 혁명에서 청교도주의는 1642년에 실패했던 시민의 자유를 이루었다."고 했다.[27] 브라이트는 "종교개혁의 혼란은 장로교주의의 탄생을 가져다주었으며, 신성하게 임명된 사제들에 의하여 조직된, 정치기구에 대조되는 회중에 의해 선출된 수행원들에 의하여 다스려지는 교회직을 낳았다. … 입헌적 왕권이란 말은 청교도들에 의하여 취하여진 견해였었고 나중에는 휘그(Whig)당에 의하여 받아들여졌는데, 스튜어트 왕조의 통치기간 중에 일어났던 대부분의 사건은 이런 관념의 변화에 밀접하게 관계된 것이었다."고 했다.[28]

---

26) 제임스 헤론, 『청교도 역사』 234-35.

27) Ibid., 235.

28) 브라이트, 『영국사』, 538. 제임스 헤론, 『청교도 역사』, 235-36에서 인용

제5장

청교도 운동과
스코틀랜드 종교개혁[1]

스코틀랜드의 종교개혁은 헨리 8세에 의한 잉글랜드 종교개혁이 있기 전부터, 그리고 존 낙스에 의해 종교개혁이 뚜렷하게 진전되기 이전부터 현저한 움직임이 있었고, 몇 사람의 훌륭한 개혁자들의 순교 역사를 남겼다. 그러므로 스코틀랜드 종교개혁은 존 낙스의 생애와 그의 활동을 보면 이해 할 수 있지만 존 낙스라는 걸출한 인물이 만들어지는 과정에서 일어났던 정치적인 배경과 개혁운동의 역사를 먼저 살피는 것이 순서이다. 이를 통해 목숨을 희생하면서 개혁을 이루려했던 순고한 인물들에 대한 예의이며, 사건을 보다 정확하게 해석한 역사를 통해 올바른 교훈을 얻을 수 있을 것이다.

---

1) 본장은 『청교도 인물사』의 저자 정준기 박사님으로부터 허락을 받아 "제1장 존낙스: 청교도의 창시자" 내용을 필요한 부분만 발췌하여 옮겨 놓았다.

1. 정치적 배경

잉글랜드의 바로 위쪽에 자리 잡은 스코틀랜드는 지리적으로나 정치적으로 잉글랜드와 어떠한 관계를 맺어야만 하는 입장에 있었다. 이 입장은 역사적으로 볼 때, 대결의 양상으로 많이 분출되었다. 영국은 스코틀랜드를 합병하여 국위를 선양하려 했고, 스코틀랜드는 어떠한 방법을 동원해서라도 자국을 보호하려 했다. 13세기부터 16세기까지 스코틀랜드는 실질적으로 프랑스와 동맹관계를 맺음으로 잉글랜드의 침략을 차단하였다.

잉글랜드 튜더 왕조의 창시자 헨리 7세는 국경 문제로 긴장 상태에 있는 스코틀랜드와 우호 관계를 맺으려고 딸 마가렛을 스코틀랜드 왕 제임스 4세에게 출가시켰다. 잠시 동안 양국간에 평화가 깃들었으나, 헨리 7세가 죽고 그의 아들 헨리 8세가 잉글랜드왕이 되어 교황이 주도하는 신성 동맹에 가담함으로써 두 나라는 또 다시 대적이 되었다.

신성 동맹은 프랑스에 대항하기 위해 결성된 것인데 프랑스는 스코틀랜드의 우방이 아닌가! 처남인 헨리 8세가 매형인 제임스 4세를 골탕먹인 꼴이 되었던 것이다. 스코틀랜드 왕 제임스 4세는 격분하여 잉글랜드군과 싸우다가 플로든의 전투(the battle of Flod-den, 1513)에서 전사하였다.

임종시 제임스 4세는 아내인 마가렛을 섭정으로 지명했으나 스코틀랜드 의회는 마가렛이 잉글랜드왕 헨리 8세의 누나라는 이유로 이 지명을 거부하였다. 대신 알바니 공작(Duke of Albany)이 프랑스에서 불려와 섭정에 취임되고, 왕위는 생후 17개월밖에 안 되는 제임스 5세에게 돌아갔다.[2]

스코틀랜드 왕가는 지속적으로 프랑스와 깊은 결속을 맺는데 제임스 5세가 프랑스 왕의 딸 마들린(Madeline)을 왕비로 취하고, 그녀의 사후 프랑스의 실력자 로렌 공작의 동생인 기즈의 메리(Mary of Guise)를 두 번째 부인으로 맞이함으로써 이 결속을 더욱 분명히 한다.

한편 야망에 찬 헨리 8세는 스코틀랜드를 장악하기 위해 4만의 군사로 전쟁을 일으키나 스코틀랜드의 견고한 방어망을 뚫지 못했다. 일단 방어에 성공하자 의기양양해진 제임스 5세는 잉글랜드군을 기습했지만, 솔웨이 모스 전투(the battle of Solway Moss)에서 패한 후 불과 31세의 나이로 사망했다.

왕위는 태어난 지 7일밖에 안 된 메리에게 돌아갔다.[3] 헨리 8세는 아들인 에드워드와 스코틀랜드 여왕이 된 갓난이 메리 스튜어트(Mary Queen of Scots)를 정략 결혼시켜 스코틀랜드의 영토를 장악하려 했다. 개신교에 동정적인 스코틀랜드 귀족들은 이 결혼을 환영하였다. 1543년 7월 1일 양국 간에 결혼 조약이 맺어졌다. 그러자 카톨릭 진영의 성직자들이 맹렬한 거부 반응을 일으켰다.

---

2) 홍치모, 『스코틀랜드 종교 개혁과 잉글랜드 혁명』, 5.

3) Gordon Donaldson, *A Source Book of Scottish History* (Edinburgh, 1963), 2:61-67. 홍치모, 6.

그들은 잉글랜드 왕 헨리 8세의 통치를 두려워했다. 헨리 8세 역시 스코틀랜드에 무리한 요구를 강행했다. 그는 즉각 프랑스-스코틀랜드 간의 동맹을 파기하고 어린 스코틀랜드 여왕 메리 스튜어트를 잉글랜드에 인도하라고 명령했다. 이러한 헨리 8세의 고집은 스코틀랜드인의 저항과 반감만 부채질한 꼴이 되어 버렸다.

이후 메리 스튜어트는 프랑스에 보내져 카톨릭 신앙으로 교육받고 프랑스 왕 알리 2세의 황태자 프란시스와 결혼했다(1558년 4월). 프란시스는 아버지의 보위를 이어 겨우 17개월 동안 프랑스 왕위에 올랐다가 1560년 12월에 죽었다. 이로 인해 메리 스튜어트는 1561년 8월에 다시 스코틀랜드로 돌아오게 된다.

스코틀랜드 왕가가 친카톨릭, 친프랑스 정책을 취할 때 잉글랜드는 그 반대 입장을 취했다. 힘의 역학 구도상 그 방법이 가장 좋은 것으로 여겨졌다. 당시 반카톨릭의 힘으로 나타난 것은 대륙의 종교 개혁이었고 잉글랜드도 이 힘을 지혜롭게 사용하였다.

그러나 처음부터 잉글랜드가 반카톨릭이 되려고 한 것은 아니었다. 헨리 8세는 루터의 종교 개혁에 반대하였다. 교황청은 이러한 헨리 8세를 "믿음의 수호자"(Defender of the Faith)로 추켜세웠다. 1534년 헨리 8세는 "수장령"(Act of Supremacy)을 반포하여 유럽 세계를 놀라게 했다. 잉글랜드 교회의 수장이 로마 교황이 아니라 자신이라는 것이다. 잉글랜드에 종교개혁이 이루어진 것이다.

2. 낙스 이전의 스코틀랜드 개혁 운동

스코틀랜드 교회는 아일랜드의 켈트 선교(Celtic Missions)에 힘입어 수립된 것으로 보이며, 7세기에는 수도원들이 스코틀랜드의 영적, 지적 중심지 역할을 하였다.[4] 12세기에 들어서면서 스코틀랜드의 카톨릭 교구가 잉글랜드 요크(York)로부터 독립되었고(1176), 15세기에는 세인트앤드루스(St. Andrews) 교구가 메트로폴리탄 교구로 인정받았다(1472).[5] 수도사와 수녀들이 기거하는 종교 건물이 스코틀랜드 전역에 산재하였고, 선교 초기에 영향력을 행사했던 켈트 수도원들은 대륙의 양식에 의해 밀려 나고 있었다. 그러나 전반적으로 스코틀랜드 교회는 소수의 인물들을 빼고는 영적으로 뛰어난 지도자를 배출하지 못했다. 당시의 종교 상황을 리드 교수는 다음과 같이 지적한다:

대부분의 조교들과 수도원장들은 그들이 국왕이나 귀족들의 자손들이었거나 혹은 국왕에게 충성을 다한 인물들이었기 때문에 그 자리에 임명된 자들이었다. 그러니 이들이 성직자들의 높은 도덕적 생활 수준을 유지할 수 없었던 것은 당연한 일이라 할 수 있겠다. 성직자들의 최고위층에서도 고상한 미덕이란 찾아보기 힘들었다……[비튼 추기경]에게는 수도원장 시절에 이미 1남 2녀가 있었으며, 추기경에 임명되기 이전에 아들 셋을 더 낳았고, 임명된 후에 네 아들을 더 [가졌다]……다른 스코틀랜드의 고위 성직자들도 이에 못지않은 왕성한 성생활을 즐기고 있었다. 종교 개혁 당시 12명의 주교들이 사생아들을 거느리고 있었으며, 왕이나 귀족들이 낳은 사생아로 보이는 많은 수도원장들에게 또한 자기들의 사생아들이 많이 있었다.

이와 같은 상황을 감안해 볼 때, 하위 성직자들이 청교도적 금욕 생활을 하지 않았다는 사실은 그다지 놀라운 일이 아니다. 평교인들은 이러한 현실을 누구보다도 잘 알고 있었다……성직자들의 이러한 세속성보다도 더 심각한 문제는 이들이 민중들, 특히 교육받은 이들의 영적필요를 충족시켜 주지 못했다는 것이다……교회는 활기에 찬 시민 계급들이나 뭔가 불안을 느끼고 있던 지주계급들에게 지적으로나 종교적으로 제대로 말씀을 전하지 못하고 있었다.[6]

성직자들은 무식했고, 교회 공동체의 운영은 개탄스러울 정도였다. 바로 이 시점에서 스코틀랜드에도 종교 개혁의 선구자들이 나타나기 시작했다.

위클리프의 개혁 사상에 동감을 표시한 잉글랜드 사제 레스비(James Resby)는 성경적 신앙을 주장하다가 1407년 스코틀랜드 퍼스(Perth)에서 화형당했다. 선교사로 파송된 후스파 크라바르(Paul Crawar)는 1433년 세인트앤드루스에서 고난을 당했다.[7] 카톨릭 교회는 종교 개혁 사상을 주장하는 자들을 제거하기 위해 종교 재판관을 채용했고, 아마 상당수의 롤라드파 사람(Lollard)들이 이 무서운 종교 재

4) Gerald Brauer, ed. *The Westminster Dictionary of Church History* (Philadelphia : Westminster, 1969), 174.

5) John McNeill, *The History and Character of Calvinism* (New York : Oxford University Press, 1967), 290.

6) 스탠퍼드 리드, 『존 낙스의 생애와 사상』, 20-21

7) McNeill, 292.

판의 희생양이 되었을 것이다. 1525년 루터파 교리를 전파하는 것을 법률로 금했다.

이러한 종교 탄압에도 불구하고 개혁 사상의 불길은 결코 꺼지지 않았다. 1520년 스코틀랜드의 롤라드파인 니스벳(Murdock Nisbet)은 위클리프 신약성경을 스코틀랜드 방언으로 고쳐 썼고(이 성경은 1901년에 가서야 출판되었다), 틴데일 영어 신약성경이 1526년 스코틀랜드에 들어왔다. 이후부터는 스코틀랜드에 개신교가 하나의 운동으로 부각되었다.[8]

이 운동에 좀 더 분명한 금을 그어준 사람은 스코틀랜드 종교 개혁의 계명성이라고 호칭되는 패트릭 해밀턴(Patrick Hamilton 1504?-28)이었다.

스코틀랜드 왕가의 후손이요 상위 귀족의 아들인 해밀턴은 프랑스의 파리와 루뱅에 유학하여 루터와 에라스무스의 사상에 접한 후 귀국하여 세인트앤드루스에서 조용히 공부하고 있었다. 어느 날 해밀턴은 대주교 제임스 비튼(James Beaton)으로부터 이단 혐의로 출두 명령을 받았다.

상황이 자신에게 불리할 것을 예측한 해밀턴은 마르부르크(Marburg)로 탈주하여 프랑수아 랑베르(Francois Lambert) 등과 교제하면서 루터파 신앙에 몰입하였다. 그는 "루터파의 신앙에 관한 짧

---

8) Ibid., 293.
9) Brauer, ed. *The Westminster Dictionary of Church History*, 386.

막한 논문"(Loci Communes)도 작성했는데, 이것은 후일 틴데일의 친구인 존 프리스(John Frith)에 의해 패트릭의 처소들(Patrick's Places)로 번역되었다. 그는 루터를 직접 방문하기도 했다.[9]

패트릭 해밀턴은 종교 개혁의 열정에 충일하여 순교를 각오하고 스코틀랜드로 다시 귀국하여 설교하기 시작했다. 킨카벨(Kincavel)에서 세인트앤드루스로 오라는 비튼의 출두 명령을 받고 그곳에 가자마자 체포되어 화형에 처해졌다. 그때 그의 나이는 불과 스물 네 살이었다.

해밀턴의 순교는 스코틀랜드인들에게 카톨릭을 더욱 부정적으로 바라보게 했다. 지식층은 물론이고 상인들과 광부들까지도 종교 개혁자들을 옹호하기 시작했다. 이러한 시대의 흐름을 파악하지 못한 카톨릭의 지도층은 계속 탄압과 박해를 하였다.

1539년 제임스 비튼의 뒤를 이어 스코틀랜드 교회의 수장이 된 자는 그의 조카인 데이비드 비튼(David Beaton)이었다. 그는 교황청과 프랑스와 더욱 깊이 결속하는 데 심혈을 기울였다. 그의 악한 행적은 "선하고 경건한 민요들"(Good and Godly Ballads) 속에서도 풍자적으로 나타난다. 추기경이 되자 비튼은 한층 더 이단박멸에 열심을 내었다. 1540년 비튼과 그의 추종자들은 이단 사상을 가진 자들을 제어할 법률을 의회에서 통과시키고 사적 종교 비밀 집회를 금하였다. 그러나 비밀 집회를 가진 개신교 모임(소위 사적 교회, Privy Kirks)은 지하 운동으로 존속하기 시작했다.

이러한 차에 비튼의 표적이 된 자는 조지 위샤트(George Wi-shart)였다. 그는 스코틀랜드의 몬트로즈 아카데미(the Academy of Montrose)에서 헬라어를 가르친 적이 있었다. 위샤트는 1532년 루벵(Louvain) 대학을 수석으로 졸업한 수재였으며, 잉글랜드와 스위스에 가서 대륙의 종교 개혁의 흐름을 맛보았다. 그가 스위스에 있을 때 스위스 최초의 신앙 고백을 영어로 번역한 일도 있었다. 그는 신학적으로는 츠빙글리파에 속했다. 그가 잉글랜드의 케임브리지에 있는 코푸스 크리스티 대학(Corpus Christi College)에서 상의할 때 그의 학생 중 하나가 "[위샤트]는 키가 크고, 검은 구레나룻을 길렀으며, 단정하고 예의 바르며, 금욕적이고 독실하며, 박식하고 자애로웠다"라고 기록하고 있다.[10]

위샤트는 스코틀랜드에 돌아와 몬트로즈, 던디, 아이셔 지역에서 병자 간호 및 설교 사역을 하면서 종교 개혁의 당위성을 외치고 있었다. 그가 하딩턴 지역에 가까운 이스트 로티안(East Lothian)을 지날 때 그곳의 지배자 보스웰(Bothwell) 백작은 위샤트를 체포하여 비튼 추기경에게 넘겨주었다. 1546년 3월 1일 위샤트는 세인트앤드루스에서 해밀턴의 길을 따랐다. 순교의 역사에 동참한 것이다.

위샤트가 체포당하기 직전 양날이 선 검을 들고 위샤트를 호위하던 건장한 사나이가 있었는데, 그는 본장의 주인공인 존 낙스이다. 위샤트는 "종교 개혁의 일을 계속 추진하기 위해 다른 날을 기다리라, 희생은 나 하나로 족하다"며 낙스를 떠나보냈다.[11]

위샤트가 죽자 시민들 가운데서 추기경에 대한 분노가 솟아올랐다. 특히 귀족들 중 상당수가 개신교에 동정적이었다. 귀족들은, 카톨릭 성직자들이 국왕과 결탁하여 귀족들의 국정 참여 권한을 축소시키고 재산(토지 등)을 몰수하려 한다는 계획을 알았을 때 분노하였다.

1546년 5월 29일 무장한 귀족 몇 명이 잠들어 있는 추기경을 깨워 칼을 들이댔다. 그 중 개신교도로 알려진 한 사람이 추기경에게 위샤트 살해를 추궁하면서 "우리는 복수하라는 하나님의 보내심을 받았다"고 말하고 추기경을 두 번 찔렀다. 다음날 그들은 추기경의 시체를 창문 밖에 걸었다.[12]

이 사건은 사실 단순한 복수극이 아닌 공포, 분노, 증오가 뒤섞인 복합적 이해관계에 기인한 것이다. 곧 귀족들과 시민들은 수비대를 만들어 세인트앤드루스 성을 함락시키고 카톨릭과 왕실에 저항하기 시작했다. 본격적인 스코틀랜드 종교 개혁이 시작된 것이다. 낙스는 이들의 영적 지도자로서 수비대의 설교를 담당하게 되었다.

---

10) McNeill, *The history and Character of Calvinism*, 294.
11) Ibid.
12) Ibid.

3. 존 낙스의 등장과 스코틀랜드 종교개혁

어느 교회사 책을 보건 존 낙스(John Knox, 1514?-72)의 이름은 빠지지 않는다. 그는 비록 스코틀랜드 사람이었지만, 그의 영향력은 그의 조국과 잉글랜드, 미국 그리고 칼빈주의를 신봉하는 많은 사람과 국가에 미쳤다. 스코틀랜드 사람인 토머스 칼라일(Thomas Carlyle)은 낙스를 청교도의 창시자라 생각했고 마틴 로이드 존스도 같은 의견을 표했다.[13] 한때 미치광이, 열광적이고 극단적인 개신교 일파로 알려졌던 청교도들이 지난 50년 동안의 학계의 노력으로, 요즈음은 로이드 존스와 같은 평가를 내려도 큰 거부 반응 없이 수용되고 있다.

---

13) M. Lloyd-Jones, 『청교도 신앙-그 기원과 계승자들』 서문강 역 (서울: 생명의말씀사, 1994), 271. 존 낙스에 관한 연구물들은 다음과 같다. Jasper Ridley, *John Knox* (Oxford, 1958). Peter Lorimer, *John Knox and the Church of England* (London, 1875). David Laing, ed. *The Works of John Knox*, 3vols (Edinburgh, 1895). 홍치모, 『스코틀랜드 종교 개혁과 잉글랜드 혁명』(서울: 총신대학 출판부, 1991). 스탠퍼드 리드, 『존 낙스의 생애와 사상』, 서영일 역 (서울: 기독교 문서 선교회, 1984). John Knox, *History of the Reformation in Scotland*, ed. W. C. Dickinson (Edinburgh, 1949). Stanford Reid, "John Calvin, John Knox, and the Scottish Reformation," *Calvinism*, ed. Richard Gamble (New York: Garland, 1992).

한편, 청교도 운동의 아버지를 잉글랜드의 존 후퍼로 보기도 하고, 라티머나 리들리 등을 언급하는 이들도 있다. 이들보다 더 유력하게 거론되고, 확신을 가지고 청교도의 아버지로 지목되는 사람은 윌리엄 퍼킨스이다. 그러나 필자가 연구한 결과로는 청교도 아버지는 존 낙스가 가장 적절한 인물로 평가된다. 존 후퍼는 그의 출생지와 신학적인 면에서는 청교도의 아버지로 손색이 없으나 성공회식 사제가 되었고, 로마 카톨릭식 성직 가운을 결국은 입었다는 그의 태도 면에서 볼 때 부적절하다고 평가된다. 윌리엄 퍼킨스의 경우는 청교도 신학을 잘 정립한 인물이란 점과 그의 태도면서 청교도의 아버지로 손색이 없지만 잉글랜드에서 이미 청교도 운동이 한창 진행 중에 있을 때 태어났다는 점에서 청교도의 아버지란 호칭이 어울리지 않는다고 보아야 한다.

라이큰(Ryken)이 지적한 바와 같이 청교도는 이 세상의 성자들이었다.[14] 청교도들은 천진 난만한 것 같으나 탄력성과 창의성 있는 지혜를 가진 성숙한 자들이었으며, 오직 하나님만을 무서워한 위대한 영혼의 소유자들이었고, 따뜻한 가슴에서 우러나오는 열정으로 지칠 줄 모르고 기도했던 자들이었으며, 무엇보다 끊임없는 수난과 억압 속에서도 현실 개혁을 위해 투쟁했던 용사들이었다.[15] 본장은 낙스의 시대로 돌아가 그의 삶과 사상을 조명함으로써 그에게 부여한 "청교도의 창시자"란 이름의 의미를 음미하고, 아울러 낙스와 스코틀랜드 신앙 고백, 낙스와 장로 교회 그리고 낙스의 정부론을 살펴보겠다.

3.1. 낙스의 등장

존 낙스는 1514년경 하딩턴(Haddington), 아니면 그 인근 지역에서 태어나 세인트앤드루스 대학에서 존 메이저(John Major)의 영향을 받았다. 메이저는 스코틀랜드의 장래를 위해 프랑스와 가깝게 지내기보다는 잉글랜드와의 평화 관계 유지가 필요하며, 왕정의 독재자가 시민 위에 군림해서는 안 된다는 급진 사상을 가진 자였다.

낙스는 대학에서 이러한 급진 사상 뿐 아니라 교회법도 공부하였다. 그는 신부로 활동하다가, 때로는 공증인(apostolic notary)으로, 위샤트를 만나기 직전에는 귀족 자제들의 개인 교사로 활동하였다. 낙스는

---

14) Leland Ryken, 『청교도-이 세상의 성자들』, 김성웅 역 (서울: 생명의말씀사, 1995).
15) J. I. Packer, "추천사", 9-14.

1540년쯤 회심했으며, 위샤트를 만났을 때 그의 신앙은 틀림없이 개신교적이었으나 개혁주의자는 아니었다. 그는 다분히 루터적으로 반교황적인 신학 사상을 가지고 있었다.[16]

낙스가 위샤트 순교 후 세인트앤드루스의 수비대에서 설교할 때 그의 나이는 30세 정도였다(1548). 낙스는 당시 스코틀랜드의 최고 지식인들인 세인트앤드루스 대학의 교수들과 일반 대중 앞에서 최초의 설교를 하였다. 그의 스승 존 메이저도 이 청중들 속에 있었다. 낙스는 다니엘 7:24, 25을 본문으로 삼아 설교하였다. 그는 로마 교회를 적그리스도라 해석하였는데 그 이유는 교황청의 교리 이탈과 역대 교황들의 문란한 사생활 때문이었다. 이 첫설교를 통해 우리는 낙스의 소명에 대해 몇 가지를 짐작할 수 있다.

첫째, 낙스는 성경이 유일한 하나님의 말씀이라고 믿음으로써 자신의 주장들을 정당화하였다. 둘째, 그는 오직 믿음에 의한 칭의를 강조함으로써 자신을 하나님의 백성 중의 하나로 인정하였다. 셋째, 예배의 근간은 성례가 아니라 하나님의 말씀 선포라는 것이다.[17] 그의 설교는 심장을 쪼개는 "파괴력"이 있었다. "어떤 자들은 교황제의 가지들을 쳤으나 그는 뿌리를 쳤다."[18]

낙스의 열정적인 설교에도 불구하고, 감정적으로 모인 훈련되지 않

---

16) John Knox, *History of the Reformation in Scotland*, 1:84. 홍치모 편, 『칼빈과 낙스』 (서울 : 성광문화사, 1991), 154.

17) 리드, 68.

18) McNeill, *The History and Character of Calvinism*, 295.

은 시민들과 조직 없는 수비대는 카톨릭과 왕실을 당해 내지 못했다. 스코틀랜드 왕실은 섭정, 기즈의 메리(제임스 5세의 미망인)를 통해 프랑스에 지원을 요청했다.

프랑스 제독 레옹 스트로찌(Leon Strozzi)의 지휘 아래 도착한 20여 척의 갤리선 대포가 성을 포격하였고, 낙스를 포함한 전수비대원들이 포로가 되었다. 낙스는 19개월 동안 프랑스 갤리선 "노트르담"(Notre Dame) 호에서 노젓는 노예로 일했다. 노트르담이 소속한 함대는 여름엔 루앙(Rouen)에 주둔하여 잉글랜드 해적들의 침략 행위를 방어하였고, 겨울에는 본거지인 낭트(Nantes)에 주둔하였다.

낙스는 노예 생활을 통해 인간의 가혹성과 잔인성을 보았다. 그가 치룬 노예 생활은 참담한 것이었다:

보통 갤리선의 길이는 일백 오십 피트에 달하였으며, 길이가 오십 피트 가량 되는 돛대를 달고 있었다. 선미에는 선장용 객실 하나와 창고가 있었고 노예들이 앉아 있는 의자들 한가운데는 우뚝 솟은 복도가 자리잡고 있어서, 감독이 이 위로 왕래하며 게으름을 피우는 노예들을 말로, 또는 폭력으로 다스렸다. 한편에 대개 스물 다섯 개의 노가 있었고, 한 노에는 여섯 명의 노예들이 배당되었다. 보통 삼백 명 정도의 노예가 한 배에 있었으며, 이들은 모두 쇠사슬로 의자에 묶여 있었다.

항해 중에 이들은, 밤에는 의자에 묶인 채 잠이 들었으며, 낮에는 뜨거운 태양, 비, 바람, 추위에 시달리지 않으면 안 되었다. 배를 수선하거나, 청소할 때, 혹은 겨울에는 육지에 있는 오두막에서 잠을 잘 수 있었다……육체적으로뿐 아니라,

정신적으로도 갖가지 곤경을 당해야 했을 것이다……낙스와 그의 동료들은 프랑스에서 가장 악질적인 죄수들과 함께 섞여 살게 되었다.[19]

그러나 낙스는 절망스런 상황 속에서도 하나님의 부르심을 잊지 않았다. 그는 자신이 이름 없는 사람으로 갤리선에서 일생을 마감하는 것이 아니라, 하나님이 언젠가 자신을 쓰시기 위해 훈련시키신다고 믿었다. 아울러 이 고통의 시기에 그는 낭트 주위에 살고 있는 프랑스 개혁주의자들과 산발적으로 친교를 나눌 수 있었다. 1549년 잉글랜드 정부의 교섭으로 낙스는 극적으로 해방되었다. 잉글랜드에서 낙스의 중요성을 깨닫고 포로 교환의 방법으로 그를 구해낸 것이다.[20]

잉글랜드 왕실의 후원을 받은 낙스는 잠시 스코틀랜드의 귀환을 보류한 채 5년 동안(1549-54), 베릭(Berwick)과 뉴캐슬(Now castle)에서 목회로, 런던에서는 설교로 그리고 대주교 크랜머와는 따뜻한 우정을 나눔으로 유익한 시간을 보냈다. 노예 생활로 인해 생긴 위궤양과 신장염도 목회 기간 동안 치료되어 갔다. 성경 연구와 좋은 주석을 읽는 데도 열심을 내었다. 후에 그의 아내가 된 노햄 성(Norham Castle) 장군의 딸인 마조리 보우즈 (Marjory Bowes)도 이때 알게 되었다.

에드워드 6세는 낙스의 탁월함을 인정하고 그를 여섯 명의 궁정 목사 중 한 사람으로 지명하여 설교를 시켰다. 잉글랜드 체류 기간에 낙스는 모든 삶의 원리와 신앙을 성경에서 찾으려 했다.

로이드 존스는 이러한 낙스를 "청교도의 창시자"로 평한다. 로이드 존스에 의하면 청교도주의의 기원은 정신과 원리면에서 윌리엄 틴데일이지만, 그 원리를 보다 분명히 한 자는 낙스라고 한다.[21] 낙스는 "기성인"이 아닌 "독립적인 사람, 독자적 사상을 구축한 사람"이었고, 이 독립성은 "스스로 성경을 읽는 자세, 다른 사람들이 말하고 생각하는 것에 관계없이 진리를 알고 싶어하는 열망"으로 나타나며, 이것을 가졌기에 그는 청교도의 창시자이다.[22]

이 외에 낙스는 하나님의 말씀으로서 성경을 최고 권위의 주도원리로 삼았기에 청교도의 창시자이고, 그 주도 원리에 기초해서 철저한 개혁을 믿었기에 청교도의 창시자이다. 청교도로서 낙스에게는 개혁이 단순한 수정이 아니고 새로운 형성이었으며, 이 개혁은 성경이 가르치는 교회를 만드는 것이었다.

실제로 낙스는 잉글랜드에서 목회하는 동안 1548년판 에드워드 6세의 공기도서(*Order of Common Prayer*)나 1549년에 발행된 성공회 기도서(*Book of Common Prayer*)의 사용을 거부했다. 그 대신 설교를 중심으로 자기가 고안한 예배 순서를 사용하였다. 낙스는 제목 설교나 본문 강해 설교를 주로 한 것으로 보이며, 이때에도 본문 요절의 교리적 의미를 반드시 시대 상황에 적용시키도록 하였다. 낙스가 전한 말씀 앞에서 개개인의 죄악과 세상의 타락은 적나라하게 노출되었다. 낙스는 성례를 집행할 때도 잉글랜드의 공식 규정에 매달리지 않았다. 낙

---

19) 리드, 『존 낙스의 생애와 사상』, 77.

20) Earle Cairns, 『세계교회사(하)』, 엄성옥 역 (서울: 은성, 1995), 90.

21) 로이드 존스, 『청교도 신앙-그 기원과 계승자들』, 278-79.

22) Ibid., 279.

스는 신약성경의 가르침에 의존하여 스스로 성찬 예배 양식을 개발하였다. 이를 정리해 보면 다음과 같다:

우선 요한복음 13:16에 기초한 설교를 하고, 그 후에는 믿음을 위해 기도하였으며, 다음에는 고린도전서 11:17-31에 있는 성만찬에 관한 바울의 설명을 낭독하였다. 그 후에 회개하지 못한 죄인들에게 성만찬에 참여하지 못하도록 경고하고, 신자들의 참여를 촉구하였다. 다음에는 고백의 기도와 성경에 기록된 용서의 약속이 낭독되었다. 그리고 다시 회중 전체를 위해 기도를 올린 후, 식탁에 앉은 교인들에게 보통 빵과 포도주로 된 예품들을 분배하였다.[23]

낙스는 성찬식을 집행할 때 카톨릭의 화체설이나 루터파의 공재설을 부정하고 개혁파의 영적 임재설을 지지하였다. 베릭에서 남긴 그의 글은 이 문제를 보다 확실히 해준다:

그리스도께서는 믿는 자들이 입이 아니라 믿음에 의해 받아들이도록 자신을 주셨으니, 이는 본질의 주입하는 것이 아니다……사도 바울이 말씀하는 대로, 마치 구약의 조상들이 그러했듯이 성찬을 통해 영적으로 그리스도를 받아들이는 것이다.[24]

낙스는 성찬에 관하여 또 하나의 혁명적 변화를 시도했다. 그것은 성찬을 받는 방법의 변화였다. 당시 국교도들은 성찬을 받을 때 무릎을 꿇는 것을 관례화했다. 낙스는 그리스도께서 마지막 만찬 때 앉아 계셨으므로 성도들도 당연히 앉아서 성찬을 받으라고 가르치고, 또 그렇게 실행하려 했다. 후대의 영미 청교도들은 그리스도의 왕권에 참여하는 의미에서 성찬시 무릎을 꿇지 않고 앉아서 빵과 포도주를 받았다.

1552년 11월 『제2 공기도서』가 반포될 때, 낙스가 외친, 성찬을 무릎 꿇고 받는 데서 오는 위험 특히 우상 숭배의 가능성을 막기 위한 조항이 다른 종이 한 장에 인쇄되어 이미 출판된 기도서에 풀로 붙여졌다. 낙스가 왕 에드워드 6세에게 직접 설교하여 왕의 재가를 받아냈기 때문이다. 이 개신교적 설명은 "검은 예배 규정"(the Black Rubric)으로 호칭되었다. 누가 뭐라 해도 성찬에 관해서는 낙스의 공로를 인정해야 한다.

낙스는 출교 처분을 받았던 자들의 자녀들에게 세례 베풀기를 거부했다. 다른 국교회 사역자들은 그런 자들의 자녀들에게 세례를 베풀었던 것이다.[25] 낙스는 교회의 권징을 참으로 중요하게 생각했을 뿐 아니라 교황제의 잔재인 국교회의 감독직에 대해서도 찬성하지 않았다. 그가 "검은 예배 규정"으로 유명해지자 에드워드 6세의 섭정인 노섬벌랜드 공작 측에서 낙스에게 로체스터(Rochester)의 감독직을 제안했다. 그러나 낙스는 정중히 이 제안을 거절하였다. 낙스는 정치가와 야합하여 감독이 되는 것을 싫어했고, 그 위에 성경이 감독 정치를 지지하지

23) 리드, 『존 낙스의 생애와 사상』, 102.
24) Ibid.
25) 로이드 존스, 281.

않았다고 믿었기 때문이다.[26]

이미 살펴본 바와 같이 에드워드 6세가 죽자 메리 튜더가 잉글랜드의 왕위에 오르고, 개신교 박해가 시작되었다. 300여 명이 순교하고, 800여 명이 대륙으로 피난해야만 했다. 낙스도 예외가 아니었다. 낙스는 1554년 1월 프랑스 디에프(Dieppe)로 망명 후 3월 초에는 제네바의 칼빈을 찾았다. 낙스는 칼빈을 만나자 그동안 의문을 가졌던 것들에 대해 여러 가지 신학적 질문을 던졌다:

미성년자로서 부왕의 왕위를 계승한 이도 합법적 군주로 인정하고 순종해야 할 것인가? 여인이 일국을 통치하는 경우, 이 권리를 남편에게 양도할 수 있는가? 우상숭배를 강요하는 집권자에게도 마땅히 복종해야 할 의무가 있는가? 이 경우, 지방의 수령들이 명령을 거부하고, 무력으로 도시, 촌락을 점령하는 것은 합법적일 수 있는가? 우상 숭배하는 통치자에게 반기를 드는 귀족들을 그리스도인들은 후원해도 좋은가?[27]

칼빈은 낙스를 반가이 맞이하고 위의 질문들을 스위스의 종교 개혁자들인 로잔의 비레와 취리히의 불링거에게도 할 수 있도록 낙스에게 기회를 주었다. 불링거는 다음과 같이 답변하였다:

에드워드 6세는 신민들의 복종을 받을 자격이 있는 합법적 통치자라는 데 동의[하고, 이 말은] 곧 스코틀랜드의 메리에게까지 적용될 수 [있다]……원칙적으로 여자가 통치한다는 데에는 반대하나, 일단 합법적으로 즉위하였을 경우 그 국가

의 법이 허락한다면 남편에게 통치권을 넘겨 줄 수 [있다]. 우상 숭배적 통치자
들에 관한 문제에 대해서는⋯⋯사례별로 이들을 검토해야 [하며]⋯⋯우상 숭배
하는 통치자에 반란을 일으키는 귀족들의 문제 역시 상황과 양심에 의해 판단
되어야 한다. 그러나 특히 이러한 상황을 빙자하여 사욕을 채우려는 위선자들은
제거해야 하며, 항상 하나님을 향해 회개하는 겸허한 정신으로 행동을 취해야
한다.[28]

칼빈은 불링거의 견해에 전반적으로 찬성하였다. 그러나 여성들의
통치 문제에 대해서는 구약성경 사사기에 나타난 여선지 드보라를 예
로 들면서 긍정적으로 해석하였다. 또한 무력 항쟁으로 통치자를 제거
하려는 낙스의 생각에 반대하였다. 낙스는 이와 같은 스위스의 종교 개
혁자들의 답변에 상당히 실망하였다. 이후, 낙스는 독일 프랑크푸르트
의 잉글랜드인 피난민 교회 목사로 청빙을 받고 부임하였으나, 곧 잉글
랜드 성공회식 교회 관리를 주장하는 리처드 콕스와 대립하여 결국 칼
빈이 사역하고 있는 제네바로 이동하였다.[29]

---

26) Ibid., 284.
27) 리드, 『존 낙스의 생애와 사상』, 141-42.
28) Ibid., 142.
29) 낙스와 콕스와의 갈등 관계는 정준기, 『미국 대각성 운동』 (광주: 복음문화사, 1994),
    21-22 참조.

3.2. 낙스의 제네바 사역

낙스가 칼빈주의를 알게 된 것은 프랑스 갤리선에서 노예 생활을 할 때로 추측된다. 낙스는 프랑스 해군의 갤리선 노트르담 호에 강제로 승선되어 중노동을 했지만, 이 배가 루앙과 낭트에 정박할 때는 육상 근무를 할 수 있었다.

1548년에는 이 지역에도 칼빈주의가 널리 전파되어 있었다. 낙스가 프랑스 개혁주의자들을 만날 이 절호의 기회를 놓쳤다고 말할 수는 없을 것이다. 하나의 신빙성 있는 증거는, 낙스가 칼빈이 쓴 예레미야 주석을 이미 1549년에 알고 있었고, 1550년에 간행된 칼빈의 기독교 강요를 읽었다는 점이다. 이런 것을 보아서 학계는 낙스가 잉글랜드에 들어가기 전에 제네바를 방문했을 것으로 추측한다.[30]

이러한 학계의 연구가 신빙성 있다고 볼 때, 잉글랜드 체류 때 낙스의 신앙은 상당 부분이 칼빈주의화된 것임을 알 수 있다. 프랑크푸르트에서 리처드 콕스와의 대결 양상도 낙스의 개혁주의 신앙과 콕스의 성공회 신학의 마찰이 적지 않게 작용했음을 직감할 수 있는 것이다.

콕스와 헤어진 낙스는 칼빈이 목회하는 제네바 교회 바로 옆 건물에서 약 200여 명의 잉글랜드 피난민들을 돌보게 되었다. 이때 낙스는 칼빈의 예배 모범서를 본 따 "기도의 형식과 성례의 집행"(The Form of Prayer and Ministration of the Sacrament)을 작성하여 성도들에게 사용하도록 했다. 예배 순서는 "죄 고백과 시편 낭송, 주의 강림을 간원하는 기도, 설교 및 그 후의 질의응답, 목회자의 기도, 축도 등으로 구성되어 있었다.[31] 성찬식은 한 달에 한 번 혹은 성도들이 원할 때 실시했고, 세례식은 순서 중에 기도와 설교가 포함되어 은혜롭게 행해졌다.

교회 행정은 목사, 장로, 집사의 세 직분에 의해 다스려졌다. 이 직분들은 매년 선거를 통해 주어졌다. 매주 목요일 세 직분자들은 함께 모여 교회 일을 의논하고 치리를 행했다. 치리는 개인적 권면, 공개석상의 꾸지람, 파문 등의 절차를 밟았다. 치리는 하나님의 영광과 교회를 보호하기 위해 부득이한 경우에만 실시했다.

낙스는 스코틀랜드의 개신교 상황을 돌아보기 위해 일 년 정도 그곳에 가 있다가 1556년 9월 13일 다시 제네바에 돌아왔다. 이번에는 잉글랜드에 있는 장모와 아내까지 데리고 왔다. 그는 가장으로서, 목회자로서 매우 바쁜 나날을 보냈다고 진술한다:

……전에는 전혀 당해 보지 못했기에 더욱 두려운 날마다의 가정사와 그리스도의 이름으로 모이는 순진한 양떼들을 다스려야 하는 일 등으로 정신없이 쫓기다 보면, 나는 소중한 친구들뿐 아니라, 나 자신을 망각할 때가 자주 있습니다.[32]

칼빈과 낙스는 개인적으로 인격적인 접촉을 밀접하게 나누었다. 칼

30) Stanford Reid, "John Calvin, John Knox, and the Scottish Reformation," *Calvinism*, 177.
31) 리드, 『존 낙스의 생애와 사상』, 171.
32) Ibid., 176.

빈은 낙스의 후견인이 되었다. 제네바에서 낙스는 프랑스왕 앙리 2세의 박해를 피해 이주해 온 신사 계급인 지도층 위그노들과 그들을 따르는 상인들, 인쇄업자들 그리고 학자들이 칼빈의 가르침을 받고 있는 것을 보았다. 이 외에도 이탈리아, 네덜란드, 독일, 잉글랜드, 폴란드, 스페인에서도 뛰어난 지식인들이 칼빈의 보호아래 있는 것을 목격하였다. 낙스는 직접 간접으로 그들과 인격적 관계를 맺으면서 자신의 사상 체계와 신학의 폭을 넓혔다. 낙스는 그들과 어울리며 지내는 제네바 생활을 다음과 같이 표현하였다:

저는 아무런 부끄러움이나 두려움을 느끼지 않은 채, 이곳이야말로 사도 시대 이후 지상에서 가장 완전한 그리스도의 학교라고 자신 있게 말씀드릴 수 있습니다. 물론 다른 곳들에서도 그리스도는 진실로 전파되고 있습니다. 그러나 도덕과 종교가 이처럼 신실하게 개혁되어가는 모습은 어느 곳에서도 찾아볼 수 없었습니다.[33]

낙스는 4년 동안(1555-59) 이곳에서 잉글랜드인들을 돌보았다. 그런데 엘리자베스가 여왕으로 등극하면서 개신교에 대한 종교 탄압이 수그러져 제네바의 잉글랜드 피난민들이 속속 귀국하였기에 낙스도 새로운 일감을 찾아야 했다.

낙스가 선택할 수 있는 길은 두 가지였다. 하나는 잉글랜드에 들어가 목회 사역과 궁중 목사직을 계속하는 것이었고, 다른 하나는 미완성으로 남겨 둔 스코틀랜드 종교 개혁을 재추진하는 것이었다. 그런데 잉글랜드로 가는 것은 어렵게 되었다. 1558년 낙스는 칼빈과 의논하지 않고, 여인의 괴수 정부에 대한 첫 번째 나팔 소리(The First Blast of the trumpet Against the Monstrous Regiment of Women)라는 소책자를 출판하여 많은 사람을 당황하게 했다. 이 책자는 개신교를 박해하는 스코틀랜드 섭정 기즈의 메리와 잉글랜드 여왕 메리 튜더를 염두에 두고 썼으며, 여인의 국정 관여와 통치행위의 부당성을 탄핵한 것이었다. 낙스는 말한다:

자연의 빛, 하나님께서 창조하신 만물의 질서, 여인들을 향한 저주와 악담, 하나님의 율법과 말씀의 해석자인 성 바울의 말, 하나님의 교회에서 가장 존경을 받아 온 저자들의 지혜에 의해 조명된 규칙과 법령에 의하면, (여인들의 지배는) 자연에 어긋날 뿐만 아니라, 하나님의 뜻과 율법에 역행하는 것임이 분명하게 밝혀지고 있다. 여인이 국가와 제국을 손아귀에 넣고 남성을 지배하거나 국가, 영지, 지방, 도시의 통치자가 된다는 것은 하나님을 모독하지 않고는 행해질 수 없는 일이다……그러므로 모든 남자들은 이제 나팔 소리가 한 번 울렸다는 사실을 명심할지어다.[34]

공교롭게도 1558년은 잉글랜드 여왕 엘리자베스가 즉위한 해였다. 여왕은 낙스로 인해 명예가 실추되었다. 칼빈도 낙스의 언어와 행동의

---

33) Ibid., 168.
34) 오덕교, 『장로교회사』 (서울: 합동신학교 출판부, 1955), 118.

격렬함에 놀랐다. 낙스는 나중에 엘리자베스를 여선지 드보라와 같다고 일컫고 그의 언어를 순화시켜 여왕의 분노를 누그러뜨렸다.

그러나 낙스가 잉글랜드에 오는 것을 반길 영향력이 있는 왕실 인사는 없었다. 1559년 5월 2일 마침내 낙스는 하나님의 섭리가 스코틀랜드를 가리키고 있는 것을 확신하고 "오! 하나님! 나에게 스코틀랜드를 주시든지 아니면 죽음을 주십시오."라고 부르짖으면서 스코틀랜드로 돌아왔다. 이 길만이 그에게 주어진 것이다.

3.3. 스코틀랜드 개신교도들의 항쟁

스코틀랜드에 돌아온 낙스를 귀족과 시민들이 환영하였다. 낙스는 제네바에 있을 때 일시 스코틀랜드에 들려 여러 귀족들을 동역자들로 세웠다(1555). 모레의 백작인 제임스 스튜어트(James Stewart), 아질의 백작인 로른(Lorne) 경 그리고 레싱턴의 윌리엄 메이트랜드(William Maitland) 등이 그들이다.

스코틀랜드 귀족들과 시민들이 낙스와 같은 개신교도에게 호감을 갖게 된 것은 우선 신앙적 이유가 가장 컸지만 또 다른 이유가 있었다. 이들은 스코틀랜드가 급속히 프랑스에 귀속되어 간다는 의구심과 두려움을 가지고 있었다. 섭정이며 카톨릭 교도인 기즈의 메리가 딸을 프랑스의 황태자와 결혼시켜 스코틀랜드를 프랑스에 예속시킬 준비를 하고 있는 것을 이들은 깨닫기 시작했다. 이제 이들은, 개신교도가 된다는 것이 국가를 사랑하는 것과 일치한다는 인식틀을 가진 것이다. 낙스는 자신을 환영해 주는 이들로부터 깊은 감격을 느꼈다.

이들은 1557년 12월 참복음을 증거 하는 목회자 아래 종교 개혁을 하겠다고 서약하여 "제일 계약"(the First Bond)에 서명했다. 1559년 낙스와 이들 스코틀랜드 귀족들과 시민들은 퍼스(Perth)에 일단 집결했다가 에든버러에 진군하여 섭정에게 종교 개혁을 설득시키려고 하였다. 섭정은 4,000여 명의 정부군과 900명의 프랑스 지원 부대에 전쟁 준비를 명령하였다. 낙스의 군대는 훈련이 안 된 시민군 5,000여 명이었다.[35]

군사적으로 열세인 낙스는 잉글랜드 여왕을 직접 만나 지원을 부탁하려다가 자기에 관한 엘리자베스 여왕의 감정이 나쁘다는 것을 감안하여 유능한 외교관 윌리엄 메이트랜드를 특사로 보내 잉글랜드 여왕의 지원을 확약받았다. 여왕 엘리자베스는 낙스의 여성관에 불만이었지만, 스코틀랜드가 카톨릭으로 남아 프랑스와 연합하여 잉글랜드를 위협한다면, 이것이야말로 불편한 일임을 잘 알고 있었다. 국가의 이익을 위해 자신의 감정을 억제할 수 있는 지혜가 엘리자베스 여왕에게는 있었다. 잉글랜드는 일만 명의 군대 지원을 약속하였고, 실제로 윈터(Winter) 제독이 1560년 1월, 8척의 함대를 이끌고 낙스의 진영에 도착하였다.

1560년 1월 마침내 스코틀랜드에서 종교 전쟁이 시작되었다. 이 전쟁은 스코틀랜드의 국내 문제에 잉글랜드와 프랑스가 개입한 국제 전

---

35) 리드, 『존 낙스의 생애와 사상』, 215.

쟁이 되었다. 낙스는 같은 해 4월부터 에든버러 중심에 있는 성 자일스 교회(St. Giles Church)를 담임했다. 낙스는 그의 후원자들이 이 전쟁에 소극적임을 알고 곧 승리할 수 있다는 전투 정신을 설교로 불어넣었다:

현재 우리가 겪고 있는 모든 슬픔과 혼란과 공포가 기쁨과 명예와 용기로써 변화할 것을 믿어 의심치 않으며, 하나님께서는 이스라엘로 하여금 베냐민 지파를 이기게 하셨듯이 우리를 이기게 하실 것입니다……왜냐하면 시절이 아무리 험악하더라도 영원하신 하나님의 영원하신 진리는 다시 한번 세상에 널리 퍼질 것이기 때문입니다.[36]

그의 설교가 얼마나 큰 위력을 발휘했는지 엘리자베스 여왕의 특사 토머스 랜돌프(Thomas Randolph)는 여왕에게 "낙스의 음성이 500개 나팔보다 더 효과적으로 [스코틀랜드의 개신교도들] 속에 생명을 불어넣고 있습니다."라고 보고하였다.[37] 던디와 퍼스에서 낙스의 설교를 듣고 카톨릭 교회의 성상을 파괴하는 소동도 일어났다. 한 청년은 낙스의 설교 모습을 이렇게 전하고 있다:

그는 처음 설교를 시작할 때는 몸을 약간 구부정하게 하는 것이 보통이었다. 그러나 마지막에 가서는 어찌나 활기와 정력에 넘치는지, 마치 설교단을 산산조각으로 부수고, 그 속에서 날아오르려는 것처럼 보였다……[그가 다니엘서를 강해할 때는 양심이 너무 찔려] 펜을 잡고 필기할 수 없을 정도였다.[38]

그만큼 낙스의 설교는 청중의 영혼을 사로잡았다. 낙스군과 잉글랜드 연합군은 1560년 4월 4일 스코틀랜드 동부 해안을 점령하고 계속 북상하여 리스 지역도 장악해 버렸다. 프랑스군은 포위되어 제대로 된 전투를 한번 치루지 못하고 휴전을 요청하였다.

1560년 6월 11일 스코틀랜드의 섭정 기즈의 메리(메리 스튜어트의 모친)가 돌연히 사망하여 카톨릭의 사기는 더욱 떨어졌다. 그녀는 한때 "존 낙스의 하나님은 어디 있느냐?"고 개신교를 멸시하였으나, 임종시에는 개신교 목사 존 윌록(John Willock) 앞에서 그리스도만이 구원자이심을 고백하고 숨을 거두었다.[39] 역사의 아이러니가 아닌가!

스코틀랜드의 왕좌는 프랑스에서 과부가 된 메리 스튜어트에게 돌아갔다. 1560년 7월 6일 에든버러 조약에 따라 프랑스군과 잉글랜드군은 퇴각하였다. 이제 종교 개혁을 저지할 방해물은 거의 다 제거되었다.

3.4. 낙스와 스코틀랜드 신앙 고백

메리 스튜어트가 프랑스에서 스코틀랜드로 돌아올 때까지 국사는 잠시 12명으로 구성된 추밀원에서 이루어지다가 1560년 8월 3일 의회가 소집됨으로 정치 주도권은 의회로 넘어갔다.

낙스는 즉시 종교 개혁을 요구하는 청원서를 의회에 제출했다. 의회

---

36) Ibid., 230.
37) McNeill, *The History and Character of Calvinism*, 296.
38) Lewis Spitz, 『종교개혁사』, 서영일 역 (서울: 기독교문서선교회, 1991), 295.
39) 홍치모, 『스코틀랜드 종교 개혁과 잉글랜드 혁명』, 11.

는 낙스와 그의 동료 목사들에게 신앙 고백서의 작성을 요구했다. 낙스는 4일 만에 5명의 동료 존들(John Spottiswood, John Row, John Douglas, John Winram, John Willock)과 같이 신앙 고백서를 작성, 의회의 상임위원회에 제출했다. 상임위원회는 이 고백서를 인준하여 본회의에 상정하였다. 그리고 본회의는 동년 8월 17일에 이를 승인하였다.

총 25개 조항으로 구성된 스코틀랜드 신앙 고백서는 개혁주의자들의 교리, 즉 칼빈의 요리 문답과 1559년의 프랑스 신앙 고백, 폴란드인으로서 칼빈주의자인 존 라스코(John Lasco, 1499-1560)와 스위스 종교 개혁자 불링거(Heinrich Bullinger, 1504-75)의 글들을 참조한 것이 역력하다. 이 신앙 고백은 1647년 웨스트민스터 신앙 고백이 나오기까지 스코틀랜드 교회의 교리적 표준이 되었다.

서문은 "사랑하는 형제들이여, 우리는 우리가 고백해 오면서 수치와 위협을 받던 교리의 모든 것들을 만천하에 공포하기를 오랫동안 갈망해 왔습니다"로 시작되어, "우리는 끝날까지 이 신앙 고백에 머물러 있기를 단호하게 천명합니다"라고 끝을 맺는다.[40]

그러나 샤프가 지적한 바와 같이 이 고백서는 진리에 대한 진술들이 무오한 것으로 주장하지 않고 오히려 성경 안에서 수정과 개선이 가능하다고 하였다. 제20항은 교회 회의들의 무오성에 반대하면서 "어떤 회의들은 분명히 과오를 범하였으며, 그것도 매우 중대한 내용에서의 과오였다"고 지적하였다.[41]

낙스는 1546년 트렌트 종교 회의(The Council of Trent)가 취한 카톨릭의 구원관에 기겁하였다. 트렌트 종교 회의는 사람이 구원을 받을 때 믿음만으로는 부족하고 교회가 베푸는 성례전에 참여하여 신과 인간이 협동함으로 구원을 이루어야 한다고 했다. 따라서 미사의 참석은 카톨릭의 구원관에서는 필수적이다. 카톨릭 신학에서 "미사는 구원 신비의 중심이며, 십자가 위의 그리스도에 대한 기념이며, 아울러 사실적이고 현재적 희생이었다."[42]

낙스는 인간의 방법이 배제된 하나님의 은혜로운 선택으로 구원이 이루어짐을 믿었기에 미사의 폐지를 주장하였다. 스코틀랜드 신앙 고백서 제8항은 다음과 같이 담대히 선언한다:

동일하신 영원한 하나님 아버지께서 오직 은총으로 이 세계의 기초가 세워지기 전에 그의 아들 예수 그리스도 안에서 우리를 선택하셨고, 그는 [예수 그리스도를] 우리의 머리요, 형제요, 목자요, 우리 영혼의 위대한 감독으로 지명하셨다.[43]

---

40) 필립 샤프, 『신조학』, 박일민 역 (서울: 기독교문서선교회, 1993), 226-27.

41) Ibid., 227.

42) Jack Rogers, *Presbyterian Creeds* (Philadelphia : Westminster, 1985), 87.

43) "That same eternal God and Father, who by grace alone chose us in his Son Christ Jesus before the foundation of the world was laid, appointed him to be our head, our brother, our pastor, and the great bishop of our souls." Quoted from Ibid.

교회관에 대해서는 제18장에서 교회의 3대 요소, 곧 말씀의 참된 선포, 올바른 성례전의 집행 그리고 정당한 교회 훈련(권징)을 언급한다. 간단히 요약하자면, 스코틀랜드 신앙 고백서는 "정직하고 곧으며 남자다운 문체로 기록되었으되, 불평이나 아첨이 없고, 논리적 정확성과 학문적 수준에서도 뒤떨어지지 않는다. 이것은 마치 온종일 진리를 전파한 후 피곤에 지친 사람이 밤에 조용히 앉아 자기가 가르친 내용을 생각해 보며 마음에서 새 힘을 되찾는 것과 같다."[44]

3.5. 낙스와 장로교회

낙스가 주축이 되어 작성한 스코틀랜드 신앙 고백서 안에는 칼빈주의 색채가 짙게 깔려 있지만 교회 정치에 있어서 장로교회로 한다는 명문 규정이 없다. 더욱 중요한 문제로 떠오르는 것은 낙스의 생존시 감독(Superintendent)이라는 직책이 엄연히 존재한 점이다. 그렇다면 낙스는 잉글랜드 성공회와 같은 감독교회(Episcopal Church)를 스코틀랜드에 창설했는가 하는 것이 규명되어야 한다.

에든버러 대학교의 역사학 교수였던 도널드슨(G. Donaldson)은 낙스가 개혁한 스코틀랜드 교회는 처음부터 감독제였으나, 그의 후계자 앤드루 멜빌(Andrew Melville, 1545-1622)이 제네바에서 돌아와 제2의 개혁을 일으킴으로써 장로회 체제를 만들었다고 주장한다.[45] 도널드슨이 무엇에 근거하여 이렇게 말하는가?

첫째, 낙스는 에드워드 6세 치하에서 잉글랜드의 궁정 목사로 시무

할 때 이미 감독교회 정치의 영향을 받았다. 둘째, 스코틀랜드는 종교 개혁 이전부터 개혁파 교회보다는 루터파 교회의 영향하에 있었다. 셋째, 1560년 낙스가 작성한 제1치리서(The First Book of Discipline) 에 의하면 목사의 임명이 회중에 의한 선거와 학식이 풍부한 사람들에 의해 시행된 시험과 공적 임명의 과정을 거쳐야한다. 여기 학식이 풍부한 사람들이란 상당한 권한이 부여된 감독을 의미한다. 넷째, 감독은 1년에 2회 이상 담당 관할 구역을 시찰하고, 목사의 불경건한 삶이 발견될 경우 대회를 소집하여 해당 목사를 해임시킬 뿐 아니라, 감독구에 있는 주요 도시에 감독 재판소를 설치하여, 감독의 임명 또는 교인들의 이혼 문제를 다루는 사법 재판관 기능을 했다. 다섯째, 연금 수령에 있어서 감독은 500내지 700파운드를 받았는데 반해 일반 목사들은 100파운드에 지나지 않았다. 이러한 차등 지불은 감독의 우위성을 입증하는 것으로 보아야 한다.[46]

도널드슨의 학설은 내픈과 리드에 의해 반박되었다.[47] 특히 리드는 낙스의 저술을 세세히 분석하여 낙스가 성직자의 주임무를 말씀의 선포로 보았던 점 그리고 성직자는 성공회와 같이 교회 기구나 세속 권력

---

44) 샤프, 『신조학』, 229.

45) G. Donaldson, *The Scottish Reformation* (Cambridge, 1960); *Church and Nation through Sixteen Centuries* (London : SCM, 1960). 홍치모, 『스코틀랜드 종교 개혁과 잉글랜드 혁명』, 28-39.

46) Donaldson, *The Scottish Reformation*, 11-124. 홍치모, 32-34.

47) M. Knappen, *Tudor Puritanism* (Chicago : University of Chicago Press, 1965), 127.

의 관여가 아닌 오직 회중의 동의에 의해서 임명된 점을 부각시키고 있다.[48] 오덕교 교수도 리드의 학설을 지지하고 있다. 그에 의하면 제1치리서 제5항 제1조에서 제3조에 기록된 "감독"이라는 용어는 낙스의 진의가 아니었디. 낙스가 처음 작성한 원본에는 감독이란 용어가 빠졌으나 후에 그의 동료 윌록과 스포티스우드가 수정 작업에 참여하면서 감독이라는 말을 삽입했다.[49]

이 감독이라는 명칭은 개혁을 추진하던 당시 상황에서 일시적으로 마련된 행정 조치로 보는 것이 타당할 것이다. 왜냐하면 스코틀랜드의 감독직은 영구직이 아닌 한정직이었고(처음에는 3년, 1570년도부터는 1년으로 단축되었음), 자기 관할 구역으로부터 비판과 치리를 받는 입장이며, 무엇보다도 잉글랜드 성공회가 인정하지 않는 장로 제도를 스코틀랜드 개혁교회는 처음부터 인정했기 때문이다. 스코틀랜드의 감독직은 도널드슨이 생각한 것처럼, 잉글랜드교회의 치리자의 입장이 아닌 지교회를 돌보는 방문자 또는 순회전도자로 해석되어야 한다.

1566년 스코틀랜드 총회는 『제2헬베틱 신앙 고백』(The Second Helvetic Confession)을 채택하여 목사 직위상의 우월성을 부정하였다.

여기에서 낙스는 잉글랜드 망명 생활에서 로체스터 감독직을 제안 받았으나 감독 정치는 성경이 금한다고 믿었기에 정중히 사양한 점을 다

---

48) Stanford Reid, "Knox's Attitude to the English Reformation," *Westminster Theological Journal*, vol. 26(1963) : 1-32. Knox, *History of the Reformation in Scotland*, 2 : 82, 286. 홍치모, 35.

49) 오덕교, 『장로교회사』, 122.

시 한번 기억하자. 따라서 낙스는 처음부터 스코틀랜드에 장로교회를 조직하려 했으나 상황이 여의치 못해 장로교회의 씨앗만 뿌린 것이다.

우리는 1560년 당시 비록 개신교 세력이 절대 우위를 차지했지만, 카톨릭 교회의 직분자들(대주교, 주교, 수도원장 등)이 계속 교회에 출석했고, 그들은 직분에 따른 재산도 그대로 소유하고 있었던 것을 알아야 한다. 스코틀랜드 의회는 카톨릭 성직자 및 그들의 재산 관리 때문에 상당 기간 동안 그들과 타협해야 했던 것이다.

1572년 추밀원과 개혁교회 지도자들이 합동하여 리스 협약(Concordat of Leith)을 작성했다. 이 협약에서 카톨릭측 인사들도 개혁교회에서 임직할 수 있는 길을 열어 놓았다. 개혁교회의 일원이 되면 개혁교회의 총회에 복종하는 것을 원칙으로 했음은 말할 나위도 없다. 낙스가 뿌린 장로교회의 씨앗은 그의 후계자 앤드루 멜빌 시대에 와서 꽃을 피웠다.

3.6. 낙스의 정부론

낙스가 개혁에 열중하고 있을 때 스코틀랜드의 새로운 통치자인 메리 스튜어트가 1561년 8월 프랑스에서 귀국하였다. 그녀는 왕권 신수설에 근거하여 절대 왕정을 꿈꾸고 있었다. 낙스가 진행시켜 법제화된 카톨릭 미사 금지를 그녀는 용납할 수 없었다. 그녀는 낙스에 대항하여 스코틀랜드에 오자마자 왕궁의 홀리루드 하우스(Holyrood house)에서 미사를 드렸다.

낙스에게는 한 번의 미사가 만 명의 군대가 침공하는 것보다 더 무서운 일이었다. 낙스는 곧 여왕의 미사 행위를 설교로 규탄했다. 여왕과 종교 개혁자 사이에 전쟁이 시작되었다. 여왕은 "아름답고 우아하며, 용감하고 영리했다. 그러나 성격에 안정이 없었고, 확신에 찬 남자들이 고분고분하지 않는다는 것을" 이해하지 못했다.[50]

여왕은 프랑스 궁중에서 음모와 술수를 자연스럽게 배워 왔다. 그녀는 자신의 미모와 부드러운 화술로 스코틀랜드를 통치할 수 있다고 믿었는지도 모른다. 그러나 낙스는 여왕의 미모와 화술에 넘어가지 않았다. 여왕이 카톨릭 의식으로 단리(Henry Darnley)와 재혼하려 할 때 낙스는 이를 공격했다(1563). 여왕은 분에 떨며 눈물을 흘리며 낙스에게 말했다. "나는 가능한 모든 수단을 통해서 당신의 호의를 얻고자 했습니다……이제 나는 복수할 것을 하나님께 맹세합니다."[51]

낙스는 연소한 여왕을 설득시키기보다는 다음과 같이 질책했다:

여왕의 결혼이 당신[낙스]과 무슨 상관이 있는가라고 말씀하셨지요. 혹은 당신이 이 공화국에서 무엇인가?[라고 말씀하셨지요.] 저는 [여왕의] 신하입니다. 그리고 비록 백작이나 남작이나 귀족이 아니지만 하나님이 저를 가치 있고 쓸모 있는 자로 만드셨습니다.[52]

단리가 살해되자 여왕은 보스웰 백작과 개신교식으로 다시 결혼하였다. 보스웰은 단리를 살해했다는 혐의를 받고 있었다. 이때 낙스는 메리 여왕의 퇴위와 처형을 주장하였다:

오, 하나님, 자기 남편을 살해한 잔악한 살인자의 힘과 오만을 꺾으시옵소서. 그녀의 편당과 교묘한 술책을 파하시고, 바로 당신이야말로 지혜 있는 자를 그 지혜 가운데서, 오만한 자들을 그들 스스로의 악독한 생각 가운데서, 영원한 혼란 가운데로 내려치시는 하나님이심을 알게 하시옵소서.

주여, 진실로 당신을 경외하는 심령으로 당신을 부르게 하시며, 바로 이러한 가운데서 자라게 하시옵소서. 우리가 싸움을 감당할 수 있도록 당신의 능력을 베풀어 주시옵소서. 그리하여 올바르게 이 모든 싸움들을 마치고, 당신의 거룩하신 이름 안에서 우리 생애를 마치게 하시옵소서.[53]

낙스가 단순히 여성 통치자가 싫어서 이런 강경책을 말했을까? 이 부분을 바로 이해하려면 낙스의 정부론을 살펴보아야 한다.

낙스는 여성이 통치자가 되는 것을 확실히 싫어하였다. 그 위에, 통치자가 카톨릭 군주로서 우상 숭배에 빠지는 것을 혐오하였다. 낙스는 잉글랜드에서 메리 튜더가 카톨릭을 국교로 하여 개신교를 탄압하고 스페인 왕과 결혼한 후 곧 사망한 것도 알고 있었다. 그는 스코틀랜드에서 여왕의 잘못된 정책으로 비슷한 사건이 경험되는 것을 원치 않았다.

낙스는 구약 특히 예레미야를 기초로 하여 독재하는 군왕이나, 우상

---

50) McNeill, *The History and Character of Calvinism*, 302.

51) Ibid.

52) "But What have you to do (said she) with my marriage? Or, What are you with this Commonwealth? A subject born within the same (said he) Madam; and albeit I be neither Earl, Lord, nor Baron within it, yet hath God made me······a profitable and useful member within the same." Ibid.

53) 리드, 『존 낙스의 생애와 사상』, 319.

숭배를 주장하는 통치자에 대해 무력 항쟁을 인정하였다. 칼빈은 귀족
층에 의한 질서 정연한 법적 저항을 인정하였지만, 낙스는 귀족층이나
하부 통치 계급이 독재자에 대하여 수수 방관할 때는 평민들도 개혁을
요구할 권리가 있다고 주장하였다. 이 개혁에는 군왕의 지위 박탈은 물
론이고 사형 집행까지도 포함시켰다. 낙스는 칼빈보다 훨씬 더 과격한
혁명론을 펼치고 있는 것이다. 그가 쓴 "두번째 나팔소리의 개요"를 보
면 군주 저항론자인 낙스의 위치가 선명해진다:

1. 국왕은 단순히 왕가에서 탄생했다는 사실만으로 그리스도인들을 다스릴 수는
   없다. 이보다 하위에 있는 재판관들을 선거하도록 한 하나님의 법이 또한 왕
   들의 경우에도 지켜져야 한다.
2. 일단 예수 그리스도를 주로 인정한 왕국내에서는 공개적 우상 숭배자들을
   공직에 임명할 수 없다.
3. 하나님과 그의 자명한 진리를 거슬러 폭군들에게의 복종과 그의 위치를 계
   속 유지코자 하는 서약을 지킬 필요가 없다.
4. 만약 국민들이 잘 모르고 우상 숭배자를 통치자로 선출하였을 경우, 그 사실
   이 밝혀지면 그를 선출한 이들은 다시 그 지위를 박탈하고 처벌할 수 있다.[54]

낙스가 이렇게 강경하게 발언한 이유는 개신교도에 대한 군왕들의
핍박이 참고 견딜 만한 수준을 넘어섰고, 오직 혁명만이 자유스럽게 복
음 전파를 할 수 있는 변화의 기회를 줄 수 있다고 믿었기 때문이다.
한편으로 낙스는 1555년 대륙의 아우그스부르크 평화 조약에 대해

찬성하지 않았다. 이 조약은 국가의 종교를 결정하는 것이 군주의 신앙에 달려 있었다. 한 지역 군주가 카톨릭 교도라면 그 지역에 속한 모든 백성은 의무적으로 카톨릭 교도가 되어야 했다.

신성 로마 제국은 이 원리 밑에서 종교 분쟁을 종식시켰다. 낙스를 포함한 칼빈주의자들은 종교는 개인이 선택하는 것이지 군주의 선택에 무조건 따르는 것이 아니라고 믿었다. 이제 유럽의 거의 모든 제국내에서 칼빈주의자가 된다면, 순교를 각오해야만 했다.[55]

낙스의 강경한 정부론은 그의 계약 사상에서도 드러난다. 낙스는 국민이 통치자에게 복종할 의무(군주와 신하와의 "계약" 관계)가 있듯이, 통치자도 하나님이 세우신 신의 법(군주와 하나님의 "계약" 관계)을 마땅히 복종해야 한다고 했다. 군주가 하나님의 법을 어길 때는 백성은 불법을 자행하는 군주를 과감히 제거해야 마땅하다. 낙스의 말을 직접 들어보자:

따라서 폐하께서는 과연 국민들이 폐하로부터 무엇을 기대하고 있는가, 또한 상호 계약에 의한 폐하의 의무는 무엇인가를 곰곰이 생각해 보시는 것이 좋을 것

---

54) Ibid. 190. 상기 원문은 다음과 같다. "1. That a king does not rule over a Christian people by birth only, but in his election must the ordinance, of which God hath established in the election of inferior judges, observed. 2. No manifest idolater should be given public office in a kingdom that has once acknowledged Jesus Christ. 3. No oath can bind people to obey and maintain tyrants against God and his known truth. 4. If people have elected a ruler who turns out to be an idolater, those who did the electing may remove and punish him."

55) 멜빈 데이비스, 『칼빈주의 사상과 자유 사상』, 한국 칼빈주의 연구원 역 (서울: 기독교 문화협회, 1993), 116-17.

입니다. 국민들은 다름아닌 하나님 안에서 폐하께 대한 의무가 있습니다. 마찬가지로 폐하는 그들 앞에서 법을 지키셔야 할 의무가 있습니다. 폐하께서는 그들로부터 봉역(奉役)을 원하시며, 그들은 폐하에게서 모든 악인들로부터의 보호와 방어를 간구합니다. 그러므로 여왕 폐하, 당신께서 그들에 대한 의무를 게을리하신다면……어찌 그들로부터 온전한 순종을 기대하실 수 있겠습니까? 두렵건대 여왕 폐하, 이는 불가능한 일입니다.[56]

낙스의 "계약 사상"에 기초한 정부론은 프랑스의 위그노 항쟁과 잉글랜드의 청교도 혁명에 사상적 기반을 제공했다.[57] 존 밀턴은 잉글랜드왕 찰스 1세의 사형 판결이 정당하다고 주장했는데, 그는 낙스의 사상을 크게 의존하고 있었다.

낙스의 저항으로 메리 스튜어트 여왕은 퇴위되어 스코틀랜드를 떠나 잉글랜드로 망명했다(1568). 잉글랜드에서 엘리자베스의 왕위 찬탈 모의에 연루되어 사형이 집행되었으니, 그때 그녀의 나이 45세였다 (1587). 스코틀랜드의 왕위는 메리 스튜어트의 아들 제임스 6세에게 주어졌고, 제임스 6세는 나중에 엘리자베스를 이어 잉글랜드왕 제임스 1세로 등극한다.

낙스는 제임스 6세가 스코틀랜드의 스털링에서 즉위할 때 소년 왕 요아스(왕하 12장)에 관해 설교하였다. 1567년 12월 의회가 열렸을 때 낙스는 의회의 개회 설교를 하고 그 의회가 "앞으로 모든 왕들은 개신교 신앙을 유지하겠다는 서약을 의무화하고 아울러 교회 모임의 자유와 권한을 인정한 새로운 입법 조항을 지켜 보았다."[58] 낙스는 1572년

11월 24일에 사망하였다.

3.7. 낙스 이후의 스코틀랜드

낙스가 죽자 어린 왕 제임스 6세의 섭정이었던 모튼(Morton) 백작은 성공회식 감독주의를 소개하려 하였다. 모튼은 존 더글러스를 세인트앤드루스 대주교로 임명하고, 대주교로부터 많은 소득을 얻을 수 있다고 생각하였다. 국가가 강력히 통제하는 성공회식 주교들이 임직되기 시작하였다. 이들 고위 성직자들은 "툴칸(tulchan)의 감독들"로 불렸는데, 툴칸이란 게일어(Gaelic)로 "암소가 우유를 내게 하기 위해 사용하는 속을 채운 송아지 가죽(a stuffed calf-skin)을 의미한다."[59]

이러한 배도의 시기에 칼빈의 제자이며 낙스의 후계자로 앤드루 멜빌이 등장한다. 멜빌은 프랑스에서 신학을 공부하고, 제네바에서 칼빈의 도움을 받아 제네바 아카데미의 헬라어 강사가 되었다가 나중에는 시민법을 가르쳤다. 1574년 스코틀랜드로 돌아와 글래스고 대학교의

---

56) 리드, 『존 낙스의 생애와 사상』, 283-84. 원문은 다음과 같다. "And therefore it shall be profitable to your Majesty to consider what is the thing your Grace's subjects look to receive of your Majesty, and what it is that ye ought to do unto them by mutual contract. They are bound to you and that not but in God. Ye are bound to keep laws unto them. Ye crave of them service : they crave of your protection and defence against wicked doers. Now, Madam, of ye shall deny your duty unto them……think ye to receive full obedience of them? I fear Madam, ye shall not."

57) 낙스의 정부론에 관해서는 홍치모, 『칼빈과 낙스』의 제8장을 보라.

58) McNeill, 304.

59) Ibid., 305.

총장에, 1580년에는 세인트앤드루스 대학교 총장에 부임하였다.

그는 제네바식 교육 행정, 교과 과정, 교수법을 스코틀랜드에 소개하여 대학 교육 제도를 크게 개선하였을 뿐 아니라, 낙스의 제1치리서를 1578년 개정하여 『제2치리서』(The Second Book of Discipline)를 만들었다. 제2치리서는 감독 정치를 정면으로 부정하여 칼빈처럼 교회 직분을 장로와 집사로만 나누었다. 제2치리서는 1578년 스코틀랜드 장로교 총회에서 채택되었다.

장로교 교육을 받은 제임스 6세가 잉글랜드에서 제임스 1세로 즉위하자마자 잉글랜드의 청교도는 물론 스코틀랜드 장로교들을 박해하기 시작하였다. 제임스도 그의 어머니가 지지해 온 왕권 신수설을 신봉하고 있었다. 그러나 잉글랜드와 스코틀랜드의 장로교 대의 정치는 왕권 신수설을 받아들이지 않았다. 자연히 마찰은 일어날 수밖에 없었다. 멜빌은 제임스에게 이렇게 말했다:

제가 전에 여러 번 말씀드린 것과 같이 지금도 말씀드립니다. 스코틀랜드에는 두 개의 왕국이 있고, 두 명의 왕이 있습니다. 이 나라의 머리인 제임스 왕과 교회의 머리인 예수 그리스도입니다. 제임스 왕은 [그리스도]의 백성이요, [그리스도]의 왕국에서[는] 왕도, 주도, 머리도 아니고, 하나의 지체일 뿐입니다. 우리는 귀하를 왕으로 섬기며, 귀하에게 합당한 예의로 대할 것입니다. 그러나 귀하는 교회의 머리가 아닙니다.[60]

제임스는 멜빌을 런던탑에 4년 동안 가두었다가 잉글랜드에서 추방한다. 멜빌은 프랑스 세단(Sedan)에서 신학생들을 양육하다가 1622년 사망했다.

제임스의 사망(1625) 후 찰스 1세(재위 1625-49)가 통치하면서 스코틀랜드 교회는 더 힘든 수난을 맞는다. 찰스 1세는 스코틀랜드 교회에 성공회주의를 강요하고 1637년 7월 23일 장로교회를 폐지했다. 스코틀랜드인들은 이 처분에 봉기하여 장로교회 정치를 사수할 것을 결의했다.

이때에 알렉산더 헨더슨(Alexander Henderson)과 사무엘 러더퍼드(Samuel Rutherford)가 지도자로 부상하였다. 두 사람은 1643년 잉글랜드 런던에서 모인 웨스트민스터 총회에 스코틀랜드 감독관으로 참석하여 영향을 끼쳤다. 세인트앤드루스 대학의 신학교수인 러더퍼드는 낙스식 계약 사상을 가지고 있었다. 즉 "통치자는 하나님과 백성과의 이중 계약 아래 있다. 백성이 계약을 깰 때 법에 의하여 제재를 받는 것과 같이, 통치자도 백성과의 계약을 깰 때 법적 제재를" 받아야 한다.[61] 결국 찰스 1세는 잉글랜드 청교도와 스코틀랜드인의 연합 저항에 부딪혀 설 자리를 잃고, 1649년 1월 잉글랜드 의회군에게 붙잡혀 처형당한다.

올리버 크롬웰의 무단 정치가 끝나자 스코틀랜드인들은 네덜란드에 피신해 있는 찰스 2세(재위 1660-85)를 왕으로 옹립하였다. 잉글랜드

---

60) 오덕교, 『장로교회사』, 129.
61) Ibid., 131.

장로교도들도 찰스 2세가 장로교인들을 우대할 것으로 믿고 잉글랜드 왕으로 세우는 데 지대한 역할을 하였다. 그러나 찰스 2세는 이러한 기대를 모두 배반하고 장로교회의 신앙을 고백하는 수많은 계약파 성도들을 무참히 고문하고 살해하였다.

찰스 2세의 사후, 그의 동생인 제임스 2세가 왕이 되었다. 그는 잉글랜드와 스코틀랜드를 카톨릭화하려 했다. 그의 정책에 따라 나타난 저항은 신속했다. 1688년 명예 혁명으로 제임스 2세의 딸인 메리가 남편 윌리엄(William of Orange)과 같이 잉글랜드에 입성하였다. 네덜란드인 윌리엄은 이미 개혁주의자였다. 메리는 종교 관용령을 선포했다. 1690년 스코틀랜드 의회는 감독주의를 폐지하고 장로 정치를 유일한 그리스도 교회의 정부 형태로 승인했다.

4. 정리

낙스는 참으로 위대한 청교도였다. 1560년대 초에 청교도란 말은 성공회에 비타협적이란 뜻과 아울러 "까탈스럽고, 비판적이며, 기만적이고, 위선적인 작당"이란 의미를 가진 부정적으로 냉소적인 것이었다.[62] 아마 낙스의 삶과 사상은 이러한 개념 속에 들어갈 부분이 있을 것이다.

낙스는 스코틀랜드 섭정 여왕 기즈의 메리, 잉글랜드 여왕 메리 튜더와 엘리자베스 그리고 스코틀랜드 여왕 메리 스튜어트를 대할 때 잔혹하리만큼 냉정하고 까다롭게 굴었다. 연약한 여성들을 설득시키기보다는 그들의 약점을 드러내어 비판하고 정죄하였다. 어찌 보면 사내 대장부로서 옹졸하게 보여질 수도 있겠다. 낙스는 또한 많은 면에서 비타협적이었다. 그는 끝끝내 카톨릭과 성공회 제도를 따르지 않았다. 이위에 낙스는 무엇을 해도 서둘러 했다. "스코틀랜드의 신앙 고백서"를 4일 만에 완성하지 않았는가!

지금까지 분석한 낙스의 모습은 외형상으로 보면 모두 부정적으로 보인다. 그렇다고 이것이 낙스의 진면목일까? 낙스가 수행한 모든 것들을 보다 심사 숙고해서 연구해 보면 낙스의 약점이 오히려 장점이 된다.

---

62) 패커, "서문", 『라이큰, 청교도-이 세상의 성자들』, 7.

낙스는 오늘날 우리가 생각하는 것처럼 민주주의 시대에 살았던 인물이 아니다. 그는 종교 전쟁으로 폭풍우 치는 긴박한 사태의 연속선 속에서 살았다. 그는 여성의 부드러운 목소리, 애교와 눈웃음을 즐길 수 없었다. 순간 순간이 그에게는 생사의 갈림길이었기 때문이다. 낙스는 특별한 때에 특별히 쓰시는 하나님의 섭리 속에서 일해야 했다. 16세기 스코틀랜드에는 유순하고 말이 없는 사람보다 낙스와 같이 강하고, 엄하고, 용기 있는 사람이 필요했다. 영웅적이고 거센 사람, 그러면서도 하나님 한 분만 무서워하는 사람이 필요했다.

낙스는 하나님을 참으로 경외했다. 하나님의 말씀을 진정으로 사랑했다. 이러한 사랑이 그의 심장에 있었기에 그는 지칠 줄 모르고 열정에 불타서 일했다. 낙스는 스코틀랜드 종교 개혁을 지하운동으로부터 시작하였다. 만나는 사람마다 개혁을 설득시켜 자신의 동역자로 세워야 했다. 그는 차분히 합리적으로만 일할 수 없었다. 시민과 귀족들에게 헌신의 용기와 결단을 촉구할 때 그의 언어는 웅변적이 되었다. 지적이기보다 자주 감정적이 되었다는 말이다. 따라서 그의 행동 양식은 정적인 것보다 동적이었고, 또 이 동적인 행동 지침을 신약보다는 구약에서 많이 찾았다. 구약의 영웅들이 활동적이었기 때문이다.[63]

우리가 낙스를 평가할 때 그가 처했던 특수한 상황인 스코틀랜드 정

---

63) Reid, "John Calvin, John Knox, and the Scottish Reformation," *Calvinism*, 177-87.

치 및 종교 상황, 낙스의 신앙 및 교육 배경 그리고 그의 인간성을 주의 깊게 분석할 필요가 있겠다. 한마디로 낙스를 평하면, 그는 오직 하나님의 영광을 위해 모든 것을 드리고, 하나님 한 분만 두려워하며 살아간 위대한 "청교도의 창시자"라 할 것이다.

마지막으로 낙스의 유언과 운명 직전 그가 교회의 직분을 맡은 자들에게 준 권면을 들으면서 그의 생애를 정리해 보자:

[낙스의 유언]

하나님께서 나의 입을 통해 말씀하시기를 원하시거니와, 나는 사람들에게 명백하고 순수하게 그의 진리를 보여 주는 데 조금도 비겁하지 않았다.

나는 이를 오염시키지 않았으며, 속이지도 않았고, 없는 것을 상품으로 만들어 내지도 않았다. 단지 내게 주신 은혜의 능력 안에서 그의 진리를 공정하게 분담하여 가르치며, 예수 그리스도의 영화스런 복음을 오직 하나님의 영광을 위하여 기록하였다. 하나님께서 율법을 통해 밝히 보여 주신 바에 따라 거만한 자들의 오만을 꺾고, 이를 통해 하나님을 거스리는 그들의 반란을 폭로하였다. 또한 스스로의 죄악을 깨달았기에 괴로움을 겪고 있는 이들의 양심을 불러일으키며, 예수 그리스도를 소리 높여 선포하였으니, 믿는 이들의 가슴 속에 그분의 죽음의 능력과 부활의 장엄하신 역사를 선포하였다.

이는 오늘 이 시간까지 하나님 앞에서 나의 양심 속에 오직 한 가지 간증이니, 세상이 나를 향해 분노를 품은들 무슨 상관이랴.[64]

---

64) 리드, 『존 낙스의 생애와 사상』, 349. "I protest that God be my mouth, be I never-

[교회의 직분을 맡은 자들에게 주는 권면]

많은 이들이 내가 너무 엄격하고 극단적이라고 크게 불평해 왔으며, 또한 지금
도 불평하고 있는 사실을 잘 알고 있다. 그러나 하나님의 준엄한 심판을 외치는
그 순간에도 내 마음속에 그 비판받는 인간들을 미워하는 마음은 없었음을 하
나님께서는 알고 계신다. 단지 그 인간들이 범하고 있는 죄악을 침으로 증오하
고 혐오하였을 뿐이다. 그러나 어쨌든 이러한 사실들을 마음속에 간직하면서도
가능하다면 이들을 하나님 앞으로 인도하고자 하였다. 그러나 나를 부르시고 기
꺼이 은혜를 베푸시사 신비스런 복음을 전하는 일꾼으로 삼으신 하나님의 심판
자리 앞에 서게 될 때, 과연 그가 맡기신 사명을 어떻게 감당했는가 보고해야
한다는 사실을 깊이 깨닫고 있었다. 이러한 하나님께 대한 경외함이 너무도 컸
기에 전혀 인간들의 눈치를 살핌 없이 주께서 내게 명하시는 대로 너무도 담대
하게 외칠 수 있었다. 그러므로 하나님과 그분의 거룩한 천사들 앞에서 감히 고
백하노니, 나는 하나님 말씀을 인용하여 개인적 이익을 취한 일이 없으며, 인간
을 기쁘게 하고자 노력한 일도 없고, 나 개인의 정욕 혹은 다른 이들의 정욕을
만족시킨 일도 없으며, 단지 내게 허락하신 은사를 성실하게 사용하여 내가 감
독한 교회의 덕을 세우려고 노력하였을 뿐이다.[65]

---

64)- so abject, has shown to you his truth, in all simplicity. None I have
corrupted; None I have defrauded; merchandise have I not made; to God's glory
I write of the glorious evangel of Jesus Christ, but according to the measure of
the grace granted unto me, I have divided the sermon of truth in just parties;
beaten down the pride of the proud, in all that did declare their rebellion against
God, according as God in his law gives to that testimony; and raising up the
consciences troubled with the knowledge of their own sins, be the declaring of
Jesus Christ, the strength of his death, and the mighty operation of his
resurrection, in the heart of the faithful. Of this, I say, I have one testimony
this day in my conscience, before God; how that ever the world rage."

65) Ibid., 344-45. "I know that many have complained much and loudly, and do still complain of my too great severity; but God knows that my mind was always free hatred the persons of those against whom I denounced the heavy judgments of God. In the mean time, I cannot deny but that I felt the great abhorrence of the sin in which they indulged; still, however, keeping this as one thing in view, that if it were possible I might gain them to the Lord. But a certain reverential fear of my God who called me, and was pleased of his grace to make me a steward of divine mysteries, to whom I knew I must render an account, when I shall appear before his tribunal, of the manner in which I have discharged the embassy which he hate committed to me--had such a powerful effect as to make me utter so intrepidly whatever the Lord put into my mouth, without any respect of persons. Therefore, I profess before God and his holy angels, that I never made gain of the sacred word of God, that I never studied to please men, never indulged my own private passions or those of other, but faithfully distributed the talent entrusted to my care for the edification of the church over which I did watch."

낙스의 딸은 아버지의 임종 모습을 다음과 같이 전하였다. "정오쯤 되어서 아버지는 어머니에게 고린도전서 15장을 큰 소리로 읽어 달라고 하셨습니다. 그리고 자신의 영과 혼과 몸을 하나님께 부탁하면서 세 손가락으로 영과 혼과 몸을 표시했습니다. 오후 5시쯤 되었을 때 "내가 처음 닻을 내렸던 곳을 찾아서 읽으시오"라고 했습니다. 어머니가 요한복음 17장을 읽었습니다. 저녁 기도문을 10시쯤 읽었을 때 의사가 기도문을 들을 수 있는지 물어 보았습니다. 아버지는 "당신과 모든 사람들이 내가 그 기도문을 듣는 것처럼 듣게 해 달라고 하나님께 아뢰겠습니다. 저 하늘의 소리로 인하여 하나님을 찬미하나이다"라고 대답했습니다. 아버지는 짧게 "이제 때가 왔다"라고 덧붙였습니다. 이것이 아버지의 마지막 말입니다. 아버지가 이 세상을 떠나 저 세상으로 들어갈 때, 이 위대한 하나님의 용사가 들어가 영원한 "영광의 면류관"을 받았을 때 하늘의 나팔소리가 울려 퍼졌음에 틀림없습니다." 로이드 존스, 『청교도 신앙-그 기원과 계승자들』, 291.

- 제6장 -
청교도 신학

에드워드 6세 시대에 그 모습을 드러내기 시작한 청교도의 신학은 메리 튜더의 박해를 거치면서 다양한 특징을 나타내었다. "첫째, 청교도이므로 모두 개신교도였다. 카톨릭이 아니라는 것이 이 말에 노골적으로 나타나 있다. 둘째, 청교도는 자신이 국교회에 속해 있건 아니건, 잉글랜드 국교회의 종교 개혁이 미흡하고 불완전하며 앞으로 계속 수정되어야 된다는 데 동일한 생각을 가지고 있었다. 셋째, 청교도는 성경의 권위를 인정하고 평신도 지위 향상에 모두 깊은 관심을 가지고 있었다. 그러나 성경 해석과 성령 사역에 대해서는 다른 관점을 보였다. 넷째, 청교도는 훈련된 신앙생활과 고도의 윤리 생활을 주장했다."[1]

정준기는 『청교도인물사』에서 바우어(Jerald C. Brauer)와 콜린슨(Patrick Collinson), 그리고 레이크(Peter Lake)의 평가에 근거하여 청교도 신학의 양태를 교리적인 청교도, 복음적인 청교도, 신비적인 청교도, 그리고 합리적인 청교도로 구분하였다. 그렇지만 정준기는 교리적인 청교도를 진정한 청교도로 보았고, 합리성과 신비성을 강조한 청교도들은 "청교도 좌파"로 분명하게 구분하였다.[2] 즉 콜린슨(Patrick Collinson) 등의 학자들이 청교도 양태를 네 가지로 구분하였지만 그들이 구분한 "신비적인 청교도"와 "합리적인 청교도"는 주류 청교도로 볼 수 없다는 것이다. 그러면 청교도 본류인 교리적 청교도와 복음적 청교도에 대해 알아보자. 첫째, 복음적인 청교도(evangelical puritans). 복음적 청교도들의 신학과 교리는 교리적 청교도들과 유사하지만, 개인적 체험을 통한 하나님과의 관계성을 더 많이 강조했다는 차이점이 있다. 이렇게 개인적인 경건을 강조하다 보니 삶 속에서의 행위를 덜 강조함으로써 도덕폐기론(antinominalism)자들로 오해를 받았다. 성령 사역에 대해서는 교리적 청교도들이 모든 것을 성경에 비추어 검토해야 한다고 주장하였다면, "복음적 청교도들은 성경과 성령을 중요시했다."[3] 복음적 청교도들은 성경을 해석할 때 성령의 역할을 강조했고, 성경을 해석할 때의 성령의 권위를 매우 높게 생각했다.[4] 복음적인 청교도에는 "리처드 그린햄(Richard Greenham), 존 프레스턴(John Preston), 리처드 시브즈(Richard Sibbes), 그리고 토머스 굿윈

---

1) 정준기, 『청교도인물사』 (서울: 생명의말씀사, 2001), 56.

2) Ibid., 64.

3) Ibid., 60.

4) "However, they tended to place at least equal if not slightly greater importance on the role of the Spirit in making known the intent of scripture." Brauer, Ibid., 48. 이하의 Brauer의 영문은 정준기, 『청교도인물사』에서 그대로 인용했다.

(Thomas Goodwin) 등이다."[5] 이들 외에도 복음적인 청교도에는 존 오웬(John Owen)을 포함시킨다. 복음적인 청교도가 성령을 지나치게 강조하면 도덕폐기론자들로 오해를 받을 수 있지만 균형을 잡는다면 개혁주의 성경해석 신학의 정신을 가지고 있다고 볼 수 있다. 둘째, 교리적 청교도(monist puritans). 이들은 청교도들 중에서도 성경을 가장 강조한 사람들이다. 성경말씀에 기초한 회심 체험을 강조하였고, 성경 말씀에 순종하는 모습을 현실의 삶에서 보여주어야 한다고 강조했다. 종교개혁의 방법과 원리 역시 성경에 근거해야 함을 주장하였다.[6] "교리적 청교도들은 열심히 성경을 상고하여 교회 정치를 어떻게 구성, 조직, 운영해야 하는지 알게 되었다. 잉글랜드 초기 청교도들의 주류는 거의 이러한 청교도들로 구성되었다. 토머스 카트라이트(Thomas Cartwright), 존 필드(John Field), 월터 트래버스(Walter Travers)가 대표적인 사람들이다."[7] 교리적인 청교도들은 성경이 말하는 것만을 말해야 한다는 청교도 성경관의 특징을 가지고 있다.

그러면 콜린슨 등이 청교도란 이름을 붙였던 신비적 청교도와 합리적 청교도가 왜 쥬류 청교도일 수 없는지 알아보자. 첫째, 신비적 청교도(mystical puritans). 신비적 청교도들은 이성의 역할을 약화시키면서 성령 사역의 체험을 강조한다. 이들은 성령체험에 대한 해석 방법에 따라 전통적 신비주의자(the classical mystic)와 영적 신비주의자(the spirit mystic)로 나눌 수 있다. 전통적 신비주의자들은 초월적 경험을 일시적(transitory)이고 개인적(private)인 것으로 해석한다. 교회 생활에 충실하면서, "천상의 신랑과의 결혼, 성부 성자 성령을 보는 것, 넘치는 빛의 실제와 자신들과의 연합 등을" 강조한다.[8] 영적 신비주의자들은 성령 체험이 지속적(permanent)이라고 주장한다. "가시적인 조직, 기관, 교회에 비판적이"고, 전통적인 "기독교 기관들, 역사, 심지어 종교로서 기독교 그 자체에 대해서도 과격한 입장을 취한다."[9] 둘째, 합리적 청교도(rationalist puritans). 이들은 인간 이성의 능력을 강조한다. "인간 이성에는 하나님의 형상(imago Dei)이 그대로 남아 있기 때문에 인간을 인간되게 하며, 더 나아가서는 인간이 인간 이성을 사용하여 하나님과 영교할 수 있다고 주장한다. 이성을 만드신 분도 하나님이요, 주신 분도 하나님이니 이성이 핵이라는 것이다."[10] 합리적 청교도의 대표적인 인물들은 실낙원의 저자 존 밀턴(John Milton, 1608-74)과 유니테리안주의로 전향하여 유니테리언파의 아버지가 된

---

5) 정준기, 『청교도인물사』 (서울: 생명의말씀사, 2001), 61.

6) Patrick Collinson, *The Elizabethan Puritan Movement* (Berkeley, 1967). Peter Lake, *Moderate Puritans and the Elizabethan Church* (Cambridge, 1984). 정준기, 『청교도인물사』, 58-59.

7) Ibid., 46. A. Peel and Leland H. Carson, eds., *Cartwrightiana* (London, 1951), 33, 36-37, 127-30, 144-45. 정준기, 『청교도인물사』, 58-59.

8) "In their experience of union with the divine they employ the metaphors of the vision of God, of the overpowering reality of light, or a marriage of the soul with the heavenly bridegroom, or a vision of God the Father, Son, and Holy spirit which ravishes the imagination, the intellect, and the will." Ibid., 53.

9) "The mystical dimension of Puritan piety that did eventuate in a radical stance toward institution, history, and religion itself." Ibid., 56.

10) "When God created the cosmos, he built rationality into its core." Ibid., 50.

존 비들(John Biddle, 1615-62)이다. 존 밀턴의 "저술 특히 생애 마지막 책들인 실락원, 복락원, 투사 삼손 그리고 기독교 교리(Christian Doctrine)를 자세히 분석해 보면 그의 합리적 경건"이 나타나 있다.[11] "수평파(Levellers)로 알려진 과격파 청교도들은 헨리 오버튼(Henry Overton), 윌리엄 윌린(William Walwyn)같은 자들도 합리적 청교도로 알려져 있고, 존 비들은 나중에 유니테리안주의(Unitarianism)로 전향했다. 이들은 삼위일체를 부정했으니, 우리는 그를 신학적 의미에서 청교도라고 불러서는 안 될 것이다."[12]

본장의 서두에서 통해 잉글랜드 청교도들의 다양한 신학적인 색채와 포괄적인 구분을 시도하였으니 이제는 에드워드 6세부터 그 모습을 드러낸 후 1688년 명예혁명으로 그 투쟁의 역사가 종결된 청교도 운동 기간에 활동했던 잉글랜드 출신의 대표적인 세 명의 청교도 신학자들의 신학을 조망하여 청교도 신학의 특징을 좀 더 구체적으로 살펴보자.

---

11) 밀턴의 합리성과 역사성에 대한 연구는 다음 서적들을 보라. R. T. Fallon, *Captain or Colonel : The Soldier in Milton's Life and Art* (Columbia: University of Missouri Press, 1984). Christopher Kendrick, *Milton : A Study in Idealogy and Form* (New York: Methuen, 1986). David Lowenstein, *Milton and the Drama of History* (Cambridge: Cambridge University Press, 1990). Arthur E. Barker, *Milton and the Puritan Dilemma* (Toronto, 1942), 4장과 6장. Michael Lieb, *Poetics of the Holy* (Chapel Hill, 1981). Maurice Kelly, *The Great Argument* (Princeton, 1941).

12) 정준기, 『청교도인물사』, 64.

1. 존 후퍼

존 후퍼(John Hooper, 1495-1555)는 1495년 잉글랜드 서머셋셔 (Somersetshire)에서 태어났고, 옥스퍼드에서 공부했다. 옥스퍼드에서 공부하는 동안 대륙에서 불어오는 개혁의 바람을 신선한 충격으로 받으면서 성경 정신에 따른 종교개혁자의 모습을 형성하였을 것이다. 그는 옥스퍼드를 졸업한 후 헨리 8세가 1539년 6월에 제정한 신앙의 6개 조항 내용에 불만을 품었고, 이것이 계기가 되어 커버데일, 로저스, 그리고 리들리와 함께 대륙으로 쫓겨났다. 후퍼는 취리히(Zurich)에 도착하여 그곳에서 불링거(Bullinger)를 만나 그의 영향을 받았고, 그곳에서 가정을 꾸렸으며 히브리어도 공부하면서 청교도의 면모를 갖추어 갔다. 후퍼는 헨리 8세를 이어 에드워드 6세가 왕이 되자 철저한 종교개혁자가 되어 고국으로 돌아왔다.

1.1. 후퍼의 신학

청교도의 첫 번째 과제는 성공회의 교리를 개혁주의 교리를 완전하게 바꾸는 일이었다. 이 일을 위해서는 먼저 자신이 개혁주의 신학 정신으로 무장이 되어야 한다. 후퍼는 스위스에서 망명 생활을 하는 동안 불링거에게 받은 개혁주의를 품에 안고 잉글랜드로 돌아서 성공회를 향하여 교회론과 성경의 우위성을 강조하는 개혁주의 교리를 주장하였다. 잉글랜드가 비록 헨리 8세의 지극히 개인적이고 정치적인 이유로 종교개혁이 이루어졌지만 에드워드 6세가 통치하는 기간에도 카톨릭의 교리가 여전히 힘을 발휘하고 있었기 때문이다:

그리스도의 왕국은 영적인 것이다. 이 세상의 왕이나 교황은 지배하지 못한다. 오직 그리스도만이 교회의 통치자이시며, 유일한 입법자(Lawgiver)이시다. ... 하나님은 그의 교회와 교회에 속해 있는 모든 사람들을 하나님의 말씀에 귀속시키셨다. 그것이 사람의 이름이나 사람들의 구호 아래 또는 사제들의 일상적인 계승 아래 귀속되어 있지 않다. 어느 누구도 성경 속에 포함 된 교리를 넘어서 가르침을 주는 감독이나 사제들에게 귀를 기울여서는 안 된다. ... 그리스도와 그의 사도들을 학문의 박사들과 유식한 자들의 언로가 되도록 하라. 그대들은 당신들을 성경에 의해 가르친 교회에 온전히 의탁하라.[13)

후퍼는 교회론과 성경의 우성을 강조한 후 지속적인 문제를 야기하고 있는 성찬론과 제단에 대한 개혁주의 신학을 강하게 피력하였다:

만약 성직자가 떡과 포도주와 제단 그리고 한 쌍의 제단보를 가지고 있다면 그가 그것들 이외의 어떤 것에도 신경을 쓰지 않게 하며 다른 아무 것도 구하지 않게 하고, 그것들은 그리스도에 의해 되어진 것이 아니라는 사실을 알게 하라. ... 고귀한 신본의 왕자와 제왕들 혹은 행정관들이 하나님의 말씀에 어긋나게, 마귀와 그의 사역자들로부터 양초나 법의, 십자가와 제단과 같은 그들의 물건이나 보물들을 보유하고 간직한다는 것은 대단히 수치스러운 일이다. 만약 떡과 포도주, 제단 그리고 한 쌍의 제단보가 교회에서 별다르지 않은 것들로서 간수

된다면 마침내 그것들은 필요한 것으로 유지될 것이다.[14]

에드워드 6세 시대인 1549년에 만들어진 『제1기도서』 내용에 기록된 성만찬 신학에 대해 후퍼는 다음과 같이 자신의 상한 감정을 드러내었다:

> 나는 그 책에 너무나 감정을 상했기 때문에 그리고 다른 많은 이유가 있기 때문에, 만약 그것이 바로 잡혀지지 않는다면, 나는 성만찬을 주관하는 교회와 교류를 갖지도 않을 것이며, 가질 수도 없는 것이다.[15]

후퍼가 자신의 개혁주의 신학을 에드워드 6세 시대 잉글랜드에서 이처럼 강하게 주장한 것을 생각할 때, 만약 그가 글로체스터 감독직을 거절했다면, 그리고 법의 착용을 끝까지 거부하였다면 후대 학자들은 존 낙스가 아니라 그를 "청교도의 아버지"로 부르는데 모두 동의할 수 있었을 것이다.

1.2. 청교도적 실천

지정한 청교도는 머리로 개혁주의 교리를 말하는 사람이 아니라 그 교리를 실천함으로써 행동으로 보여주는 사람이다. 후퍼는 교리에서뿐

---

13) 제임스 헤론, 『청교도 역사』, 박영호 역 (서울: 기독교문서선교회, 1996), 63.

14) Ibid., 64.

15) Ibid.

만 아니라 태도 면에서도 청교도의 면모를 보여주었다.

그는 1550년 5월 클로체스터의 주교로 임명되었고, 그 직분을 순수하게 받아들였을 때까지만 하더라도 그가 과연 진정한 청교도인지 의심이 간다. 그러나 이러한 의심은 그가 성직수여식에서 카톨릭적 의복을 착용하는 것을 반대함으로써 말끔히 사라졌다. 교황적 법의는 중백의로서 소매 없는 검은 법의였고, 그 밑에 흰 법의를 받쳐 입었고, 사각형 모자를 썼다. 이러한 법의를 입는 것이 성경적인가 아닌가는 오늘날에는 그리 중요하게 보이지 않을지 모르지만 당시에는 카톨릭의 정신이 묻어 있었기 때문에 종교개혁자들에게는 그러한 의복을 착용하는 것은 카톨릭으로 돌아가는 것처럼 끔찍하게 느껴졌을 것이다. 그래서 후퍼는 국왕에게 주교 임명을 취소해 주든지, 아니면 법의를 입는 의식을 제외시켜 주기를 호소했고, 왕은 그의 청원을 허락했다. 그러나 크랜머는 법을 변경해야 의복을 불착이 가능하다는 입장을 고수했고, 리들리는 "법의를 없애는 것에 반대하는 『신성한 고백과 항의』(A Godly Confession and Protestation)를 출판"했다. 후퍼의 왕의 허락에도 불구하고 법의 착용을 반대한다는 이유로 수감되자 굴복하고 법의를 입었다. 그리고 이러한 후퍼의 태도는 매이트랜드(Maitland나 로리머(Lorimer)의 주장에도 불구하고 그를 청교도의 아버지가 될 수 없게 만든다.[16]

---

16) 마틴 로이드 존스, 『청교도 신앙과 그 기원과 계승자들』, 서문강 옮김 (서울: 생명의말씀사, 2005), 379-82. 제임스 헤론, 『청교도 역사』, 64.

2. 윌리엄 퍼킨스[17]

필자를 비롯하여 청교도의 아버지(Father of Puritans)는 존 낙스다고 말하는 학자들이 많이 있다. 그런데 존 후퍼와 함께 윌리엄 퍼킨스가 청교도의 아버지 자리에 앉아야 한다고 주장하는 학자들이 있다. 퍼킨스가 청교도 신학과 신학의 방향을 결정적으로 제시했다는 것과 청교도가 본격적으로 활동한 것이 엘리자베스 1세 시대였다는 것이 그 이유이다. 필자는 그럴지라도 청교도 운동은 에드워드 6세 때부터 뚜렷한 활동을 나타냈고, 칼빈의 영향을 받은 존 낙스가 에드워드 6세의 궁정목사로 섬기면서 청교도 운동의 특징인 "정신과 태도"란 두 가지 면을 분명하게 보여주었음을 전술한 바 있다. 그래서 윌리엄 퍼킨스는 청교도 신학을 체계적으로 정리한 위대한 학자 자리에 앉히는 것이 더 어울린다. 본장은 퍼킨스의 신학이 무엇인지 그의 저서 『기독교의 기본원리』를 통해 살피고, 브라우어(Brauer)가 파악한 청교도 신학의 특징을 소개함으로써 청교도 신학을 알아볼 것이다.

2.1. 퍼킨스의 생애

윌리엄 퍼킨스(William Perkins, 1558-1602)는 1558년 왓톤(Warton)에서 태어나 1577년에 케임브리지의 그리스도 대학에 입학하

---

17) 윌리엄 퍼킨스, 『기독교의 기본원리』 (*The Foundation of Christian Religion*), 김홍만 옮김 (서울: 지평서원, 2012).

여 자비로 공부한 후 1581년 문학사 학위를 받았고, 1584년에는 문학 석사 학위를 받았다. 그는 대학에 다니던 시절에 강력한 회심을 경험한 이후, 로렌스 채더턴(Laurene Chaderton)과 리차드 그린햄(Richard Greenham), 리차드 로저스(Richard Rogers)의 대열에 합류하였다.[18] 그는 1584년부터 1602년까지 케임브리지의 성 앤드류교회(St. Andrew Church)에서 설교자로 일하면서, 동시에 1584년부터 1595년까지 케임브리지의 그리스도 대학에서 연구 교수로 봉직하였다. 엘리자베스 여왕 시대에 일어난 청교도 운동의 설계가였던 그는 신장 결석으로 고생하다가 1602년 44세의 나이로 이 세상을 떠났다. 그러나 그의 작품들은 수많은 청교도들에게 영향을 주었으며, 특히 청교도 신학과 회심 신학의 방향을 제시하는 결정적인 역할을 감당하였다.[19]

2.2. 퍼킨스의 기본 신학

퍼킨스는 『기독교의 기본원리』(The Foundation of Christian Religion)에서 기독교 신학의 기본 원리 6가지를 1부와 2부로 나누어서 설명한다. 1부는 6가지의 기본 원리의 중요한 내용만 간추려서 설명했고, 2부에서는 1부에서 다룬 기본 원리를 구체적으로 설명하였다. 퍼킨스가 2부에서 소개하는 기독교 기본원리는 약 반 세기 후에 웨스트민스터 총회에서 만들어 낸 대소요리문답의 전형을 보여주고 있다. 웨스트민스터 총회가 만들어 낸 대요리문답은 196개의 질문과 답으로 구성되어 있고, 소요리문답은 107개의 질문과 답변으로 구성되어 있는 것처럼 퍼킨스의 기독교 "기본 원리에 대한 질문과 대답"은 133개로 구성되어 있다. 이 중 "구원에 관한 지식"이 46개로 약 삼분의 1일의 분량을 차지하고 있는 것을 보면, 퍼킨스는 로마 카톨릭의 구원론에 대한 잘못 된 가르침을 수정하기 위해 심혈을 기울였음을 알 수 있다.[20]

2. 2. 1. 신론

퍼킨스는 "제1원리 하나님"이란 제목으로 신론을 말한다. 하나님은 한 분이시고, 모든 것을 지으신 창조주이시며, 창조하신 후 피조물을 다스리고 계심을 분명하게 가르친다. 삼위일체에 대해서는 "하나님은 아버지와 아들과 성령으로 구별된다."고 말하여 앞에서 언급한 하나님은 한 분이시라는 가르침과 함께 단일신론이나 삼신론을 배격한다.

---

18) "그가 어렸을 때에 학자적인 기질이 엿보였으나 그의 성격은 거칠고 험하였다. 그가 음주와 불경스러운 언행에 탐닉하였는데 어느 날 한 여인이 자기 자식에게 다음과 같이 말하는 것을 듣게 되었다. "입 다물어, 아니면 저기 주정뱅이 '퍼킨스'에게 데려 갈 거야." 그는 자신이 세상에서 조롱거리가 되고 있는 것을 발견한 뒤에 마음에 충격을 받고 반성하여 하나님의 자녀로 변화되었다." 박영호, 『청교도 실천신학』 (서울: 기독교문서선교회, 2005), 190.

19) "저자 소개," Ibid.

20) 퍼킨스의 주요작품은 『기독교의 기본원리』(*The Foundation of Christian Religion*)외에 "금사슬 이론, 기도, 금식, 예배, 절제, 성례에의 참여, 병든 육신의 치료, 서약, 맹세, 검약, 자비, 관용 들의 규칙을 제시한 3권으로 된 『양심의 문제들』(Cases of Conscience)"이 있다. 그리고 "『퍼킨스의 사역』이라는 3권의 책에 그의 논문들이 모두 담겨져 있다." 박영호, 『청교도 실천신학』 (서울: 기독교문서선교회,

2. 2. 2. 인죄론

퍼킨스의 인죄론은 "제2원리 사람"에서 피력하였다. 모든 사람은 아담이 범죄함으로써 타락한 그의 타락 안에서 부패되었음을 강조한다. 사람이 죄로 인해 부패함으로써 사탄의 지배를 받는 사탄의 종이 되었고, 그로인해 영원한 정죄를 받는 상태에 놓이게 되었다고 가르친다.

2. 2. 3. 기독론

퍼킨스의 기독론은 "제3원리 그리스도"에 잘 나타나 있다. 부패한 인간이 영원한 정죄에서 해방될 수 있는 방법은 하나님의 영원한 아들이신 그리스도가 인간으로 오셔서 죽으심으로 가능하다고 가르친다. 그리스도는 자신의 의로움으로써 홀로 인류의 구원을 위해 필요한 모든 것을 완전하게 이루셨다고 강조한다. 그리스도는 하나님이시며 동시에 사람이심을 강조하여 그리스도의 인성과 신성에 대한 정통 교리를 가르친다.

2. 2. 4. 구원론

퍼킨스의 구원론 신학은 "제4원리 구원"이란 제목을 통해 말하고 있다. 구원은 오직 믿음으로 가능함을 강조한다. 자신의 죄를 통회 자복하는 것은 믿음으로 가능하며, 믿음으로 그리스도의 은혜를 깨달을 수 있다고 가르친다. 믿음으로 하나님 앞에서 의롭다하심을 받고 거룩하게 될 수 있을 가르침으로써 종교개혁자들의 이신칭의(以信稱義) 교리를 그대로 수용하고 있다.

2. 2. 5. 은혜론

퍼킨스의 은혜론은 "제5원리 은혜의 수단"에 나타난다. 은혜의 수
단은 말씀과 기도와 성례라고 가르친다. 성경은 인간의 책이 아니라
하나님의 말씀을 확신하면서 말씀을 듣는 데서 믿음이 시작되고 말씀
을 듣는 데서 믿음이 증가한다고 했다. 또한 믿음은 기도를 통해 증가
되고 성례를 통해서도 증가됨을 강조한다. 그리고 성례는 세례와 성찬
두 요소로 구성되어 있다고 함으로써 개혁주의 성례관을 분명히 보여
주었다. 세례는 물을 뿌리는 것과 물에 잠기는 것을 모두 수용하였다.
성찬예식에서 받는 떡과 포도주는 언약의 표식이며 상징으로써 받는
사람의 영혼을 보존하고 힘을 준다고 했다. 성찬은 영혼을 자라게 한
다는 것은 그가 칼빈의 영적임재설이 가장 성경적이라고 믿었다는 증
거이다.

2. 2. 6. 종말론

퍼킨스은 자신의 종말론 신학을 "제6원리 종말"이란 제하에서 설명
하였다. 모든 사람은 육체로 죽은 후 부활할 때는 그 자신의 몸을 가지
고 부활하여 마지막 심판대 앞에 선다고 가르친다. 심판 후에 경건한 사
람은 하나님의 나라를 소유하며, 불신자들과 하나님께서 버리신(유기)
자들은 지옥에서 영원히 고통을 받게 된다고 강조했다. 퍼킨스는 종말

론에서 '버림받음,' 다르게 표현하자면 '유기'라는 용어를 사용하여 선택과 유기라는 칼빈의 이중 예정론을 수용하였음을 보여주고 있다.

끝으로 퍼킨스의 예정론 이해 과정을 살펴보자. 퍼킨스는 학생시절에 칼빈의 예정론에 심한 반감을 느낀 적이 있었다. 그는 "태초부터 시작하면서 내가 예정을 받았는지 안 받았는지 모르기 때문에 불병공하다."고 생각했다. 그러나 수감자들에게 복음을 전하면서 예정론을 확신하게 되었다. 퍼킨스는 "믿는 순간에 복음을 받아들이겠다고 결단한 것 같으나 믿고 보니 성령이 역사를 하신 것"을 깨닫게 되었다.[21] 칼빈주의와 17, 18세기에 일어난 "복음주의 운동" 그리고 20세기 일어난 "온건한 복음주의"의 차이점은 복음주의는 칼빈주의가 강조하는 이중 예정론, 성례의 중요성, 그리고 권징 등을 강조하지 않는다는 것이다.

---

21) 박영호, 『청교도 실천신학』, 191.
22) 제임스 패커, 『청교도 사상』, 박영호 역 (서울: 기독교문서선교회, 2001), 265-66. 박영호, 『청교도 실천신학』, 198-200. 김성천.정준기, 『근세 현대 교회사』 (서울: 기쁨마당, 2013), 109-112.

3. 존 오웬

3.1. 오웬의 생애

패커(J. I. Packer)는 존 오웬(John Owen, 1616-1683)이 "영적 거인들의 시대에 살았는데, 그는 그들 모두를 능가하는 사람"이라고 했다. 이것은 오웬이 청교도에서 차지하는 중요성과 영향력이 지대했다는 의미이다.

오웬의 부친은 옥스퍼드의 스트라드햄프톤(Stradhampton)에서 목회하는 시골교회 목사였다. 그는 운동 좋아했고, 많은 책을 읽었다. 12살에 옥스퍼드 퀸스대학(Queen's College)에 입학하여 문학사(B. A. 1632년), 문학석사(M. A. 1635년)가 되었다. 그의 결혼 생활은 자녀들이 11명의 자녀 중 10명을 어린 시절에 잃은 것을 보면 그리 행복했다고 볼 수 없다.

오웬은 신학자요 저술가요 설교가였다. 이것은 그의 작품이 전집으로 25권으로 나와 있으며, 매주 많은 성도들에게 설교했다는 것으로 알 수 있다. 에섹스(Essex)의 포드햄 교회, 그리고 아일랜드와 스코틀랜드에서 목회했고, 크롬웰의 전속 목사직과 옥스퍼드 대학의 총장 및 옥스퍼드 내에 설립된 그리스도교회(Christ Church. Oxford)를 섬기기도 했다. 1660년 철스 2세가 잉글랜드 왕이 되면서 왕정이 회복되자 더 이상 목회 일을 할 수 없었다. 찰스 2세는 오웬의 높은 학식과 조합교회의 지도자로써 많은 사람이 그를 존경하고 있음을 감안하여 수감하지 못했다.[22]

오웬이 남긴 대표적인 작품은 『성령의 인격과 사역』(The person and Work of the Holy Spirit), 『그리스도의 영광』(The Glory of Christ), 『그리스도의 죽음 안에서의 죽음의 종식』(The death of death in of Christ) 등이 있다. 이러한 그의 작품에는 개혁주의 신학이 고스란히 담겨 있다.[23] 오웬은 천식과 담석으로 몇 년 동안 고생하다가 1683년 67세의 나이에 사망하여 런던의 번힐 필드에 묻혔다. 다음은 빈힐 필드의 오웬 무덤 앞에 세워진 비문 내용이다:

옥스퍼드주에서 저명한 신학자의 아들로 태어난 존 오웬은 그 자신이 보다 더 저명한 인물로서 이 시대의 가장 저명한 인물들 중에 마땅히 들어가야 한다. 그는 비범한 분량의 공인된 인간으로서 학문적 자원들을 갖추고 그 모든 자원들을 신학에 공헌하는 데 마치 잘 배치된 하녀들처럼 사용하였다. 그의 신학은 논쟁적이고 실제적인 것으로 소위 결의론적이라고 칭해지는 것이었는데 이 모든 특성은 타인의 것이 아니라 독특하게 그 자신의 것이었다.

그는 논쟁 신학에 있어 헤라클레스(Herculean) 이상의 힘을 가지고 세 마리의 독사들, 곧 알미니안, 소시니안 그리고 카톨릭의 목을 졸랐다.

실천 신학에 있어서 그는 말씀의 규칙에 따라 자신의 심령으로 먼저 경험한 성령의 온전한 활동을 타인들에게 제시했다. 그리고 다른 무엇보다 그는 하나님과의 복된 교제를 실천적으로 개발하고 실현하여 그에 대해 기술하였다. 그는 땅

23) Ibid.
24) 제임스 패커, 『청교도 사상』, 266-67.
25) 박영호, 『청교도 실천신학』, 200.

에 있으면서 하늘에 있는 사람같이 하나님을 파악한 여행자였다.

결의론에 있어 그는 모든 면으로 교육을 받은 이 복음 진리의 교결한 등불은 개인적으로 많은 사람들에게 빛을 비추었고 강단에서 더 많은 사람들에게 그리고 인쇄된 저술들로 모든 사람들에게 빛을 비추며 모든 사람들에게 동일한 목표를 지시하였다. 이 빛을 비추이는 데 그는 자신과 타인들이 인정하는 바와 같이 자신의 힘을 쇠진하기까지 낭비하였다. 그의 거룩한 영혼은 하나님을 향유하기를 더 바람으로 그의 한때는 건강했으나 빈번한 질병에 의해 공격을 받고 무엇보다 힘들 일로 인해 지쳐 더 이상 하나님을 섬기기에 적합한 도구가 되지 못하는 육체의 잔재를 남기고 1683년 8월 24일 세상을 떠났다. 그는 한창 때에 세상의 능력들로 많은 사람들을 두려워 떨게 하였으나 이제 그 자신이 하나님의 능력으로 말미암아 행복하게 되었다. 그의 나이는 67세였다.[24]

존 오웬이 임종 시에 남긴 "나는 이제 내 영혼이 사랑해 온 그분, 아니 내 모든 위로의 온전한 바탕이신 영원한 사랑으로 나를 사랑해 주신 그분께 가노라. 여행길이 매우 지루하고 피곤하구나."는 말은 우리에게 인생은 나그네의 삶이란 점을 상기시켜주고 있다.[25]

3.2. 오웬의 신학

존 오웬의 신학은 결혼부터 말하자면 칼빈주의 개혁신학이며, 전형적인 청교도 신학이다. 과연 그런지 그의 성경관과 구원관을 통해 알아보자.

3.2.1. 성경관

존 오웬의 성경관은 19세기에 만들어진 용어를 사용하자면 구약과 신약 성경 모두 유기적으로 완전하게 축자 영감되었다는 것을 믿는 성경관이다. 또한 성경은 계시된 하나님의 말씀인데 하나님은 성경을 기록하게 하신 후에는 "새로운 진리에 대한 개인적인 계시의 필요성을 없게 하셨다."고 했다.[26] 성경은 기록자들이 성령으로 영감되어 기록했다는 것에 대해 다음과 같이 말했다:

그들(예언자들)로 하여금 성령 자신께서 그들에게 역사하시는 감동을 받도록 준비시키셨고 그 감동을 잊지 않도록 그들의 기억을 굳게 하셨다. 성령께서는 인간들의 기능들을 친히 활동시키심으로 그들이 자신들의 생각을 표현하지 않고 성경의 말씀들을 표현하도록 사용하신다.[27]

그러므로 성경은 비록 사람이 그 시대의 언어로 기록하였지만 성경의 궁극적인 저자는 하나님이시라고 했다:

그들이 알린 율법, 그들이 전한 교리들, 그들이 준 교훈들, 그들이 기록한 역사들, 그들이 발표하고 계시한 그리스도에 대한 약속들, 복음 시대에 대한 약속들은 그들 자신의 것이 아니었고, 그들이 생각한 것이 아니었고, 그들의 이론으로 형성된 것이 아니었고, 그들이 들었던 바의 기억 속에 간직된 것이 아니었고, 전에 그들이 이해한 것도 아니다(벧전 1:10, 11). 그 모든 것은 하나님으로부터 직접 나온 것이었다. 그 내용들의 수용에 있어 그들의 이성적 능력들은 단지 수

동적인 협력을 하였을 뿐이다.[28]

　오웬의 성경관은 '모든 신적인 계시들의 직접적인 장본인'은 성령
이라고 말하는 그의 계시신학에서도 나타난다. 이러한 계시관은 성령
께서 성경의 저자이시며 그러므로 성경은 모든 시대의 하나님의 말씀
이라고 강조한다.[29] 오웬은 "성경의 목적은 사람의 마음 속에 하나님에
대한 믿음과 경외와 순종과 경의를 생기게 하는 것이다."면서 "이 목적
을 위해 모든 진리는 성경에 마땅히 배치되어야 하는 대로 배치되어 있
다. ... 성경이 주어진 목적은 우리를 겸손하고 거룩하고, 신령한 일들
에 있어 지혜롭게 하고, 우리의 의무들을 지시하고 우리를 유혹들에게
서 건지고, 환난에서 우리를 위로하고 우리로 하나님을 사랑하고, 하나
님을 위해 살게 하기 위함이다. ... 이 경험을 해보지 않은 사람은 성경
의 하나님의 능력에 대해 이방인이다. ... 때로 성경의 어떤 이야기의
한 구절, 한 단어, 또는 한 표현이 한 권의 박식한 토론보다 우리 영혼
에 믿음과 사랑을 불러일으키는 데 더 많은 공헌을 한다."고 했다.[30]

---

26) 제임스 패커, 115.

27) Ibid., 116.

28) Ibid., 117.

29) Ibid., 114. 118.

30) Ibid., 128

3.2.2. 구원관

존 오헨의 구원관은 알미니안주의자들이 주장하는 보편적 대속을 거부하고 그리스도의 제한속제를 믿는 신학이다. 존 오웬이 태어난 지 3년이 지났을 때(1618년) 네덜란드 도르트에서는 중요한 종교회의가 개최되었다. 알미니안주의자들이 칼빈주의 예정론의 잘못을 지적하면서 주장한 다섯 가지 교리를 반박하는 교리를 채택하기 위해서였다.

알미니안주의자들은 두 가지 원리를 주장했다. 첫째, "성경이 믿음을 자유롭고 책임 있는 인간의 행동으로 간주하므로 믿음은 하나님에 의해 기인될 수 없고 하나님과 독립적으로 행사"된다. 둘째, "성경이 믿음을, 복음을 듣는 모든 사람 쪽의 의무로 간주하므로 믿는 능력은 보편적이어야 한다."[31] 알미안주의자들은 이 두 가지 원리에 기초해서 인간의 구원에 대한 그들의 입장 다섯 가지를 정리하였다.

1) 인간은 죄로 인해 완전하게 부패한 것은 아니다.
2) 인간은 언제나 하나님에 의해 지배를 받으므로 복음을 거절할 수 없다.
3) 하나님이 구원받은 자들을 택하신 것은 그들이 믿을 것을 이미 아셨기 때문이다(예지예정론).
4) 그리스도의 죽으심이 행한 것은 누구든지 믿기만 하면 구원 얻을 가능성을 창조한 것이다.
5) 믿음을 유지하는 것은 인간 자신의 의지에 달려 있다.[32]

---

31) Ibid., 173.
32) Ibid.

1618년부터 1619년에 개최된 도르트 종교회의는 알미니안주의자들의 구원관의 오류를 바로 잡기 위해 인간의 구원에 대해 다섯 가지를 만들었다. 인간의 전적부패(Total Depravity), 무조건적 선택(Unconditional election), 제한적 속죄(Limited atonement), 불가항력적 은혜(Irresistable grace), 성도의 견인(Preservation of the saints), TULIP(튤립)이 그것이다. 도르트 종교회의가 만들어 낸 칼빈주의 5대 교리는 칼빈주의 전체를 말하려는 것이 아니라 칼빈의 예정론과 관련한 인간의 구원관 교리를 확고히 하는 데 있었다.

존 오웬은 이 중에서도 인간의 보편구원론과 예수님의 대속의 죽으심에 대해서 구체적으로 설명하였다. 그러면서 성경이 말씀하는 구원을 네 가지로 정리하였다:

1) 모든 인간들은 죄인이고 자신을 구원하기 위해 아무 것도 할 수 없다.
2) 하나님의 아들 예수 그리스도께서는 죄인들 심지어 가장 약한 죄인들까지도 위한 완전한 구주이시다.
3) 성부와 성자께서는 스스로를 죄인으로 알고 그리스도를 구주로 믿는 모든 자들은 은총 가운데 받아들여지고 아무도 버림을 받지 않을 것이라고 약속하셨다—이 약속은 본질적으로 그리스도의 헌신의 차고 넘치는 충족함에 기초된 확실하고 무오한 진리이며 여기에 의도된(다소 간에) 모든 자를 위한 것이다.
4) 하나님께서는 회개와 믿음을 의무 사항으로 만드셨다. 복음을 믿는 모든 자

는 복음의 약속 안에서 완전히 충분하신 구주이신 그리스도에게 영혼을 진정으로 완전하게 의뢰함으로 그리스도로 말미암아 하나님께로 나아오는 자는 완전히 구원 받을 수 있게 된다. 그리스도의 보혈과 충분힌 속죄를 통해 자신들을 그리스도께 거리낌 없이 맡기는 모든 영혼을 하나님께서는 언제든지 기꺼이 구원하실 수 있다.[33]

존 오웬은 그리스도인의 열매 맺는 삶을 중요하게 생각했다. 그래서 그리스도인이 열매 맺는 삶을 사는 것이 중요한 의무임을 강조했다. 그러나 이러한 의무는 구원 얻는 믿음이 있기 전에는 성립되지 않는다고 했다. 이 외에도 오웬은 성화론, 성령의 은사론 등에 대해서도 청교도 신학을 체계적으로 설명하였다.[34]

3.2.3. 죄의 죽임

오웬은 죄를 죽인다는 것은 영혼에 존재하는 죄의 성향을 약화시키는 것을 의미한다. 그리고 이것을 성화와 연결시키고 있다. 오웬이 말하는 성화는 이 땅에서의 완전한 성화를 의미하는 것이 아니다. 인간이 육신적인 삶을 사는 동안에는 마음 속에 내재해 있는 죄가 완전하게 죽지 않기 때문이다. 오웬은 인간이 죄를 죽임으로써 성화를 이루어 가는 것이며, 하나님의 형상을 회복해 가는 것으로 이해하였다.[35]

오웬이 죄의 죽임을 강조하면서 성화의 삶과 하나님 형상의 회복을 말한 것은 이신칭의 교리를 넘어서 생활 속의 복음적 열매를 강조한 칼빈주의 개혁신학자로서의 면모를 보여주었다고 볼 수 있다. 이것은 복음적 청교도들의 특징이기도 했다. 개혁주의자들이 믿음의 행위를 중요하게 생각했다는 것은 교회의 표지에 신실한 권징의 시행을 포함시킨 데서 알 수 있다.

윌리엄 퍼킨스에 이어 존 오웬은 칼빈주의 청교도 신학을 잉글랜드에 뿌리 내리는 데 크게 공헌하였고, 그 후에 일어난 자유주의 신학, 이성주의 등의 공격을 방어하는 튼튼한 방어벽 역할을 하고 있다.

---

33) Ibid., 190-91.

34) 존 오웬의 신학을 전반적으로 살피는 것은 본장의 목적이 아니다. 그의 신학은 『죽음의 종식』(*The Death of Death*) 등 그의 작품에 잘 나타나 있다.

35) 김남준, 『존 오웬의 신학』(서울: 부흥과개혁사, 2011), 149-68.

– 제7장 –
청교도의 신앙과 생활[1]

1. 하나님 주권사상

청교도들은 거의 모두가 칼빈주의자들이었다. 물론 분리파 중에 알미니안주의나 퀘이커파 같은 자들도 간혹 광의의 청교도 범주에 들어갈 때도 있으나 엄밀한 신학사상으로 들어가면 칼빈주의 장로교인, 특수파 침례교인, 국교회 내부의 회중교인으로 축소해서 잉글랜드 청교도라 말해야 할 것이다. 이들이 잉글랜드 청교도 각성 운동의 주류이기 때문이다.

칼빈주의 중에서 가장 뚜렷한 신학 사상의 하나가 하나님의 주권사상이다.[2] 하나님이 이 세계와 우주 삼라만상과 인간과 동식물을 그의 절대 주권 하에 다스린다는 사실이다. 따라서 인간은 하나님만을 경외하고 그의 뜻을 따라 그에게 영광을 돌리는 생애를 살아야 되는 것이다. 인간은 기도와 하나님이 계시해 주신 말씀인 성경을 통해 하나님과 직접적인 관계성을 맺으며 하나님이 그에게 무엇을 요구하시는 가를 깨닫게 된다. 성경은 칼빈주의자에게는 가장 중요한 보물이요 영적 생활의 무기가 되는 것이다. 성경이 말하지 아니한 것은 모두 상대화(relativization)시켜 볼 수 있다는 말이다. 얼른 들으면 칼빈주의자 청교도들은 무식하고 옹졸하며 기계적인 삶을 칼빈주의라는 상자(box)에 갇혀 자유 의지나 감정을 발산할 수 없는 죄수 같이 보일지 모른다. 그러나 외면적으로 어떻게 보이든 간에 이들이 신봉하는 신학사상 안에는 무진장한 영적 폭발력이 잠재하고 있다. 고집스러운 전통 속에 묶여 곰팡이 냄새를 풍긴다고 비난하는 자가 있을지 모르나 이 신학사상은 급변하는 사회에서도 얼마든지 순발성을 발휘하며 적응하는 탄력소가 있다. 하나님께만 영광을 돌리니 세상 통치권자나 법률이나 제도나 관습도 하나님께 영광을 돌리지 못하는 경우 개정되거나 변화 되어야 한다. 변화에 대항하거나 반항하면 때로는 하나님의 법도와 율례에 따라 징계될 수 있다는 놀라운 신학사상이다. 바로 이 신학사상이 잉글랜드 청교도 개인과 그들의 모임인 교회와 그들의 일터인 사회에서 변혁세력으로써 고루한 옛 습관과 전통에 개혁의 손길을 뻗친 것이다. 이들은 카톨릭과 성공회의 "옛 빛"(old light)을 무력화 시키고 새로운 문화 창달의 기수로써 "새 빛"(new light)이 되었다. 왕과 귀족, 봉건주의,

---

1) 본장은 『미국 대 각성운동』의 저자 정준기 박사님의 허락으로 "제1장 영국청교도 각성운동" 중 "Ⅶ. 영국 청교도 각성운동" 전체를 옮겨 놓은 것이다.

2) 청교도의 하나님 주권사상을 칼빈사상과 비교 분석한 벤더 몰렌의 글이 도움이 된다. Ronald J. Vander Molen, "Providence as Mystery, Providence as Revelation…." *Church History*, 1978, 27-47.

중농주의를 상대화 시키고 의회, 평민, 입헌주의, 중상주의의 시민국가로 전환시켰다.

국왕이나 법령도 절대무오한 하나님의 말씀아래 있다는 하나님 주권 사상은 이처럼 파괴력 있는 기능을 수행한 것이다. 종교 개혁 사상가로써 우리는 루터(Martin Luther, 1483-1546)를 말할 수 있다. 바울과 어거스틴으로 이어지는 복음의 재발견, 만인 제사장주의, 그의 독일어 성경 번역, 직분에 성속이 없다는 소명의식, 구원은 믿음으로만 얻어진다는 칭의론 등은 루터가 남긴 종교 개혁의 위대한 유산이다. 그러나 그의 신학은 기독론에 편중한 인상이 짙으며, 기독론을 강조하다 보니 칭의론이 하나님 주권사상(the absolute sovereignty of God)보다 더 중요하게 보여 진다. 성경을 보는 눈도 통합되고 일치된 주요성을 성경에 주는 것이 아니라 차등적 선별적 선호를 함으로써 "성경 안에 성경"(Kanon in Kanon)이 있게 되어 복음을 더 많이 이야기 한 로마서, 갈라디아서, 요한복음, 요한일서, 베드로 전서가 성경의 주된 책이 된다. 설교에 있어서도 성령의 인도함을 받아 성경을 사용한 설교자가 성경보다 더 권위가 주어 질 수 있다는 의미 장한 냄새를 풍기므로 개혁주의 신학과는 상당한 차이가 난다.[3] 무엇보다도 실제 정치 변혁 세력으로써 루터는 칼빈주의와 같이 기존 세력에 정면 대결을 시도하지 아니했다.

그도 유명한 정치 이론가 마키아벨리(Machiavelli)와 같이 당시 정치 실세인 왕자들(princes)에게 절대적으로 의존하여 민주적 개혁사상을 정립하지 못했던 것이다. 물론 루터의 시대와 칼빈의 시대는 다르며 잉글랜드의 청교도 혁명의 시대도 다르기 때문에 이 문제를 가지고 루터를 죄인 취급하려는 것은 아니나 신학적으로 볼 때 적지 않는 차이점이 있기 때문에 지적해 두는 것이다.[4] 하나님의 절대 주권 아래 하나님께 영광을 돌리며 그의 뜻을 순종하고자 했던 잉글랜드의 청교도들은 그들의 신앙 양심과 믿음에 따라 살고자 하는 불굴의 자유정신의 소유자들이었다. 이들은 억압되고 통제된 세속국가나, 왕권신수설을 주장하는 국왕의 방자한 세력이나, 권위주의적이며 제사적인 교권주의자 카톨릭과 성공회의 물리적인 힘에 과감히 저항하였다.

엘리자베스 시대에 여왕이 카톨릭과 개신교에 양다리 걸치고 엉거주춤한 종교 정책(Halfway religious policy)을 실시하자 반발했으며; 제임스1세, 찰스1세, 찰스 2세, 제임스2세에 걸친 스튜어트 왕가의 종교 탄압에 굴하지 않고 청교도의 신앙을 고수 했으며 때로는 순교 구금 처벌 이민을 두려워하지 않고 감행하였다. 다양한 청교도 신앙, 분파주의적인 과격파의 등장 등 청교도의 사회적인 비난사항도 여러 차례 없는 것은 아니지만 전반적인 청교도의 신앙은 탈과거, 탈권위주의적이었음을 부인할 수 없다.

---

3) T. H. L. Parker, *The Oracles of God* (London: Lutterworth Press, 1947), 47-49.
4) Michael Walzer, "Calvinists Become Revolutionaries," *Calvin and Calvinism* (Lexington: Heath, 1970), 63.

2. 소명의식에 근거한 직업관

루터에게도 직업은 하나님의 소명이라는 개혁사상이 있다. 칼빈주의도 이 사상을 디욱 확대히여 실제 사는 역사 현장에서 신앙을 실험하고 문화개혁의 핵심적 기류를 조성했다. 청교도들은 하나님께 영광 돌리려면 맹목적으로 기도하고 성경 읽고 찬송만 부르는 탈세계 탈사회 사상을 가질 것이 아니라, 하나님께서 주신 직업을 사명감을 가지고 수행해야 된다고 믿었다.

적당주의, 무사 안일주의, 기회 요령주의는 청교도들이 혐오했다. 직업엔 빈부귀천이 구별되어 있는 것이 아니기에 일생동안 그 직업에 얽매일 것이 아니라, 자신의 재능과 능력에 따라 직업을 바꿀 수도 있다는 것이다. 과거엔 땅에만 접착되어 토지 경제를 주축으로 변화 없는 삶을 살았지만 이제는 지주의 기득권 세력에서 벗어나 독자적인 경제생활을 하겠다는 것이다. 의무적, 기계적인 농경 사회에서 다양한 병화와 경쟁을 하는 자발적, 생산적, 창조적 중상주의로 전환한다는 것이다.

진취적이고 때로는 위험 부담을 가지는 모험 있는 기업 활동과 사회 참여를 하겠다는 것이다. 이러한 신사상은 새로운 경제관을 낳았고 격동하는 사회 변화에 적응할 수 있는 순발력을 허용 하였다. 칼빈주의 경제관은 직업의 소명의식을 근거로 성실, 근면, 검소, 절약, 정직을 중요시 한다. 돈을 빌려줄 지언정 꾸지 않고, 합당한 이윤을 추구할 지언정 고리대금 사업을 경영치 않고, 자신과 사회가 부요해 지기를 원하는 생산적 투자를 할 지언정 하루아침에 벼락부자가 되는 투기성 자산 증식을 원하지 아니했다. 청교도 칼빈주의의 등장은 중산층 형성과 무관하지 않으며 잉글랜드 중산층이 수공업, 소규모 공장기업, 상업, 무역업, 변호사업과 같이 골고루 발전되어 갔다는 것은 자본주의 경제의 태동을 알리는 것이다.

청교도 칼빈주의 경제관은 확실히 중세 토지에 근거한 중농주의에서 출애굽 해줌을 보여준다. 여기에 부가해서 서민계급의 중류층 형성은 경제계에서만 한정되지 않고 사회 전반에 걸쳐 확산 되어간 사실이다. 우리는 크롬웰의 청교도 공화정이 결국 실패됨을 보았다. 왕정은 복고되었다. 또 크롬웰의 독재와 실수도 많았다. 그럼에도 불구하고 그의 치세와 그 후의 잉글랜드 왕정은 튜터 왕조나 스튜아트 왕조의 절대주의와는 완연히 달라졌음을 긍정해야 한다. 중산층이 권력의 핵심에 대폭 접근되어 옛날의 왕과 귀족으로 구성된 정치 사회가 더 이상 기득권의 행사를 할 수 없게 되었다. 크롬웰 시대에 모병된 군인들은 계급의식 없이 누구나 지원할 수 있는 자원병이었다. 평민도 능력과 인품에 따라 의회에 들어갈 기회가 열렸다.

다음 항에 보게 될 왕권이 축소되고 법령에 기초한 입헌정치의 구조가 다듬어졌다. 이러한 점들은 칼빈주의 청교도들의 혁명적인 개혁인 것이다. 이 개혁은 잉글랜드 전 사회를 변화 시키고, 기존 가치 체계를 뒤 흔들어 놓았으며 새로운 인식의 세계를 열어 놓았던 것이다. 그래서 청교도 대각성 운동이 되는 것이다.

3. 청교도 입헌정치

엘리자베스 여왕 서거 후 잉글랜드는 지속적인 청교도 저항을 맛보았다. 1629년 권리의 청원이, 1641년 대항의(Grand Remonstrance), 1642-49년간의 청교도 무력항쟁, 1679년 인신보호령(Habeas Corpus), 1688년 명예혁명과 권리의 선언, 1689년 권리의 장전들이 대략 이러한 저항의 모습을 뚜렷이 그려준다. 이러한 저항이 단시일에 잉글랜드의 민주국가를 형성시킨 것은 아니다. 그럼에도 불구하고 잉글랜드 전체 역사에 볼 때 이러한 항쟁은 뚜렷한 분수령을 그으면서 과거의 전통과 단절을 고하고 있다. 새로운 삶의 방향과 가치구조, 문화가 탄생해 가고 있는 것이다.

국가적으로 충격적인 변화를 경험하고 있는 것이다. 개인의 존엄과 가치, 하나님 앞에서의 평등사상이 고취되고 있는 것이다. 청교도의 공헌은 잉글랜드뿐만이 아니라 그 주위에 있는 유럽과 미국에도 이 변혁사상이 도도히 흐르게 했다는 사실이다.[5]

---

5) Kenneth Shipps, "The Political Puritan," *Church History*, 1976, 196-205.
6) Lyle Koehler, *A Serach for Power*, Urbana, 1980.

4. 사회의 근간인 가정

청교도 가정에 대해서 부정적인 시각을 가진 자들이 많다. 가정에서 군왕처럼 군림하는 가부장제, 여성을 가정에 가두어 속박하는 여권멸시론, 부모에게 무조건 복종하라는 수직적 질서 등등이 청교도 가정관에 대한 보편적인 부정론의 근거가 되어왔다.[6] 청교도들이 신봉하는 가정관의 신학적 틀이 칼빈주의라고 믿는 사람들은 청교도의 삶이 율법적인 칼빈주의 노예제도라고 혹평하려고 한다.

이러한 생각은 적어도 세 가지 관점에서 재조명해야 된다고 본다. 첫째, 16세기와 17세기에서 시작된 청교도 가정관이 현재 어떤 이들이 보는 것처럼 그렇게 부정적으로 해석될 수 있는가? 둘째, 청교도 가정관을 부정적으로 보는 사람들은 21세기로 접어들어 가면서 서구사회의 병리현상 중 가장 심각한 것 중의 하나인 가정의 붕괴를 막을 다른 대안을 가지고 있는가? 셋째, 동양 문화권속에서 성장하다가 기독교로 회심한 자들이 그들이 믿는 기독교가 청교도 전승보다도 동양 유교문화권의 유교 철학으로 해석될 수 있는가? 우선 첫 번 질문부터 생각해 보자. 서구사회는 중세시대 격변의 물결 속에 살아왔다는 것이 역사적 증명이다. 끊임없는 전쟁사를 몇 개만 살펴보아도 증명이 된다.

마호메트 탄생 이래 이슬람 종교전쟁(7세기와 8세기), 샬르만뉴(카알 대제)에 의한 프랑크 왕국의 무력통일과 서로마에 거주한 로마교황청의 접촉(8세기 이후), 셀죽터키의 무력적 발흥과 십자군 전쟁(11세기-13세기), 잉글랜드와 프랑스의 백년전쟁(1337-1455) 등 끊임없는 전쟁의 계속이다. 전쟁은 사회를 동요시키고 안정을 저해한다. 전쟁의 역시 외에도 반란사건을 살펴볼 필요가 있다. 1358년 프랑스 잭커리에서 농민들이 반란을 일으켰고, 1380년에는 잉글랜드에서 와트 타일러의 농민 봉기가 있었다.

종교개혁 이후에도 1524년 독일 농민전쟁이 발발했고, 1562년에는 불란서에서 위그노 전쟁이 있었고, 1618-48년까지는 독일 30년 전쟁을 치러야 했다. 전쟁과 반란의 소용돌이 속에서 피뿌리는 잔인함을 볼 때 서구사회가 얼마나 크게 진통을 겪어왔는가를 알 수 있는 것이다.[7] 전쟁과 반란은 인간이 꾸민 계략과 정치 이해관계의 틈 사이에서 일어났다고 친다하더라도, 또 다른 불안정한 요소를 주는 것들이 있었으니 장마, 홍수, 기근, 역병이다. 오늘날과 같이 자연을 통제할 기구나 기술이 부족했던 중세인들에게는 이러한 요소들은 사회의 안정을 파괴하는 무서운 적이었다. 구체적으로 잉글랜드 사회만 보더라도 이러한 사실이 명확해진다.

1349년 흑사병(Black Death)으로 인해 잉글랜드 전체인구의 삼분의 일이 사망하였다.[8] 이상과 같은 상황 하에서 시민들은 자신들의 생명을 보존키 위해 모든 수단을 다동원하였다. 이웃을 돌보는 정서가 피폐해졌음을 거론할 필요가 없는 것이다. 만연해가는 잔학성과 사회불안정(widespread brutality and social unrest)을 통제하기 위해 잉글랜드정부 또한 강력한 법적인 처벌을 사용하였다. 그럼에도 불구하고 사회에서는 더욱 심한 범죄와 폭동과 무질서가 끊이지 않았다. 1550년 이후 흑사병의 진전이 둔화되었다고 하지만 완전히 멈춘 시기는 1665년경에야 이룩되었다. 이시기에, 아니 논리를 확대시켜 중세와 근세초기 유럽의 전사회에 영육간에 휴식을 취할 수 있는 가정이 존재했는가를 질문할 필요가 있다.

신부나 수녀가 은둔하여 수도원 생활을 통해 그리고 왕들이나 귀족들이 별장을 지어 세상에서 얻을 수 없는 조용한 시간을 가질 수 있었을 것이다. 성프란시스 같은 수도자는 환경에 관계없이 영적인 고요함을 만끽할 영력을 가졌을 것이라고 추측해도 무리는 아닐 것이다. 그러나 우리의 질문의 요지는 이러한 소수가 아닌 일반 백성들, 평신도들이 과연 쉼의 보금자리를 가졌는가 하는 것이다. 아만다 포터필드의 연구에 의하면 그렇지 않다는 것이다.[9]

포터 필드는 1558년 이래 잉글랜드청교도 각성운동이 시작되었는데 이 운동전에는 영적인 의미에서 잉글랜드에서 가정이 없었고, 근대 가

---

7) 이상의 사건들을 간단히 정리한 책은, George A. Rothrock, *Europe*, Chicago, 1975.

8) Bernard Grun, *History* (New York: Touchstone Book, 1982), 191.

9) Amanda Porterfield, "Women's Attraction to Puritanism," *Church History*, vol. 60, June 1991, 207-09.

정의 실제적인 생활양태는 청교도 운동에서 찾아야 한다고 증언한다. 이 근대 가정의 사상적 근간을 유럽전역에 확대시킨 자들이 잉글랜드 청교도라고 말한다면 일단 허황스럽게 볼 수 있다 하더라도 잉글랜드 와 미국식민지의 가정생활에 모형을 주었다고 피력한다면 상당한 설득 력을 준다. 가정에 관한 서구의 사상적 이론 구성은 아리스토텔레스에 서도 찾아볼 수 있다.

아리스토텔레스는 남녀의 결합이 이성에 기초해야 하고, 결합의 목 적은 육체적 연합자체로 끝나는 것이 아니라 좋은 삶을 영위하는 것이 라고 했다.[10] 아리스토텔레스의 사상은 기독교 인문주의자인 밀톤이나 에라스무스에게도 발견되는데 이들은 아리스토텔레스의 인문주의사 상을 성경에 다시 조명하여 "결혼은 하나님에 의하여 창조되었고 여자 는 인간의 한 부분이며 이성적인 영혼을 소유했고 그리스도에 의해서 구원을 받았다"고 정의하고 있다.[11]

청교도들은 인문주의 기독교인들의 사상중 성경적인 부분을 실제로 삶에 적용했다. 결혼은 하나님의 영광을 위하여 세워진 창조 질서인바 결혼을 통하여 남녀가 친교적 우정을 나누고, 아이를 낳아 양육하고, 부정한 음란행위를 피할 수 있다고 믿었다. 청교도 결혼관이 잉글랜드 사회에 전파되기 전에는 결혼은 아이를 낳는 것과 음란 방지에 중요성 이 주어졌지만, 청교도들은 부부의 애정과 상호존중 및 상호 협력을 최 우선 순위로 주었다.[12] 마르틴 루터 역시 참 근대를 여는 위대한 지도

자임이 강조되어야 한다.

마르틴 루터는 칼빈파 개혁주의자 못지않게 정부의 혼란, 대중교육의 결여, 전반적인 미신숭배를 종교개혁으로 변화시키려 했고, 믿음으로 계몽된 삶을 열어 인간성의 성숙을 추구했으며, 세상에서 지치고 거칠어진 영혼들에게 쉼을 줄 화목하고 따뜻한 그리스도인의 가정을 세우기를 간절히 염원했다. 그 자신이 부인과 아이들과 같이 모여 찬양하는 화기애애한 모습을 동료개혁자들과 추종자들에게 보여주었다. 따라서 근대 가정의 시작은 종교개혁자로부터(그것이 개혁주의자이건, 기독교 인문주의자이건, 루터파건, 청교도건 간에)영향을 받았다는 것도 정당하다. 잉글랜드청교도들이 전란, 기근, 공포, 역병 가운데에서도 굳건한 가정을 세울 수 있었던 비결은 무엇인가? 가정이 군세게 지탱되려면 가정을 꾸미고, 가정에 신경을 쓰며, 가정의 구성원들 에게 전적헌신이 필요하다. 아무리 예쁜 꽃도 가꾸지 아니하면 그 진가를 알려주지 못하고 사라지듯, 가정도 누군가가 혼심의 정열을 바쳐 꾸려 가야 한다. 청교도들은 이 귀중한 임무를 가정의 아내들이 맡도록 유도했다. 여성들인 아내들이 가정의 질서를 세우는데 공헌하도록 설교 강단에서

---

10) Aristotle, *Oeconomica*, I . 3.

11) Margo Todd, "Humanists, Puritans and the Spiritual Household," *Church History* 49, 1980, 20. Paul Siegel, "Milton and the Humanist Attitude toward Women," *Journal of the History of Ideas* 11, 1950, 45.

12) "Puritans gradually rearranged this order to place mutual help or companionship first" Todd, Ibid., 21.

말씀을 통해 외쳐졌고, 목회자들의 상담과 심방을 통해 재확인 되었다.

기독교의 가정은 여성들이 남편의 권위를 인정할 때부터 진가를 발휘한다. 청교도 여성들은 남편의 권위를 인정하고 그 권위에 눌려 항상 남편들의 노예로써 행동하지 않았음을 주의해야 한다. 여성들은 자신들의 의사로 남편을 선택했고, 남편에게 순종하는 것도 자율적 정서 속에 순종하였지 의무적인 관념에서 순종한 것이 아니다. 교회에서 이렇게 배웠고, 이렇게 실천되도록 격려 받았다. 남편의 권위는 아내가 그의 권위를 기쁘게 영접할 때야 비로소 빛을 발하기 때문에, 남편들 측에서는 여성의 자원적 순종을 얻기 위해 남편 나름대로의 헌신적 노력이 필요했다. 이 야릇한 이중구조는 여성들이 자신들의 권위를 간접적으로 남편에게 행사할수 있는 무기였던 것이다.

청교도 여성들은 가정에서 자녀를 돌보고 남편을 뒷바라지하는 것이 미덕으로 알았다. 자신들의 삶의 표현은 가정을 섬세히 꾸려가는 것이다. 이 삶은 자아의 통제와 겸손의 모습으로 비추어졌다. 남편들의 야심과 폭력성을 경감시키고 가정을 순화시키는 작업도 여성들이 해야할 임무중의 하나였다. 이러한 임무를 여성에게 맡기고, 여성의 권위를 간접적으로 표출시키는 사회를 구성함으로써 이들과 같은 사회의 기층적 단위가 제대로 정립될 때야 요동하지 않는 굳건한 나라가 된다. 가정 없이 사회 없고, 건전한 사회 없이 건전한 국가가 태동할 수 없다는 근대 세계의 가정관의 등장을 여기서 볼 수 있다.

청교도들에게는 가정이 이렇게 중요한 사회단위(social unit)이다. "가정은 조그마한 교회이며, 국가의 소복리 기구이며, 순종과 종교의 학교이다."[13] 탄탄한 가정을 성립시키려면 어떻게 해야 될 것인가? 청교도 성직자들은 하나님 앞에서 세워진 결혼만이 이 임무를 달성한다고 보았다. 윌리엄 퍼킨스(William Perkins)는 1609년에 쓰기를, "결혼은 하나님에 의해서 성립되고, 결혼은 인생의 모든 종류의 기반이요, 학교다."[14]

다니엘 로저스도 1642년에 결혼에 대해 정의하기를 "결혼은 순결의 저장소요, 공화국의 학교요, 교회의 씨뿌리는 곳이요, 하나님의 구속의 경륜 밑에 있는 세상의 기둥이다."[15] 청교도 가정관이 항상 모든 여성에게 적용된 것은 아니지만 (제2장에 미국 뉴잉글랜드 지역에서 반율법주의 논쟁으로 남성우위 사회에 정면도전한 앤 허친슨 사건이 예외적인 사건으로 거론될 것이다), 일반적으로 청교도의 가정에 대한 충성, 결혼의 중요성, 여성의 간접적인 권위인정이 근대 잉글랜드사회의 새로운 가정관과 중산층 문화형성에 지대한 공헌을 하였다. 이 가정관은

---

13) "the family as a little church, a little common-wealth, and a school of obedience and religion." William Gouge, *Of Domestic Duties* (London, 1622), 16-17. James Axtell, *The School Upon a Hill: Education and Society in Colonial England* (New Haven, 1974).

14) Perkins, *Christian Oeconomie*, tr., T. Pickering (London, 1609).

15) "Marriage is the Preservative of Chastity, the Seminary of the Common-wealth, seed-plot of the church, pillar(under God) of the world." Daniel Rogers, *Matrimonial Honour* (London, 1642). Quoted from Porterfield, Ibid, 205.

중세의 독신주의, 여성에 대한 불결성 강조, 여성의 간교성과 죄악성의 풍자, 성행위의 억압에 정면도전 하였다. 여성은 건전하며 사랑의 대상이 된다고 새 문화의 틀을 제공한 것이다.

여성들이 자신들에 대한 뿌듯한 주체성을 가지고 견고히 가정을 지키게 될 때 사회의 질서는 안정을 찾게 되고, 국가는 사람과 사회를 묶는 연결점(social cohesion)을 강력하게 추진할 수 있었다. 역사적 사실은 청교도 가정관이 중세세계의 잘못된 결혼관, 여성관을 바로잡고 여성의 지위를 보다 향상시킨 것이 틀림없을진대 청교도에 대해 부정적인 해석을 내리려고 하는 자들이 있거나, 이미 부정적인 시각으로만 본 사람들은 자신의 태도를 변경하는 것이 바람직할 것이다.

이제 두 번째 질문을 다시 해 보자. 두 번째 질문의 요체는 16-17세기 청교도 가정관이 21세기 서구사회나 일반사회에 긍정적인 역할을 할 수 있는가이다. 우리는 이 질문에 원칙적으로 그렇다고 말한다. "원칙적으로"란 말을 붙인 이유는 17세기와 21세기 사이에 사회 환경의 변화로 상호간에 적용되지 못할 사항이 있다는 점을 전제함이다.

17세기에는 여성이 가정을 지키는 것이 그 때 환경을 보아서 적합했고 역사적 측면에서도 발전적인 개념을 부여했다. 현재는 꼭 그렇다고 말할 수 없다. 뛰어난 의술을 가진 여의사가 의술을 포기한 채 가정에서 눌러 있으라고 말하는 것은 역사의 진보가 아니다. 사회에 과학과 예술로 하나님이 주신 능력을 발휘할 수 있는 자가 그것을 사장시키고 집에서 아기 기저귀만 치우라는 이야기도 어색하다. 집에서 온종일 해야 하는 빨래, 청소같은 일들이 기계조작을 통해 훨씬 쉽게 처리될 수 있어서 여성의 여가가 생겨났다. 이 여가를 창조적인 문화 창달을 위해 써야 할 것이다. 자녀들의 출산과 고등교육을 다 끝낸 주부들도 여가를 선용해야 할 것이다. 하나님이 주신 지혜와 지식을 하나님께 영광을 돌리기 위해 여성의 사회진출은 타당성을 갖는다.

그럼 여성은 성경의 가르침과 청교도 문화의 유산으로 이어받은 가정을 포기하라는 말인가? 결코 그렇지 않다. 성경은 원리적인 측면에서 가정의 질서를 붕괴시키는 어떤 말도 하지 않고 있다. 여성이 직장을 나가든 집에 있든, 가사를 돌보면서 직업전선에 사회활동을 하든지 여성에게 부과한 출산의 특권과, 양육의 의무, 남편의 내조는 여전히 변치 않고 있다. 이 권리와 의무는 청교도 정신에 그대로 나타나 있고 원칙적으로 현재에도 적용되어야 한다.

가정은 17세기에도 사회의 근본적인 구성단위이고 지금도 그렇다. 가정이 병들면 사회가 병이 든다는 청교도 목회자들의 주장은 지극히 정당하다. 미국을 위시한 세계 선진국가들이 남녀평등을 잘못 이해하여 방종의 문화를 창조하고 있다. 권위는 어떤 것이고 반발하려하는 청소년의 정신상태도 진정한 권위를 가정에서 배우지 못했기 때문에 야기된다. 미국 고등학교 여학생들이 아침에 자녀를 학교주위에 맡기고 공부가 끝나면 다시 데리고 집으로 간다. 이 여학생들은 결혼식을 생략한 채 살기 때문에 미혼모라 부른다.

아직 정신적으로 성숙하지 못한 미혼모의 등장은 미국사회의 골칫거리중의 하나이다. 결혼을 하나님이 창조하셨다고 해석한 청교도 신학은 복음적이고 성경적이다. 이 원리가 붕괴되자 남녀관계는 성희롱으로 전락되고, 동물과 같은 본능적 욕구충족을 위한 성타락시대를 맞게 되었다. 아직도 치유책을 찾지 못하고 있는 에이즈(AIDS)의 문제, 미국사회를 중심으로 전 서구사회의 이혼율의 급증은 이 병리현상중의 가장 큰 병리현상이다. 청교도 가정관은 이 병리현상을 치유할 원칙적 처방전을 가지고 있다.

마지막 질문으로 들어가자. 동야에서 유교문화의 수직사회에 살았던 자녀들이 기독교로 전향한 후 부모들에게 도전하는 예가 생길 수 있다. 성경을 공부해본즉 기독교 부모는 자녀에게 "노엽게 하지 말고, 오직 주의 교양과 훈계로 양육하라."(에베소서6장4절)고 한다. 그런데 한국의 기독교에서 기독교 교육을 받았다고 하는 부모들이 자녀들에게 무조건 복종하라고 하니 이것은 참 기독교가 아닌 유교식 기독교라고 반발한다. 성경의 원리를 벗어나 자녀를 노엽게 하고 자녀의 존재를 무시한다고 생각한다.

대학 진학을 할 때 대학을 선정하는 일, 전공학과를 선정하는 일, 심지어는 배우자까지 자녀의 동의 없이 강제하는 것은 동양식 전통이 기독교 옷을 입고 나타난 것이지 기독교 교육의 원리가 아니라고 한다. 이러한 생각을 하는 자녀들은 먼저 자신들의 생각이 이성과 합리성에 기초한 민주주의 원칙에서 나왔는가 아니면 성경에서 나왔는가를 질문할 필요가 있다. 그 위에 자신들의 반발이 맹목적인 해방의 성취를 위한 동기가 아닌가 점검해 볼 필요가 있다. 그리고 부모들의 충고와 간섭이 성경에서 말하는 목자의 심정인가 아닌가를 성경의 윤리관속에서 조명해 보아야 한다. 부모들의 언어가 성경적 언어인가 아닌가를 분별하지 않고 무조건 동양식이니 유교식으로 몰아붙이는 것은 지극히 위험하다.

청교도 자녀교육은 성경이 말 한 대로 일방적이지 않고 쌍방적이다. 자녀들은 부모를 주안에서 순종하고, 부모를 공경하는 기본 입장을 계속해서 견지해야 한다. 부모는 맹목적 순종의 강요나 협박이나 물리적 폭행을 결코 자녀에게 가해서는 안 된다. 자녀를 하나님이 주신 인격체로 인정하고 노엽게 하지 말아야 한다. 주의 교양과 훈계로 격려하고, 꾸짖고 난 후에도 사랑으로 감싸주는 것이 청교도의 유산이다. 이조시대에 한국에 유행했던 부모의 강제행위는 결코 복음적이 아닌 것임도 동시에 깨달아야한다.

종합적으로 16-17세기 청교도 가정관은 그 시대에 있어서 혁명적인 생각이다. 시대의 혼탁과 무질서 속에서 질서를 창조한 신학이다. 잉글랜드와 미국식민지에 근대의 가정관을 설정시킨 대각성운동이다.

5. 하나님 나라 건설

청교도 혁명 기간 동안에 과격파 개신교들이 있었다. "5번째 제국" (the Fifth Monarchy)을 꿈꾸는 자들 중에 그리스도 천년왕국이 단번에 이루어지기를 대망하며 기다리는 자들이 있었다. 그러나 대부분의 청교도들은 신대륙의 발견과 해상무역 이민 등을 통해 현재 살고 있는 이 땅에서 하나님의 뜻을 수행하고, 복음을 전파하며 하나님께 영광 돌리고자 했다. 한편 "계약신학"도 이러한 사조에 영향력을 행사 하였다. 계약신학은 "하나님의 주군과 인간의 구원에 대한 확신 사이를 화해시켜 보자는" 시도로 주장되었다.[16] 특히 칼빈주의 신학자들은 하나님의 절대주권을 전제하면서 인간의 무조건적인 복종을 강조했다.

또 인간의 완전복종이 하나님께 공적이 되거나 보상을 요구할 보증도 아니다. 만일 인간과 하나님과의 계약이 성립되려면 하나님 편에서 일방적인 은혜로 자신을 낮추어 "스스로를 일련의 계약된 행위규범에 묶으셨고, 자신의 선택의 자유를 제약하셨고, 그 뿐만 아니라 그의 피조물에게 그의 은혜로우신 목적의 본질과 조건들을 상세히 알게 하셨으며," 이 방법만이 구원의 불확실성을 제거했다고 보았다.[17]

청교도 칼빈주의 신학자들은 "하나님께서 구원의 길을 제시하셨을 뿐만 아니라, 일정한 제도 및 율법을 정하시고 바로 이 방법으로 구원의 축복을 받도록 하나님께서 선택하신 사람들에게 구원이 전달되도록 하셨다"고 믿었다.[18] 잉글랜드 청교도 신학자 윌리엄 에임즈(William

Ames, 1576-1633)는 그의 저술『성스러운 신비의 골자』(*Marrow of Sacred Divinity*, 1642)에서 계약신학을 행위계약과 은혜계약으로 나누어 설명했다.

행위계약은 하나님이 낙원에서 아담에게 준 율법으로써 완전하고 인격적인 순종을 요구하는 것이었고, 은혜계약은 그리스도를 통하여 구원받은 자들과 맺은 계약이다. 여셔(Ussher)도 1645년 런던에서 "신의 몸"(Body of Divinity)이라는 논문을 썼는데, 이 중에 은혜언약을 거론하였다. 그에 따르면 "은혜계약은 하나님 혼자에 의하여 설정된 것으로써 하나님이 낙원에서 인간이 범죄한 직후에 아담에게 그리스도를 통하여 선택한 자들을 구원하리라는 그의 은혜로운 목적을 선언하셨다"고 말했다.[19]

17세기 후반부에는 은혜계약의 제약성에 관한 문제로 엄격한 운명예정론과 완화된 운명예정론이 나누어지게 되었다. 존 솔트마쉬(John Saltmarsh) 같은 자는 어셔의 견해를 따라 은혜계약은 전혀 조건적이 아니라고 엄격한 운명예정론을 주장했고; 존 오웬(John Owen, 1616-83)이나 리처드 백스터(Richard Baxter, 1615-91) 같은 이들은 "아버지와 아들 사이에 맺어진 구속계약과 그리고 아버지께서 그리스도 안에 있는 선택된 자들과 맺으신 은혜계약을 구별하였다."[20]

---

16) 이기문 편, 『기독교대박과사전』 (서울: 기독교문사, 1980), 703.

17), 18) Ibid.

19) Ibid., 707.

20) Ibid., 708.

오웬과 박스터는 그리스도 안에서 은혜로 선택된 자들이 구원을 받는다고 주장하면서도 한편으로는 설교를 통해 인간의지를 발동시켜 은혜계약을 영접하게 하는 신앙을 형성시킬 수 있다고 한다. 이제 인간의지의 발동행위조차도 하나님의 예정에 포함되어 있으므로 설교나 성례전을 통해 자신의 구원을 확인할 가능성이 생긴 것이다. 다시 말해서 구원과 같은 하나님의 절대주권의 신비가 하나님 스스로의 제한된 계약신학에 의해 보다 폭넓고 확실하게 성도들의 삶의 활동과 이성영역에서 알 수 있게 되었다는 것이다.

미국학계에서 연방신학과 계약신학에 관하여 최초로 집중적인 연구를 하여 발표한자는 페리 밀러이다.[21] 밀러는 청교도 연방신학을 은혜언약(the covenant of grace)과 국가언약(the national covenant)으로 나누었고 바로 이러한 구분이 청교도 연방신학의 정수로 정의했다. 그러나 밀러식 양분법은 문제가 생긴다. 연방신학자 모두를 거론할 필요도 없이 장로교측 청교도 연방신학자들을 분석해보면 은혜언약과 국가언약이 상이한 두 종류의 언약이 아닌 한 언약의 두 가지 상황을 동시에 말하는 것이 된다.

밀러는 은혜언약은 신자 개인들에게게만 적용되고 그 적용범위는 천국에서 누리는 개인구원이다. 그러나 국가언약은 하나님이 선택한 국가가 이 세상에서 성공적으로 통치되는 계약이다(the national covenant applied to nations and governed their temporal

---

21) 1939년 뉴욕에서 출판된 *The New England Mind*, 365-97 참조.

success in this world). 청교도 신학자 토마스 카트라이트(Thomas Cartwright)는 "은혜언약이란 무엇인가를 답하기를: 하나님과 죄인 사이에 자유스러운 계약 또는 언약으로써 예수 그리스도를 통해 죄 사함을 받고 영생을 획득하는 것이다."[22]

얼른 보면 엘리자베스시대의 거물신학자는 은혜계약은 개인구원만을 말한 것처럼 보인다. 그러나 다음 문장을 보자. "이것이 언약이 될 것이다. 즉 하나님이 이스라엘과 맺는 언약이다."[23] 장로교 언약신학자들은 하나님께서 아브라함에게 약속하시고 축복하신 하나님의 구원행위가 아브라함 개인뿐만 아니라 아브라함이 소속한 이스라엘 공동체(즉 국가)에 동시에 주어진다고 믿었다.

이 구원의 은혜는 예수 그리스도 사역 이후에는 예수그리스도를 믿음으로 아브라함에게 주어졌던 축복과 동일한 구원의 축복과 국가 공동체의 축복으로 대체된다고 믿은 것이다. 1577년 존 뉴스텁(John Knewstub)의 출애굽기 20장 설명에도 개인 구원과 이스라엘 공동체 구원이 지상 생애와 천상세계에 공히 적용된다고 분명히 언급하고 있다.[24] 카트라이트나 뉴스텁의 개념 속에는 이스라엘이 잉글랜드로 대

---

22) "What is this new Covenant[of grace]? Answer. A free contract or covenant between God and a sinner, concerning the parton of sin, and life everlasting, through faith in Christ Jesus" Theodore Dwight Bozman, "Federal Theology and National Covenant: An Elizabethan Presbyterian case study," *Church History*, vol. 61. December 1992, 397.

23) "This shall be the covenant, that I [God] will make with the house of Israel." Ibid, 398.

24) "all mercy and happiness... both in this life and in the life to come," Ibid.

체되어 적용되었고 잉글랜드 청교도는 이 계약신학에 의거하면 이 세상에서의 평강과 행복은 물론이요 잉글랜드사회 전체의 행복에 기여하고 사후에는 영생을 얻는다는 낙관론적인 신학을 전개할 수 있었다.

이 신학이 지역이 다른 성도에게 적용될 때는 그 성도가 거주하는 나라 즉 잉글랜드나 미국 식민지 바로 그곳이 "이스라엘"이 되어 질 수 있는 것이며, 만일 그 사회공동체가 영적 이스라엘을 구현하지 못하면 적어도 그 신자가 소속한 교회가 소우주의 이스라엘 개념을 생성할 수 있는 것이다.

계약신학 때로는 "연방신학"(Federal theology)이라고 호칭하는 이 신학은 청교도들에게 이론적으로 영향을 주기보다는 실습되고 실천되는 구체적인 사회 변혁의 힘으로써 작용 되었음이 중요하다. 즉 하나님께 영광되게 살고자 하는 자는 이 세상에 살면서도 하나님의 축복을 받는다는 것이다. 하나님께 영광을 구체적으로 어떻게 돌린다는 말인가? 잉글랜드 청교도들은 잉글랜드가 1588년 스페인의 무적함대(the Spanish Armada)를 격퇴한 후 새로운 식민시대의 왕자로 부상함을 보았다. 해군이 증강되고 해군의 보호를 받으면서 잉글랜드는 일약 해상권을 쥐고 강력한 중상주의 무역국이 되었다.

청교도들이 이러한 시대에 자신들이 할 일은 열심히 일해 사회와 국가에 공헌해야 된다고 생각했다. 적지 않은 기업인들이 단순한 이윤 추구에 근거해서 무역업이나 상공업에 손을대는 것도 눈에 띄게 나타났다. 그러나 청교도들을 모두 이러한 범주에 넣어 이윤 때문에 장사꾼이 되었다고 말할 수는 없다. 정말 많은 청교도들이 이 무역업에 종사하는 것이 하나님께 영광이 된다고 믿었기 때문이다. 잉글랜드에서 신앙의 자유와 인권의 자유가 침해 당할 때 많은 청교도들이 신대륙을 찾아 나섰다.

신앙과 이윤이 복합적으로 작용하기도 했다. 모험심도 비슷한 이유로 작용했을 것이다. 그러나 이러한 지협적인 문제들 위에 더 큰 칼빈주의 신앙이 있었음을 기억해야 된다. 계약신학은 사회윤리를 강조하고 있다. 그 특권과 의무는 "명백한 숙명"(Manifest Destiny)으로 정의될 수 있다. 명백한 숙명은 어떤 운명주의를 말하는 것이 아니다. 운명주의는 소극적이다. 또 과거 지향적이며 폐쇄적이다. 누가 해 주기 전에는 자신은 결코 어쩔 수 없다는 생각이다. 변화를 기대하기 어려운 사상이다. 그러나 청교도들의 명백한 숙명은 하나님이 인간에게 계약으로 주신 특권이다. 하나님의 문화 창조의 방법이다. 문화갱신의 역동적인 지혜이다. 이 세상을 그리스도의 복음의 장으로 삼으라는 명령이다. 세계를 기독교화 하라는 선교 지침이다. 1630-40년 사이에 대략 30,000여명의 청교도 식구들이 이 새로운 비전(vision)을 보고 뉴잉글랜드로 떠난다.[25]

잉글랜드 청교도 운동은 대각성 운동이다. 이 운동으로 잉글랜드 개개인이 변화를 체험하고 사회 구석구석까지 격동의 가치관을 체험했다. 이 체험은 과거의 것이 아니었고 새로운 창조의 빛이었다. 이 새로운 빛이 미국으로 유럽으로 확대되어 갔다.

---

25) William G. McLoughlin, *Revivals, Awakenings, and Reform* (Chicago: University of Chicago Press, 1978), 30.

- 제8장 -
청교도와 설교

스코틀랜드의 메리 여왕은 존 낙스의 설교를 매우 두려워했다. 랜돌프는 존 낙스의 설교의 위력을 메리 여왕에게 다음과 같이 보고했다. "그 한 사람이 한 시간 동안 하는 말은 500개의 트럼펫이 계속 귀에 불어내는 것보다 더 많은 생기를 우리에게 불어넣을 수 있습니다."[1] 설교란 이렇게 위대하고 힘이 있다.

청교도들이 설교를 얼마나 중요하게 생각했는지는 윌리엄 퍼킨스의 『설교의 기술과 목회자의 소명』을 읽어보면 알 수 있다. 퍼킨스는 케임브리지 감옥의 죄수 한 사람이 하나님의 심판과 죽음에 대해 심각하게 생각하지 않는 모습을 보고, 그 청년 앞에 무릎을 꿇고 말했다. "그리스도의 구원은 하나님의 은총입니다. 당신도 죄를 용서 받는 체험을 갖고 구원을 받으십시오!" 그 죄수는 퍼킨스의 자신 한 사람을 향한 뜨거운 사랑이 담긴 설교를 듣고 그 자리에서 예수님을 영접했다.[2]

청교도들이 생각하는 하나님의 말씀사역의 의무는 네 가지로 원리로 요약된다. 첫째, 설교할 성경 본문을 잘 이해하고 그 말씀을 설명하는 의무; 둘째, 설교를 예배의 가장 중심에 놓는 개념; 셋째, 성경을 생명의 말씀으로 믿고 설교는 그 생명을 주는 능력이라는 확신; 넷째, 성령께서 설교를 주관하신다는 신념이 그것이다.[3] 또한 패커는 청교도의 설교는 해석적, 교리적, 규칙적, 심오성, 대중적, 그리스도 중심적, 경험적, 예리성, 그리고 능력적이었다고 분석했다.[4]

---

1) 마틴 로이드 존스, 『청교도 신앙 그 기원과 계승자들』 서문강 옮김 (서울: 생명의말씀사, 2005), 378.

2) 박영호, 『청교도 실천신학』 190-91.

3) 제임스 패커, 『청교도 사상』 390-94.

4) Ibid., 394-400.

1. 청교도 설교사역의 존엄성과 고결성

청교도 설교의 진면목은 설교 전의 설교자들의 태도에 있다. 철저하게 본문을 묵상하고, 분석하고, 대전제 소전제 등 대지를 구분하는 수고를 했다. 원어의 의미를 분석하고, 역사적 문법적 이해는 기본이었고, 말씀을 깊이 묵상하는 시간을 중요하게 생각하고 실천했다. 청교도 설교자들은 본문을 이해하기 위해 성령님께 의지했다. 기도의 사람들이었다는 말이다. 그들은 소리 내어 기도할 때 다른 사람에게 신경 쓰지 않고 오직 하나님과의 관계, 하나님과의 대화에만 집중하도록 가정마다 별도의 기도방을 만들어서 기도할 것을 강조했다. 캠브리지의 임마누엘 대학에서 재직하였던 그로사트는 청교도 목사 브룩스에 대해 말하기를 "십중팔구 그는 다른 청교도들과 마찬가지로 학위를 여러 개 획득하였다. 그러나 그는 책표지에 아무것도 적지 않았고 오히려 '복음의 선포자', '말씀의 전달자' 라는 고상한 칭호를 즐겨 사용하였다."[5]

이러한 청교도 설교자들의 태도는 그들이 설교사역을 얼마나 존엄하고 고결하게 생각했는지를 단적으로 보여주고 있다. 청교도들의 기도는 자칫 잡념에 사로잡힐 수도 있는 묵상기도보다는 소리 내어 기도하는 것을 더 좋아했다.

청교도 목사들이 설교에 대해 어떻게 말하고 강조했는지 피터 루이스(Peter Lewis)가 정리한 내용을 참고하여 그들의 말을 직접 들어보자.

1.1. 존 메이어(John Mayer)

어떤 청교도가 설교에 대해 질문하자 다음과 같이 답변했다:

선포하도록 하나님의 보내심을 받은 설교자는 하나님의 이름으로 말합니다. 그가 말한 것은 마치 하나님께서 하늘로부터 말씀하신 것과 같습니다. … 그러므로 구세주 그리스도께서 그의 제자들이 말씀 선포하러 나아갈 때 '너희 말을 듣는 이는 나의 말을 듣는 것이요, 너희를 멸시하는 자는 나를 멸시하는 자'라고 말씀하셨습니다. … 그러므로 말씀을 전하는 모든 설교자들은 하나님께서 그의 입술에 집어넣어 주신 것만을 말해야만 합니다. 하나님은 그를 말씀을 따라서 선포하도록 붙들어 주십니다. 그러므로 사도 바울은 데살로니가교인들이 그의 말을 진실로 하나님의 말씀으로 받아들인 것에 대해 칭찬하였습니다(살전 2:13).[6]

1.2. 아더 힐더샴(Arthur Hildersham, 1563~1632)

아더 힐더샴의 설교에 대한 강조는 특히 설교의 적용에 대한 설명이 인상 깊게 다가온다:

설교는 대 목자장이신 그리스도께로부터 받은 사역자의 소명 중에서 가장 중요

---

5) *See The Complete Works of Thomas Brooks*, 6 vols. Nichol edition, 1866-7, vol. 1, xxvii. 피터 루이스, 『청교도 목사와 설교』 *(The Genius of Puritanism)*, 서창원 옮김 (서울: 청교도신앙사, 2002),62.

6) John Mayer, *Praxis Theologica: or The Epistle of the Apostle St. James… Expounded*, 1629 (ch. 5, 127). 피터 루이스, 『청교도 목사와 설교』 *(The Genius of Puritanism)*, 서창원 옮김 (서울: 청교도신앙사, 2002), 61-62.

7) Arthur Hildersham, *CLII Lectures upon Psalm LI, folio*, 1642, 732.

한 부분입니다. 누가복음 4:18, 43에서 선포하실 때 그토록 열심을 다 기울여 노력하신 것은 그의 사역 가운데서 찾아보기 힘듭니다. ... 고린도전서 1:17에서도 사도 바울은 그리스도께서 나를 세례를 주게 하려고(그것은 세례 베푸는 일에 종사하라는 것이 아님) 보내신 것이 아니라 복음을 전하게 하시도록 나를 보내셨다고 말씀하셨습니다. ... 이것은 사력을 다하여 기쁨으로 설교사역을 행하도록 하나님께 부르심을 받은 우리들의 주된 사역입니다.[7]

1.3. 리챠드 십스(Richard Sibbes, 1577-1635)

리챠드 십스가 설교사역의 중요성을 열정적으로 강조한 말을 들어보자:

그리스도께서 높이 오르셔서 사로잡힌 자를 이끄실 때(그가 승리를 거두며 하늘로 올라가셨을 때 그 어떤 은사도 주시지 않으셨다), 그가 주실 수 있는 최고의 선물은 우리가 그리스도 안에서 완전한 자로 모두 만날 때까지 그리스도의 몸을 세우기 위하여 어떤 이는 사도로, 어떤 이는 선지자로, 어떤 이는 교사로 (그리고 어떤 이는 설교자로) 세우신 것입니다. 하나님은 말씀하시기를 '내가 다 내 마음에 합하는 목자를 너희에게 주리니'(렘 3:15)라고 하셨습니다. 이것은 모든 은사들 중의 은사인 말씀선포사역입니다. 하나님께서 그 은사를 그처럼 귀중히 여기셨기에 그리스도 역시 중요시하셨고 우리들도 설교자의 소명을 아주 존귀하게 여겨야 할 것입니다.[8]

1.4. 윌리암 퍼킨TM(William Perkins, 1558-1602)

『설교의 기술과 목사의 소명』(The Art of Prophesying & Calling

of the Ministry)를 저술하였고, 청교도 신학을 칼빈주의에 입각하여 체계적으로 정리한 윌리엄 퍼킨스는 목사의 사명의 최우선 순위가 설교임을 다음과 같이 강조하였다:

> 그러므로 목사가 설교사역을 감당하지 않을지라도 친절한 호의를 베풀고 이웃 간의 평화를 조장하며 다른 자선행위에 열심이며 선한 행실을 나타내는 일에만 전념한다면 충분히 그의 주된 임무를 면할 수 있다고 생각하는 사람은 철저히 기만당하고 있는 것입니다. 왜냐하면 만일 목사가 설교사역의 은사를 가지고 있지 않다면 그는 설교자로서 아무것도 가지고 있지 않기 때문입니다.[9]

1.5. 토마스 굿윈(Thomas Goodwin, 1600-80)

토마스 굿윈은 하나님께서 하나님이 직접 말씀하시지 않고, 또는 천사를 통하지 않으시고 인간 설교자를 세우셔서 자신의 말씀을 선포하게 하신 이유를 다음과 같이 설명하였다:

> ① 왜냐하면 인간들 스스로가 먼저 그들에게 가장 알맞고 적당한 방법으로, 그들의 본성과 성향에 가장 잘 어울리는 방법으로 그 길을 택하였기 때문입니다. 신명기 5:25, 26을 보라. '만일 우리가 우리 하나님의 음성을 다시 들으면 죽을 것이라. 그러므로 당신은 가까이 나아가 우리 하나님 여호와께서 말씀하시는 모

---

8) *The Complete Works of Richard Sibbes*, D.D., 6 vols. Nichol edition, 1862-64, vol. 5, 509. 피터 루이스, 63.

9) Perkins, 1618, 3 vols., vol. 3, 445. 피터 루이스, 67.

든 것을 듣고 우리에게 전하소서 우리가 듣고 행하겠나이다.' ... 그처럼 말하는
백성들의 말을 들으시는 하나님께서 모세에게 이르시기를 '그들의 말이 다 옳
도다. ... 그러므로 너는 여기 내 곁에 서 있으라, 네게 이르리니 너는 그것을 그
들에게 가르쳐서…

② 하나님께서 이 보물을 하늘의 그릇에 두지 않으시고 땅의 질그릇에 두신 것
은(고후 4:7에 말씀하신 것처럼) 우리가 천사들을 바라볼 수 없기 때문입니다.
당신들은 천사들이 나타났을 때 인간의 자녀들이 얼마나 두려워 떨었는지를 보
았을 것입니다. 게다가 사도요한이 요한계시록 22:8에서 그랬던 것처럼 우리들
은 천사들에게 경배하기가 쉽기 때문입니다. 그러므로 하나님은 우리들과 같은
사람들을 부르셔서 말씀선포 사역의 도구가 되게 하신 것입니다.[10]

또한 토마스 굿윈은 설교자는 철학이나 감동적인 소설이나 드라마
이야기가 아닌 하나님의 말씀인 성경을 설교를 통해 전달하는 자이여
야 함을 강조하였다:

말씀은 곧 그 말씀 자체에 의미가 있습니다. 말씀의 느낌(sense)은 그 말씀의
영적 능력입니다…… 보다 특별한 방법에 있어서 설교는 하나님의 말씀을 계시
합니다. 고약상자가 일단 열리면 그것은 곧 사방에 냄새를 풍기게 됩니다. 약초
즙이 일단 걸러져서 실제 효능을 발휘하면 그것은 치료하는 효과를 냅니다. 그
러므로 심령을 변화시켜 하나님께 향하도록 하는 것은 말씀의 영적인 의미가
심장에 들어갈 때인 것입니다.[11]

1.6. 존 오웬(John Owen, 1616-83)

존 오웬은 하나님이 창조하신 자연현상을 통해 하나님의 말씀을 증거하고 해석하여 전하는 설교자의 중요성을 강조하였다:

하나님의 말씀은 궁창의 태양과 같습니다. 또한 그 말씀은 시편 19편에 자세히 비교되어 서술되어 있습니다. 말씀은 그 자체 안에 모든 영적인 빛과 열을 가지고 있습니다. 그러나 말씀선포는 진정으로 태양자체의 내부에 있는(본질적이고 활력적으로) 그 빛과 열기를 모든 피조물들에게 실제적이며 효과적으로 전달하게 하는 태양의 활동과 광선과 같은 것입니다.[12]

이처럼 청교도 목사들은 자신이 감당하고 있는 설교사역의 중요성, 존엄성, 고경함을 충분하게 인식하고 실천에 옮긴 사람들이다. 여기에 소개하지는 않았지만 이들 외에도 헨리 스미스, 토마스 테일러, 리챠드 로저스, 제레미아 바로우즈, 토마스 맨톤, 크리스토퍼 러브, 생의 마지막 설교요, 죽어가는 사람이 죽어가는 사람에게 생에 마지막 설교를 한다는 마음으로 설교했던 리처드 백스터 등이 있다. 최근에는 강해설교를 강하게 주장하고 실천하였던 마틴 로이드 존스(Martin Lloyd-Jones, 1899-1981)와 칼빈과 청교도들의 신학이 자신에게 큰 영향을 미쳤다면서 "성경은 곧 설교하시는 하나님"이란 생각으로 본문 중심 설교를 강조하는 제임스 패커(James Packer, 1926-)가 있다.

---

10) 피터 루이스, 73.

11) Goodwin, 364.

12) The Works of John Owen, Goold edition, Exposition of Hebrews, vol. 4, p.

2. 청교도 설교내용의 특징

2.1. 명확한 문체 사용

"문체에 있어서 애매모호하지 않고 명백한 섯이 청교도 설교의 진수였다. 강조점에 있어서 교리와 실제가 놀랍게도 균형을 이루었으며, 설교 특성을 보면, 그들이 사랑한 성경말씀을 문자적으로나 영적으로 강해하는 일에 충성스럽게 헌신하였다."[13]

2.2. 명확한 의사 전달

"청교도 설교는 매우 명료하며 쉽게 이해하였다. 그렇다고 그들의 설교가 단조롭다거나 깊이가 없다는 것이 결코 아니다. 예를 들면, 아주 많은 난제를 다루는 것이나, 예정문제와 섭리문제 등을 논하는 뉴잉글랜드의 농부들을 볼 수 있듯이 청교도들은 성도들로 하여금 조직적이며 성경신학적인 토론과 논쟁을 하는데 열광적이 되게 하였다. 또 그들은 성도들을 선포되는 말씀을 잘 소화할 수 있도록 대체로 잘 훈련시켰다. 이러한 모습은 미리 잘 알려진 사실이었다."[14]

"그러나 만일 청교도 설교자들이 끊임없이 라틴어 풀이에 열중했다거나 문장이 어디서 끝나는지도 모르는 식의 설교나, 또 이중의 뜻이 들어있는 애매모호한 용어들을 사용하여 설교하였다면, 그와 같은 명성은 결코 얻지 못했을 것이다."[15]

2.3. 하나님의 말씀을 그대로 전달

사도바울이 갈라디아서를 통해 자신은 사람을 기쁘게 하는 자가 아니라 하나님을 기쁘게 하는 자라고 강조한 것처럼 청교도는 설교에 있어서 청중의 감정과 생각을 고려하지 않았다. 이 말은 청중의 삶의 형편을 무시하는 설교를 했다는 의미가 아니라 청중들이 듣고 싶은 말을 한 것이 아니라 하나님이 성경에서 말씀하시는 그 말씀을 전하는 일에 최선을 다했다는 뜻이다. 즉 아첨식의 설교나 공허하고 화려하게 장식된 설교를 하지 않았다는 말이다.

2.4. 미사여구 사용에 대한 극도의 자제

청교도들은 그 당시의 웅변가들처럼, 자신의 명성을 높이는데 더 신경을 T는 설교자들을 철저하게 배격했다. 청교도 설교는 애매모호하지도 않았고, 유익이 없는 미사여구를 여기저기서 가져와서 늘어놓는 설교를 비난하였다. 청교도들은 "근신함으로 명백한 가르침과 예화를 곁들인 훈계 및 회중들에 의해서 쉽게 기억되고 이해할 수 있는 매일 매일의 삶 속에서 얻어지는 은유와 직유들로 가득 채웠던 것이다."[16]

---

13) 피터 루이스, 87.
14) Ibid., 87-88.
15) Ibid., 88.
16) Ibid.

2.5. 적용 강조

청교도 설교는 마지막에 적용을 강조한다. 적용이 없으면 앞에서 어떤 논리적이고 체계적으로 전달된 설교 내용도 완전할 수 없다고 생각했다. 선포된 말씀과 생활이 일치할 때 교회뿐만 아니라 세상도 예수님의 제자라고 인정하기 때문이다.

3. 청교도가 말하는 청교도 설교의 특성

3.1. 존 플라벨

"십자가에 못 박히신 그리스도를 바르게 전하는 것은 설교자들에게 맡겨진 최고의 책무이고 영광인 것입니다. ... 신중함은 미사여구보다 진실한 말들을 선택할 것입니다. 그것은 마치 한 장사꾼이 도금된 중고 배를 사기보다는 견고하고 튼튼하여 오래 쓸 수 있고 많은 적재를 할 수 있는 좋은 배를 사는 것과 같은 것입니다. 잠겨진 자물쇠통에 맞는 구리 열쇠는 보물들이 들어 있는 금고를 열지 못하는 금 열쇠보다 훨씬 유용한 것입니다. ... 따라서 신중한 용어 선택이나 행동에 있어서의 세심한 주의는 사람의 양심과 심령을 노크하여 천박한 미사여구와 달콤한 유혹에 빠지지 않을 것입니다."[17]

3.2. 제임스 더함(James Durham)

다음은 제임스 더함이 요한계시록을 주해하면서 '적용' (Application)에 대해서 한 말이다:

적용은 설교의 생명입니다. 성도들의 양심에 문제의 핵심을 적용시킴에 있어서 필요한 연구, 기술, 지혜, 권위, 및 명백성이 있어야 하듯이 어떤 심오한 진리를

---

17) William Attersol, *A Commentary upon Epistle of Saint Paul to Philemon*, 2nd edition, folio, 1633, 572. 피터 루이스, 88-89.

드러내는 데에도 요구되는 것입니다. 그러므로 목사들은 이것저것을 공부해야 합니다…… 청중들은 때로는 가장 특별한 말들에 의하여 기꺼이 요동되어집니다. 그러나 짧고 평범한 말들이 그들의 가슴에 닿을 때 더 많은 변화가 일어나는 것입니다.

그러므로 설교는 설득하는 것이요, 증거하는 것이며, 간청하는 것이요, 탄원하는 것이며 또는 훈계 및 요청하는 것으로 불리워집니다. 설교란 그러한 모든 것들을 가미한 것이라야 합니다. 그것은 문제들을 매우 특별하게 해결해 줄 뿐 아니라 청중들의 양심에 숨겨져 있던 문제들을 다시 생각하게 만듭니다. 이러한 설교에는 설교자의 신실함과, 지혜와 기민함 그리고 설교사역의 은사와 권능과 효력이 나타나는 것입니다.[18]

또한 제임스 더함은 다음과 같이 설교자의 설교사역에 대한 규칙과 지침을 설명하여 청교도 설교사역의 특징을 소개하였다:

1) 일반적으로 적용면에 있어서 목사들은 자기가 목회하는 교회의 상태에 자신들을 맞추어야만 하는 것을 보았습니다. 또 그들의 설교를 듣는 청중들의 상태에 맞추어야 합니다.

즉, 실수가 많은 사람들(또는 실수의 여지가 아주 많은 자들)에게는 더욱 설득력 있게, 확신을 가진 자들에게는 보다 예리하게, 상처받고 연약한 사람들에게는 좀 더 위안을 주는(용기를 북돋아 주며) 등 우리 주님께서 그러한 자들을 대하신 것처럼 다루어야 합니다.

---

18) James Durham, *A Commentary upon The Book of the Revelation*, quarto, Glasgow, 1680, 228. 피터 루이스, 90-91.

2) 교리적인 가르침에 있어서 목사들은 여러 분류의 사람들에게, 즉 재치 있는 자들, 관료들, 일반 백성들, 위선자들, 그리고 공개적인 이단자들뿐만 아니라, 선한 자들, 가장 온유한 사람들 모두에게 이루어졌다. 근본적 원인과 모든 교리로 교훈하고 책망하는 적용을 해야만 합니다. ...

3) 여러 분류의 사람들에 대한 이러한 적용을 함에 있어서도 영적인 지혜와 신중함으로 다루어져야 모든 사람이 나름대로의 유익을 얻게 됩니다. 그러므로 주님께서는 단단하고 고집 센 사람들에게는 책망을 가하셨으나 애통하는 자는 받으셨던 것입니다. 하나님을 모독하는 자들은 어떤 위로도 받을 근거가 없으나 충성된 자들을 위로하시기 바랍니다. 이것이 복음을 전하는 사역자의 자질입니다.

말씀을 받는 자와 그렇지 못한 자를 말씀에 의하여 정확히 나누는 것입니다. 목사는 혼란을 초래할 언어나 표현을 사용해선 안 되며 어떤 상황이든지 뒤죽박죽으로 적용시키는 것은 삼가야만 합니다. 특별히 다음 4가지 사항과 관련해서 그렇습니다.

① 목이 굳은 사람들이 더욱 강퍅하지 않도록 적용하며, 온유한 심령은 더욱 강하여지고 확신에 찬 생활을 하도록 적용하는 것을 잘 분별해서 해야 합니다. 잘 훈련된 영혼이 상처받지 않을 만큼 오만한 위선자들은 강하게 내리쳐짐을 받아야 하는 것입니다.

② 선한 자와 악한 자가 다 한 가지 죄에 빠져 있을 때, 전자와 후자는 각각 다르게 책망을 받으며 회복되어야 합니다. 우리는 갈라디아서 6:1,3에 있는 규칙을 따르면 라오디게아교회보다 에베소교인들이 더 온유하게 다루어졌음을 보는 것입니다.

③ 성도들의 실수는 이처럼 그들의 처한 상태가 어떠한 지에 따라 책망을 받

게 될 것이며, 그들의 행위에 있어서 칭찬받을 만한 것들이 정죄된다거나 무시되어서는 안 되는 것입니다.

그러나 성도들이 책망 받을 때 심령이 상처받지 않도록, 그리고 그 책망은 주님이 가르쳐준 교훈으로 하고 그 사람을 정죄하는 것이 아니라 그 사람이 범한 실수를 꾸짖는 것 그 이상을 넘어가지 않도록 하여, 책망 받을 것은 책망을 받으며, 인정해 줄 것은 인정해 주며 칭찬받을 것은 칭찬받는 것이 함께 섞여 있어야 합니다.

④ 시간과 경우에 따라 구분되어야 합니다. 외적인 고통과 내적인 아픔이 각 개개인의 사람들에게 엄습해있는 곳에서는 외적인 번영과 안정이 있는 곳에서 보다, 책망함에 있어서 보다 더 인자해야 하고 부드러워야 합니다. 이것이 주님께서 에베소교회, 서머나 및 빌라델피아교회를 다루신 것과 사데 및 라오디게아 교회를 다루신 모습을 비교해 보면 아주 분명한 것입니다.

4) 이러한 적용은 각 사람의 문제에 따라 온유하든지 강한 어조로 책망하든지 해야 할 것입니다. 그리하므로 듣는 자들의 심령 속에 깊이 박히게 되는 것입니다. 적용에 있어서 명백하고 분명하며, 지나치지 않는 책망과 무게 있는 것으로 함이 목회의 빈틈없는 부분입니다.

그렇게 될 때, 신자들이 문제를 심각하게 생각하게 되며 목사가 농담으로 하는 것이 아니라 아주 진지하게 말하는 것임을 확실히 느끼게 되는 것입니다. 이렇게 할 때에, 목사의 책망과 질책, 방향제시 등이 한 귀로 듣고 흘려보내는 것이 되지 않습니다. 왜냐하면 주님께서 그의 모든 서신들 속에서 그러한 문제들을 상세히 다루어 주셨기 때문입니다.

예를 들어서

① 죄악을 비난하심에 있어서와,

② 죄악들의 증거를 보여주심에 있어서 주님은 허공을 내리치는 것과 같이 하지 아니하셨습니다. 양심 속에 역사하는 메시지를 거부하지 않도록, 적용에 있어서 더욱 확신 있게 해야 합니다. 왜냐하면 보통 일반적인 진리들은 어떤 증거들이 필요한 것처럼 특별한 적용에 있어서도 증거를 요구하기 때문입니다.

③ 그리스도는 우리 속에 내재해 있는 죄악들을 토막 내 버리심으로 말미암아 심령 속의 더러운 죄악들을 들추어내 버리셨습니다. 즉, '첫사랑을 버렸노라' 또는 '나는 부자라고 너희가 말하지만', 또 '네가 살았다는 이름을 가진 자나 실상은 죽었느니라.' 등의 말씀이 증거합니다. ...

이것은 비록 사람들이 표현을 안할지라도 진리의 빛을 싫어하는 죄의 세력으로부터 우리의 심령을 진리 가운데 인도해 주시는 말씀의 능력인 것입니다. 이것이 말씀의 주된 능력으로 히브리서 4:12이 증거 하는 심령을 꿰뚫는 것입니다.[19]

---

19) Ibid., 224.

4. 청교도 설교 형식

청교도들의 설교는 토마스(I.D.E. Thomas)가 파악한 것처럼 철저하게 준비하고 탐사적이며, 명백하고 지성적이며, 신학적이고 목회적이며, 신성하게 드라마틱하고 거룩한 생활을 수반한다는 특징이 있다.[20] 그러면서 중요한 형식이 하나 있었다. 그들의 설교는 강해식이고 조직적 이었다는 것이다:

그들은 전체 설교를 택한 본문에 매이도록 한 다음 점진적으로 숨은 의미를 전개해 나갔다. 퓨리탄 설교자들은 방법론의 신봉자들로 발전해갔다. 그들은 3중의 계획을 실천하였다.

● 본문의 표면적 의미를 가지고 씨름한다.
● 본문에서 교리적, 도덕적 원리들을 추론해 낸다.
● 이 원리들을 매일의 삶에 적용시킨다. 교리는 신자가 성경 진리와 매일의 삶 사이에 "다리를 세워" 연결시킬 수 없다면 생명이 없는 것으로 간주되었다.

종종 퓨리탄 설교의 잘못은 교리를 본문 속에 조작해 넣는 일이었다. 제멋대로인 설교자들은 복잡하고 정교하며 사소한 것에 구애되는 방책을 씀으로써 이런 교리들을 불리곤 하였다. 심지어는 죤 유달(John Udall)같은 책임있는 설교자들조차도 성경의 문장 하나하나마다 적어도 1가지씩의 일반적인 교리를 포함하고 있다고 확신하였다.

퓨리탄 방법론에는 또한 청중들이 잘 따라오고 기억하기 쉽도록 설교 자료를 대지로 나누고 또 소지로 나누는 작업이 포함되었다. 때로는 "스무 번째"까지 가는 경우도 있었다. 그리고 각 대지마다 6-10개의 소지를 가질 수 있었다.[21]

청교도들의 설교는 한 시간 또는 두 시간 동안 이상 길게 설교함으로써 지루하다는 평가를 듣기 했다. 그러나 대부분의 회중들은 긴 설교에도 불구하고 지루함을 느끼지 않았다는 보고가 있다:

임마뉴엘 대학의 학장인 로렌스 차더톤(Lawrence Chadderton)은 설교의 대가였음에 틀림없다. 그는 때때로 2시간을 설교하곤 했는데, 그런 다음 요컨대 더 이상 "교인들의 참을성을 침해하지" 않겠노라고 말하곤 하였다. 그러나 회중은 그가 설교를 그 만 하도록 허락하려 하지를 않았다. "제발 바라옵나니, 목사님! 설교를 계속해 주십시오!" 이런 사건이 비일비재하였다.

전하는 바에 의하면 크롬웰이 존 하웨(John Howe, 그의 궁정 목사 중 한 살이 되었다)의 강단 실력을 테스트해 보길 원하였다고 한다. 그래서 크롬웰은 하웨 목사가 강단에 오르기 직전에 그에게 준 본문을 바꿔버렸다. 그럼에도 불구하고 하웨는 이 새 본문을 가지고 2시간 동안 설교하였으며, 그가 모래시계를 다시 한 번 돌리려는 때에야 비로소 그민 하라는 부탁을 받았다는 것이다.[22]

---

20) I.D.E. Thomas, 『퓨리탄의 힘』 (*Puritan Power*), 오태용 옮김 (서울: 바른신앙, 1990), 85-99.
21) Ibid., 84-85.
22) Ibid., 83-84.

청교도들은 본문을 중심으로 강해식 설교를 하였고, 설교에 소요된 시간이 우리의 기준에 볼 때 매우 긴 편이었다. 그러나 하나님께서 성경말씀을 통해 한 손에는 설교자를 붙들고 한 손에는 회중을 붙드시어 하나님과 설교자와 청중이 사랑의 대화를 나누면서 말씀여행을 했으니 어찌 지루할 수 있었겠는가? 어떤 사람들은 본질을 놓치고 껍질만 붙드는 사람이 있다. 오늘날 설교자들이 만약에 청교도들이 했던 강해설교와 긴 설교 시간이라는 이중의 껍질만 붙들고, 그들이 한 편의 설교를 위해 무엇을 했는지를 배우지 못한다면 그가 하는 설교는 10분을 들어도 한 시간을 들은 듯 청중을 괴롭힐 것이다.

5. 정리

설교의 중요성을 모르는 목회자는 아마 아무도 없을 것이다. 다만 설교의 중요성에 대한 농도가 다를 뿐이다. 필자가 교육목사로 있었던 한 교회의 장로들이 그 교회에 새로 부임한 부목사에게 부탁했다. "목사님, 설교에 목숨을 걸어 주십시오!" 이것은 한국교회가 하나님의 말씀을 혼신을 다하여 바르게 전하는 목회자를 기대하고 있다는 단적인 예이다. 상당한 규모의 어떤 교회에 다니는 장로부부는 설교를 들을 때는 인간의 감정을 터치(touch)하는 이야기들로 인해 가슴이 뜨거워지기도 하는 등 감동이 되는데 예배가 끝나고 집으로 돌아갈 때는 오늘 무슨 말씀을 들었는지 고민이 되고, 영적을 허기를 느낀다고 말했다. 결국 그들은 너무나 영적인 배가 고파서, 생명의 양식에 목이 말라서, 성경 말씀을 그대로 전해주는 교회의 새벽기도회에 출석하면서 영의 양식을 보충하고 있다고 했다. 성경 말씀을 중심한 설교의 중요성에 대해 어떤 목회자의 말을 들어보자:

내가 상담학을 공부하면서 설교를 했는데, 그 때 성경 전체를 매년 2회 또는 3회를 읽는 부부 성도가 약 6개월 간 교회에 출석하면서 설교를 들었습니다. 그 부부는 어느 날 교회를 떠났습니다. 내 설교 내용에 일반 학문에서 말하는 인간 심리에 관한 것이 많이 포함되어 있어서 더 이상 설교를 듣지 못하겠다는 것이 그 이유였습니다. 나는 자신도 모르는 사이에 성경 말씀을 벗어난 인간 심리를 설교하고 있었던 것입니다. 그것을 깨달은 후 다시 성경 중심으로 돌아왔습니다. 어느 날 그 부부가 다시 교회에 출석했습니다. 첫 날 설교를 듣고는 "목사님 설교가 달라졌습니다. 성경중심으로 돌아왔습니다. 감사합니다." 그리고 지금까지 잘 출석하고 있습니다.

청교도의 설교를 알고, 배워야 할 이유가 여기에 있다. 목회하다보면 할 일이 참 많아진다는 것을 간접적으로 체험하고 있다. 총회와 노회, 그리고 시찰회와 교역자회 등 누군가는 섬겨할 일들이 많이 있다. 그럴지라도 목회자는 설교자로서 청교도들처럼 설교를 통해 이 시대의 선지자의 사명을 충실하게 감당해야 한다.[23]

---

23) 청교도들은 설교의 전달 형식보다 – 예를 들면 3대지 설교를 고집하는 등 – 는 설교의 내용, 청중들의 이해, 설교자의 자격, 설교 전의 본문에 대한 깊은 묵상과 기도, 그리고 본문의 역사적, 문학적, 문법적, 문화적, 종교적 요소 등에 대한 철저한 연구와 준비, 그리고 적용을 중요시하였다.

제9장

나가는 말

1. 종합 정리

청교도 운동은 잉글랜드의 종교개혁이 낳은 위대한 유산이다. 잉글랜드에서 발원한 청교도의 정신은 스코틀랜드에 영향을 주었고, 분리주의 청교도들에 의해 뉴잉글랜드에서 뿌리를 내렸다.

청교도 운동은 성격을 어떻게 구분하느냐에 따라서 그 운동의 알파와 오메가 결정되고 있다. 즉 청교도 운동을 분리주의 청교도까지 포함한다면 청교도 운동 역사의 기간과 범위가 달라진다는 말이다.

필자는 본서에서 청교도 정신은 잉글랜드를 넘어 스코틀랜드와 뉴잉글랜드, 그리고 한국교회까지 범위를 확장할 수 있고, 지금도 지속되고 있는 운동으로 보았다. 하지만 청교도 운동 그 자체로 한정할 때는 헨리 8세 때 잉태되어 에드워드 6세 시대에 태어나서 메리 튜더 시대에 고난과 함께 성장하여 엘리자베스 1세 통치 시절부터 왕성하게 활동을 시작했다가 제임스 1세와 찰스 1세 시대를 거쳐 크롬웰 시절에 꽃망울을 맺었지만 제대로 피워보지도 못하고 찰 2세의 왕정복고와 1662년 대추방령으로 종식되었다고 보았다. 청교도 운동은 철저한 개혁을 통해 국교회를 장로회로 바꾸려는 운동이었기 때문이다. 그래서 제임스 헤론이 설명하고 있는 바와 같이 초기 청교도들은 모두 장로교도였으며, 이것은 샌디스(Sandys) 감독이 청교도 원리에 대해 1573년 불링거(Henry Bullinger of Zurich)에게 설명한 내용에도 잘 나타나 있다. 먼저 헤론은 풀러(Fuller)와 존 로빈슨(John Robinson)의 말을 인용하여 장로교도와 퓨리탄의 연결점을 설명하였다:

> 기억할 만한 시대인 초기 시대에 청교도의 명칭은 오로지 장로교도들에게 붙여졌던 이름이었으며, 사실상 장로회와 장로교회란 말은 퓨리탄과 거의 동시대에 사용되었다는 것은 특기할 만한 사실이다.
>
> 풀러(Fuller)는 그가 인용해낸 바 있는, 잘 전승되어 온 그 문헌 속에 나타난 청교도라는 명칭을, 제네바에서가 아니라 로마로부터 모든 것이 기안된, 기존의 교회 질서를 통렬히 비난하는, 모든 면에서 영국교회의 행정권을 장로회적 개혁에 순응시키려고 노력하는 자들로 묘사했다. '독립파'의 아버지로 불리우는 그의 이름이 순례자(Pilgrim fathers)의 이야기와 관련되어 유명한 존 로빈슨(John Robinson)은 다음과 같이 말했다. "교황주의자들은 그리스도의 통치권을 교황에게, 신교도들은 감독들에게, 청교도들은 장로회에, 우리들은 교회로 불리우는 다수의 회중의 몸에 그것을 두었던 것이다."[1]

혜론은 이어서 샌디스 감독이 묘사한 청교도의 특징에 주목하면서 청교도와 장로교도를 연결시킨다:

첫째, 정부의 문관은 교회적 문제들을 취급할 수 있는 권위를 갖지 못했다. 그는 오직 교회의 일원이며, 교회의 행정은 목사에게 속해 있어야 한다.

둘째, 그리스도의 교회는 장로들 즉 목사, 교회의 원로들 그리고 집사들에 의하지 않은 다른 행정조직을 용납하지 않는다.

셋째, 대감독, 부감독, 수석목사, 종교법고문관, 가독 대리인들의 명칭들과 권위 그리고 그와 같은 직위의 명칭들과 위계들은 그리스도의 교회로부터 사라져야만 한다.

넷째, 각 교구는 그 자신의 장로회를 가져야 한다.

다섯째, 요구되는 목회자의 선택은 그 교회의 신도들에게 속해 있는 권한이다.

여섯째, 감독이나 성당 둘 중 어느 것에든지 관련되어 그 권리가 거기에 속해 있는 물건, 재물, 소유지, 수입, 명예, 지위, 권위, 그 밖의 어떤 다른 모든 것들은 즉시 또한 영원히 없어져야만 한다.

일곱째, 회중의 목사가 아닌 사람은 설교할 수 없으며 목사는 전적으로 다른 사람들이 아닌 그 자신의 양들에게만 설교하여야 한다.

여덟째, 교황주의자들의 유아들은 세례를 받은 것이 아니다.

아홉째, 모세의 재판법들은 기독교 원리들과 연결되어 있고 그 원리들은 조금도 그 법에서 이탈되어서는 안 된다.[2]

---

1) 제임스 혜론, 27.

이와 같이 청교도들은 "성경에 없는 것이거나 성경에 의해 입증되지 않은 것은 그 어떤 것이라도 믿음의 조항으로 믿도록 강요되어서는 안 된다."는 것을 확실에게 했다.[3]

청교도 운동이 초기에는 장로회를 지향한 깃은 아니었다. 그런데 헨리 8세가 6개 조항을 제정하여 그에 따를 것을 명령했고, 이에 불복하던 존 후퍼, 커버데일, 로저스 그리고 리들리 등이 대륙으로 망명하면서 청교도 운동의 핵심 인물들이 서서히 장로회 정신을 굳혀가는 계기가 되었다. 존 후퍼의 경우 취리히로 망명하여 그곳에서 불링거를 만나 개혁주의 신학을 확고하게 하였다. 1549년 존 낙스가 잉글랜드에 머물면서 장로회 정신의 기초를 더욱 든든히 했다. 청교도 운동은 곧 장로회를 국교회로 만든다는 운동이었다는 것을 분명하게 보여준 것은 메리 튜더의 핍박을 피해 많은 청교도들이 대륙으로 도망하였다가 엘리자베스가 왕이 되자 귀국하면서부터이다. 청교도 운동은 잉글랜드의 국교회를 장로회로 만드는 일은 실패했지만 그 정신은 지금까지 살아서 복음이 들어가는 곳에 함께하고 있다.

---

2) Ibid., 28-29.
3) Ibid., 53.

2. 영국 성공회를 벗어나 형성된 교파들

영국의 종교개혁으로 인해 1534년에 시작된 성공회는 종교개혁자들의 눈에는 반쪽짜리 개혁으로 보였다. 신학은 개혁되어 보였지만 예전과 제도는 여전히 카톨릭을 계승하고 있었기 때문이다. 영국의 종교개혁을 완벽하기 달성하기 위한 노력이 청교도 운동을 낳았지만 1662년 찰스 2세의 대추방령으로 공식적인 청교도 운동이 종식되고 말았다.

영국의 종교개혁을 완성하려고 노력하는 과정에서 오늘날도 여전히 존재하고 있는 다양한 교파들이 형성되었다. 그 중심에 장로회가 있고, 회중파(독립파), 특수 침례회와 일반 침례회, 그리고 퀘이커교가 있고, 청교도 운동이 종식된 후 18세기 초에 성공회의 경건을 회복하려는 옥스퍼드대학의 홀리 클럽(Holy Club) 운동에서 감리회가 출범했다.

2.1. 장로회

오늘날의 장로회 체제는 제네바의 존 칼빈에 의해 시작되었다. 장로회가 잉글랜드에 조직된 것은 비록 지하교회였지만 1572년이었다. 원즈워드에서 존 필드(John Field) 목사와 11명의 장로로 조직되었고, 그후에 비밀스럽게 수백 개의 장로회들이 구성되었다. 엘리자베스 1세는 장로회가 못 마땅했지만 정치적인 안정을 위해 허락하는 듯이 행동함으로써 그들의 협조를 얻고자 했다. 엘리자베스의 이러한 정치 행보로인해 잉글랜드에 성공회에 속해 있으면서 장로회를 지향하는 조직이 확산되었다. 스코틀랜드 장로회는 존 낙스에 의해 1560년에 잉글랜드에서 보다 일찍이 조직되었다.

2.2. 회중교회(독립파)

회중교회는 1581년에 시작되었다. 엘리자베스 1세가 성공회를 확고히 하고 청교도들을 위협하자 성공회와 성공회 내에서 활동하는 청교도 장로회주의자들을 비난한 것이 그 출발점이다. 이들은 교회는 회중에 의해 통치되어야 한다는 회중주의 또는 독립주의(Independents) 원리를 강조하였다. 이 원리를 처음으로 주장한 사람은 로버트 브라운(Robert Browne, d 1633) 이다. 브라운은 엘리자베스가 지향하는 의식들과 청교도 장로회주의자들을 포함하여 그녀를 따르는 모든 사람들을 강하게 탄핵하였다. 이로 인해 그는 추방되어 화란으로 갔고, 그곳에는 망명해 온 회중주의 신자들과 의견대립이 있었고, 그는 회중주의를 포기하고 잉글랜드로 되돌아 왔다. 브라운 자신은 회중주의를 포기했지만 잉글랜드에는 브라운을 계승한 칼빈주의 회중교회(Congregation Church)를 유지하는 사람들이 있었다. 회중파는 성공회에 의해 핍박과 순교(그린우드와 바로우 등, 1593년)를 당하면서도 잉글랜드에 뿌리를 내려갔다.

2.3. 일반 침례회

네덜란드로 이주한 일단의 회중파들은 그곳에서 1608년 국교회에서 개종한 스미스(John Smyth, d. 1612) 목사를 중심으로 암스텔담에 정착하였다. 이들은 1609년 유아세례를 인정하지 않고 재세례파처럼 다시 세례(침례)를 받음으로써 회중파 침례회를 출범시켰다. 재세례를 받았던 사람들은 재세례파인 메노나이트파와 합세하기도 하였고, 일부 는 그들을 떠나 잉글랜드로 돌아와서 1612년에 잉글랜드 내의 최초의 침례파를 조직하였다. 이들은 아르미니우스의 신학에 동조하면서 유아 세례를 반대했고, 칼빈의 예정론을 부정하고, 그리스도의 속죄는 모든 일반을 위한 속죄라고 주장함으로써 일반 침례회(General Baptists) 또는 자유의지 침례회(Free Will Baptists)로 불리게 되었다.

2.4. 특수 침례회

일반 침례회에 속에서 스필즈버리(John Spilsbury)의 지도를 받고 있던 회중들이 성경을 공부한 결과 유아세례와 물을 뿌리는 세례는 비 성경적이지만 그리스도의 속죄가 특별한 사람들에게 제한되어 있다는 칼빈의 제한 속죄는 성경적인 교리임을 깨닫고 1633년 일반 침례회를 벗어나 새로운 침례회를 조직했다. 이들은 세례를 물에 잠기는 침례만 을 인정하면서도 칼빈의 제한속죄 교리를 그대로 받아들였기 때문에 특수 침례회(the Particular Baptists)로 불린다.

2.5. 퀘이커교

퀘이커교는 잉글랜드의 시민전쟁과 웨스트민스터 총회 기간 중에 발생되었다. 이들은 다섯 번째 제국(the Fifth Monarchy)을 꿈꾸는 자들로서 앗수르 제국, 페르시아 제국, 그리스 제국, 로마 제국에 이어 마지막으로 그리스도 왕국 시대가 온다고 주장했다. "친우회"(Society of Friends)라 불리는 퀘이커Quakers) 교도의 창시자 죠지 폭스 (George Fox, 1624-91)는 1647년에 "기독교란 외적인 신앙고백이나 의식이 아니요, 그리스도가 직접 신자의 혼에 비추어 주시는 내적인 빛이다. 성경은 참으로 하나님의 말씀이다. 성경은 신자의 영을 비추어 준다. 성령은 우리의 사명이 무엇임을 가르쳐 주시며, 우리에게 봉사의 정신을 새롭게 하여 주신다."고 했다.[4] 폭스의 주관적인 깨달음은 1650년 내적인 빛을 강조하는 퀘이커교를 창시하였다. 이들은 성결한 삶의 강조함으로써 윤리와 도덕적인 면에서 장점이 있지만 문제는 교역자, 성례, 교회의 권위를 배척하는 데에 있다. 또한 칼빈의 예정론을 배척하고 원죄를 부정한다. 이들의 이름을 퀘이커라 한 것은 "하나님 앞에서 떤다."고 말한 폭스의 말에 유래하고 있다.

기독교는 1054년 서방과 동방으로 나누어진 후 종교개혁으로 서방의 로마 카톨릭에서 개신교가 나왔고, 개신교는 다시 루터파와 개혁파라는 두 진영으로 나누어졌다. 루터파는 루터란과 필립주의로 분리되었고, 개혁파에서는 재세례파 이단 등이 싹을 틔웠다. 대륙의 종교개혁은 섬나라 잉글랜드와 스코틀랜드에 영향을 주었고, 성공회란 특이한 개신교 교파가 잉글랜드에서 탄생하더니 그곳으로부터 장로회가 제네바의 영향을 받아 정착했고, 회중파가 형성되더니 회중파로부터 또 다른 두 종류의 회중파인 일반 침례회와 특수 침례회가 시작되어 오늘에 이르고 있다. 퀘이커교 역시 회중파에 뿌리를 두고 있다.

---

4) Williston Walker, 류형기 역, *A History of the Christian Church* (서울: 한국기독교문화원, 1974), 300.

부록

I. 성공회 39개 신조(Thirty Nine Articles of Religion)[1]

1. Of Faith in the Holy Trinity (성 삼위일체 신앙에 관하여)

There is but one living and true God, everlasting, without body, parts, or passions; of infinite power, wisdom, and goodness; the Maker, and Preserver of all things both visible and invisible. And in unity of this Godhead there be three Persons, of one substance, power, and eternity; the Father, the Son, and the Holy Ghost.

---

[1] 임종호, 「블로그」, 주낙현 역, 2014년 8월 26일. 번역 내용 중 몇 가지 문장과 단어들은 필자가 임으로 수정하였다.

한 분이시며 살아계시고 참되신 하나님은 영원하시며, 몸도 지체도 감정도 없으시며 무한한 능력과 지혜와 선을 가지시며, 모든 보이는 것과 보이지 않는 것의 창조자이시며 보호자이시다. 그리고 이 신성의 통일 속에서 하나의 본질과 능력, 영원성을 나누는 세 위격으로 존재하니 곧 성부와 성자와 성령이시다.

2. Of the Word or Son of God, which was made very Man (참 인간이 된 말씀, 하나님의 아들에 관하여)

The Son, which is the Word of the Father, begotten from everlasting of the Father, the very and eternal God, and of one substance with the Father, took Man's nature in the womb of the blessed Virgin, of her substance: so that two whole and perfect Natures, that is to say, the Godhead and Manhood, were joined together in one Person, never to be divided, whereof is one Christ, very God, and very Man; who truly suffered, was crucified, dead, and buried, to reconcile his Father to us, and to be a sacrifice, not only for original guilt, but also for actual sins of men.

성부의 말씀이신 성자는 영원하신 지극히 영원하신 성부로부터 나셨으며 성부와 함께 하나의 본질을 나누며 복되신 동정녀의 태에서 여인의 본질대로 인간의 본성을 가지셨다. 그리하여 두 가지의 온전하고 완전한 본질들, 즉 신성과 인성은 한 위격 안에 함께 참여하며 결코 나뉘지 않는다. 그러므로 한 분이신 그리스도는 참 하나님이며 참 인간이시다. 그분은 당신의 성부와 우리들의 화해를 위하여 실제로 고난을 받으시고 십자가에 달려서 죽으셨고 묻히셨으며, 원죄뿐만 아니라 인간의 실제로 짓는 죄를 위하여 희생제물이 되셨다.

3. Of the going down of Christ into Hell (그리스도께서 음간에 내려가신 일에 관하여)

As Christ died for us, and was buried, so also is it to be believed, that he went down into Hell.

그리스도께서 우리를 위하여 죽으시고 묻히셨던 것처럼, 음간에 내려가셨음을 믿어야 한다.

4. Of the Resurrection of Christ (그리스도의 부활에 관하여)

Christ did truly rise again from death, and took again his body, with flesh, bones, and all things appertaining to the perfection of Man's nature; wherewith he ascended into Heaven, and there sitteth, until he return to judge all Men at the last day.

그리스도께서는 죽음에서 진실로 부활하셨고, 살과 뼈, 그리고 완전한 사람의 본성에 속하는 모든 것을 가진 몸을 다시 취하셔서, 하늘에 올라 가셨으며, 마지막 날에 모든 인간을 심판하시러 다시 오실 때까지 거기에 앉아 계신다.

5. Of the Holy Ghost (성령에 관하여)

The Holy Ghost, proceeding from the Father and the Son, is of one substance, majesty, and glory, with the Father and the Son, very and eternal God.

성부와 성자로부터 나온 성령은 참되며 영원하신 하나님 성부와 성자와 함께 같은 본질과 권세, 영광을 가진다.

6. Of the Sufficiency of the Holy Scriptures for Salvation (구원을 위한 성경의 충족성에 관하여)

Holy Scripture containeth all things necessary to salvation: so that whatsoever is not read therein, nor may be proved thereby, is not to be required of any man, that it should be believed as an article of the Faith, or be thought requisite or necessary to salvation. In the name of the Holy Scripture we do understand those canonical Books of the Old and New Testament, of whose authority was never any doubt in the Church.

Of the Names and Number of the Canonical Books.

Genesis Exodus Leviticus Numbers Deuteronomy Joshua Judges Ruth The First Book of Samuel The Second Book of Samuel The First Book of Kings The Second Book of Kings The First Book of Chronicles The Second Book of Chronicles The

First Book of Esdras The Second Book of Esdras The Book of Esther The Book of Job The Psalms The Proverbs Ecclesiastes or Preacher Cantica, or Songs of Solomon Four Prophets the greater Twelve Prophets the less.

And the other Books (as Hierome saith) the Church doth read for example of life and instruction of manners; but yet doth it not apply them to establish any doctrine; such are these following:

The Third Book of Esdras The Fourth Book of Esdras The Book of Tobias The Book of Judith The rest of the Book of Esther The Book of Wisdom Jesus the Son of Sirach Baruch the Prophet The Song of the Three Children The Story of Susanna Of Bel and the Dragon The Prayer of Manasses The First Book of Maccabees The Second Book of Maccabees

All the Books of the New Testament, as they are commonly received, we do receive, and account them Canonical.

성경은 구원에 필요한 모든 것을 담고 있다. 그러므로 성경에서 읽을 수 없고 성경을 통해서 증명될 수 없는 것들은 어떤 사람에게도 신앙의 신조나 구원에 필요한 사상으로 요구될 수 없다. 우리는 성경라는 이름을 가진 구약과 신약의 정경들의 권위가 교회 안에서 결코 의심받지 않았다고 이해한다.

정경들의 이름과 수

창세기 출애굽기 레위기 민수기 신명기 여호수아 판관기 룻기 사무엘상 사무엘하 열왕기상 열왕기하 역대기상 역대기하 에즈라 느헤미야 에스델 욥기 시편 잠언 전도서 아가 대예언서 4권 소예언서 12권

다른 책들은 (제롬이 말했듯이) 교회에서 생활의 모범과 행동에 대한 가르침으로 읽을 수 있지만, 어떤 교리를 만드는데도 적용해서는 안 된다. 그 책들은 다음과 같다:

에즈라 3서 에즈라 4서 에스델 잔서 지혜서 토비트 집회서(벤시라 예수) 유딧 바룩 세아이의 노래 마나쎄의 기도 수산나 이야기 마카베오상 마카베오하 벨과 뱀

일반적으로 인정하고 있는 신약성경의 모든 책들은 모두 정경으로 인정한다.

7. Of the Old Testament (구약성경에 관하여)

The Old Testament is not contrary to the New: for both in the Old and New Testament everlasting life is offered to Mankind by Christ, who is the only Mediator between God and

Man, being both God and Man. Wherefore they are not to be heard, which feign that the old Fathers did look only for transitory promises. Although the Law given from God by Moses, as touching Ceremonies and Rites, do not bind Christian men, nor the Civil precepts thereof ought of necessity to be received in any commonwealth; yet notwithstanding, no Christian man whatsoever is free from the obedience of the Commandments which are called Moral.

구약성경은 신약성경과 모순되지 않는다. 구약과 신약성경 안에서 영원한 생명이 하나님과 인간 사이의 유일한 중재자이시며 하나님이요 인간이신 그리스도를 통하여 인간에게 주어졌다. 그러므로 옛날의 족장들이 현세의 약속만을 구하였다고 말하는 사람들의 말은 들을 것이 못 된다. 모세를 통하여 하나님께서 주신 율법은 그와 관련된 예식과 의식과 같이, 그리스도인들을 속박하지 않으며 그 정치적 규례도 모든 국가에서 반드시 받아들여야 할 필요는 없다. 그렇다고 해서 그리스도인이 이른바 도덕적인 계명에 대한 순종에서도 자유로운 것은 아니다.

8. Of the Creeds (세 가지 신경에 관하여)

The Three Creeds, Nicene Creed, Athanasius' Creed, and that which is commonly called the Apostles' Creed, ought thoroughly to be received and believed: for they may be proved by most certain warrants of Holy Scripture.

니케아 신경과 아타나시우스 신경, 그리고 이른바 사도신경, 이 세 가지 신경은 철저하게 인정하고 믿어야 한다. 이 세 가지 신경은 성경의 가장 확실한 보증으로 증명되어 있기 때문이다.

9. Of Original or Birth-Sin (원죄, 즉 생득의 죄에 관하여)

Original sin standeth not in the following of Adam, (as the Pelagians do vainly talk;) but it is the fault and corruption of the Nature of every man, that naturally is engendered of the offspring of Adam; whereby man is very far gone from original righteousness, and is of his own nature inclined to evil, so that the flesh lusteth always contrary to the Spirit; and therefore in every person born into this world, it deserveth God's wrath and damnation. And this infection of nature doth remain, yea in them that are regenerated; whereby the lust of the flesh, called in Greek, ,(which some do expound the wisdom, some sensuality, some the affection, some the desire, of the flesh), is not subject to the Law of God. And although there is no condemnation for them that believe and are baptized; yet the Apostle doth confess, that concupiscence and lust hath of itself the nature of sin.

원죄는 (펠라기우스파 사람들이 헛되이 말하듯이) 아담을 모방하는 것이 아니며, 모든 인간의 본성에 있는 결함과 부패이다. 이것은 아담의 후손들에게 자연적으로 생기는 것이며, 이 때문에 인간은 원래의 의로움과는 멀리 떨어져 있으며 본성상 악에 기우는 향이 있다. 그러므로 육은 항상 영에 거역한다. 따라서 이 세상에 태어난 모든 인간은 하나님의 분노와 저주를 받게 된다. 그리고 이러한 본성의 오염은 새로 태어나는 사람들에게도 남아있는 것이다. 이 때문에 그리스 어로 '프로네마 사르코스' 라고 하는 육의 욕망(어떤 이는 이를 육의 지혜로, 혹은 색욕, 애착, 욕망으로 해석한다)은 하나님의 율법에 순종하지 않는 것이다. 믿음을 가지고 세례를 받은 사람에게는 형벌이 없을 것이지만, 사도가 고백한 대로 색욕과 욕정은 그 자체로 죄의 본성이다.

10. Of Free-Will (자유 의지에 관하여)

The condition of Man after the fall of Adam is such, that he cannot turn and prepare himself, by his own natural strength and good works, to faith; and calling upon God. Wherefore we have no power to do good works pleasant and acceptable to God, without the grace of God by Christ preventing us, that we may have a good will, and working with us, when we have that good will.

아담의 타락 이후 인간은 자신의 자연적인 힘과 선한 행위로써 신앙과 하나님을 찾는 일에 자신을 돌이키거나 준비할 수 없는 조건에 놓여 있다. 그러므로 우리는 하나님께 기쁘고 받아들여질 만한 선한 일을 할 능력이 없다. 우리를 인도하시는 그리스도에 의한 하나님의 은총을 통해서만이 우리는 선한 의지를 가질 수 있고, 그 선한 의지로 선한 행동을 할 수 있다.

11. Of the Justification of Man (인간이 의롭다고 인정받는 일에 관하여)

We are accounted righteous before God, only for the merit of our Lord and Saviour Jesus Christ by Faith, and not for our own works or deservings. Wherefore, that we are justified by Faith only, is a most wholesome Doctrine, and very full of comfort, as more largely is expressed in the Homily of Justification.

우리가 하나님 앞에서 의롭다고 인정을 받는 것은, 오직 우리 주님이요 구원자이신 예수 그리스도의 공로에 의지한 신앙으로 인한 것이지, 우리의 업적과 가치에 의한 것이 아니다. 그러므로 우리가 오직 신앙으로 의롭다고 인정받는다는 것은 이에 관한 말씀에서 표현되듯이 가장 건전한 교리의 하나이며, 지극히 넘치는 위로가 된다.

12. Of Good Works (선행에 관하여)

Albeit that Good Works, which are the fruits of Faith, and follow after Justification, cannot put away our sins, and endure the severity of God's judgment; yet are they pleasing and acceptable to God in Christ, and do spring out necessarily of a true and lively Faith insomuch that by them a lively Faith may be as evidently known as a tree discerned by the fruit.

선행이 비록 신앙의 결실이며 의롭다고 인정을 받은 후에 따르는 것이라 할지라도 죄를 없앨 수는 없으며, 하나님의 엄정한 심판을 견뎌낼 수는 없다. 그러나 선행은 그리스도 안에서 하나님을 기쁘게 해드리고 용납될 수 있으며, 참되고 살아있는 신앙에게서는 반드시 나타나는 것이기도 하다. 그러므로 마치 나무가 열매를 통해 구별되듯이 선행으로 살아있는 신앙이 분명하게 알려지는 것이다.

13. Of Works before Justification (의롭다고 인정받기 이전의 행위에 대하여)

Works done before the grace of Christ, and the Inspiration of his Spirit, are not pleasant to God, forasmuch as they spring not of faith in Jesus Christ; neither do they make men meet to receive grace, or (as the School-authors say) deserve grace of congruity: yea rather, for that they are not done as God hath willed and commanded them to be done, we doubt not but they have the nature of sin.

그리스도의 은혜와 성령의 영감을 받기 전의 행위들은 하나님을 기쁘게 해드릴 수 없다. 그것은 예수 그리스도에 대한 신앙에서 나온 것이 아니며, 이것으로 사람이 은총을 받을 수도 없으며, (스콜라 학자들이 말하듯이) 이에 적합한 은총을 받을 만한 가치도 없다. 오히려 이러한 행위는 하나님이 원하시고 명령하신 것에 따라 된 것이 아니며, 결국 우리는 이러한 행위가 죄의 본성을 가지고 있음을 의심하지 않는다.

14. Of Works of Supererogation (여분의 공덕에 관하여)

Voluntary Works besides, over and above, God's Commandments, which they call Works of Supererogation, cannot be taught without arrogancy and impiety: for by them men do declare, that they do not only render unto God as much as they are bound to do, but that they do more for his sake, than of bounden duty is required: whereas Christ saith plainly When ye have done all that are commanded to you, say, We are unprofitable servants.

하나님의 계명을 지킬 뿐만 아니라 그 이상을 자발적으로 행한 일을 여분의 공덕이라 하는데, 이러한 주장은 반드시 교만과 불경건을 동반한다. 왜냐하면 인간은 이러한 행위를 가지고 자기들이 마땅히 해야 할 일을 하나님께 바치기 위해서 하는 것처럼 할 뿐만 아니라, 마땅히 요

구되는 의무인데도 자기 자신을 위해서 하기 때문이다. 그러나 그리스
도께서는 너희가 계명대로 다 행했다고 말한다면 우리는 무익한 종이
라고 분명히 말씀하셨다.

15. Of Christ alone without Sin (그리스도만이 죄 없으심에 관하여)

Christ in the truth of our nature was made like unto us in all
things, sin only except, from which he was clearly void, both in
his flesh, and in his spirit. He came to be the Lamb without
spot, who, by sacrifice of himself once made, should take away
the sins of the world; and sin (as Saint John saith) was not in
him. But all we the rest, although baptized and horn again in
Christ, yet offend in many things; and if we say we have no
sin, we deceive ourselves, and the truth is not in us.

참된 인간의 본성을 가지신 그리스도는 모든 일에 있어서 우리와
같지만, 그의 육신과 영혼은 죄에서만은 분명히 제외되셨다. 그는 흠
이 없는 어린 양이 되어서 자기 자신을 단 한 번의 희생 제물로 삼아
세상의 죄를 없애기 위하여 오셨다. 그리고 죄가(요한이 말한 대로) 그
분 안에 있지 않았다. 그러나 그분 외에 우리 모두는 세례를 받고 그리
스도 안에서 새롭게 태어났지만 많은 일에서 죄를 짓게 된다. 만일 우
리에게 죄가 없다고 말한다면 우리 자신을 속이며 진리가 우리 안에
없는 것이다.

16. Of Sin after Baptism (세례 후에 지은 죄에 관하여)

Not every deadly sin willingly committed after Baptism is sin against the Holy Ghost, and unpardonable. Wherefore the grant of repentance is not to be denied to such as fall into sin after Baptism. After we have received the Holy Ghost, we may depart from grace given, and fall into sin, and by the grace of God we may arise again, and amend our lives. And therefore they are to be condemned, which say, they can no more sin as long as they live here, or deny the place of forgiveness to such as truly repent.

세례를 받은 후 자의로 지은 중대한 죄 모두가 성령을 거역하는 것은 아니며, 전혀 용서받을 수 없는 것도 아니다. 그러므로 세례를 받은 후에 죄를 지은 사람에게도 회개의 여지가 있다. 성령을 받은 후에 우리가 주어진 은총에서 이탈하여 죄를 짓게 되더라도 우리는 여전히 하나님의 은혜로 다시 일어나 우리의 삶을 개선할 수 있다. 그러므로 우리가 이 세상에서 사는 동안 더 이상 죄를 지을 수 없다거나 참된 회개를 통한 용서의 여지가 없다고 말하는 사람은 정죄 받을 것이다.

17. Of Predestination and Election (예정과 선택에 관하여)

Predestination to Life is the everlasting purpose of God, whereby (before the foundations of the world were laid) he hath constantly decreed by his counsel secret to us, to deliver from curse and damnation those whom he hath chosen in Christ out of mankind, and to bring them by Christ to everlasting salvation, as vessels made to honour. Wherefore, they which be endued with so excellent a benefit of God, be called according to God's purpose by his Spirit working in due season: they through Grace obey the calling: they be justified freely: they be made sons of God by adoption: they be made like the image of his only-begotten Son Jesus Christ: they walk religiously in good works, and at length, by God's mercy, they attain to everlasting felicity.

As the godly consideration of Predestination, and our Election in Christ, is full of sweet, pleasant, and unspeakable comfort to godly persons, and such as feel in themselves the working of the Spirit of Christ, mortifying the works of the flesh, and their earthly members, and drawing up their mind to high and heavenly things, as well because it doth greatly establish and confirm their faith of eternal Salvation to be enjoyed through Christ as because it doth fervently kindle their love towards God: So, for curious and carnal persons, lacking the Spirit of Christ, to have continually before their eyes the sentence of God's Predestination, is a most dangerous downfall, whereby the Devil doth thrust them either into desperation, or into wretchlessness of most unclean living, no less perilous than desperation.

Furthermore, we must receive God's promises in such wise, as they be generally set forth to us in Holy Scripture: and, in our doings, that Will of God is to be followed, which we have expressly declared unto us in the Word of God.

예정과 선택에 관하여 생명에 관한 예정은 하나님의 영원한 목적이다. 이 안에서 (땅의 기초가 세워지기 전부터) 하나님은 우리에게 숨겨진 계획에 따라 인류 가운데 그리스도 안에서 선택하신 사람들을 저주와 형벌로부터 구원하시고, 고귀하게 만들어진 그릇인 그리스도를 통해 그들에게 영원한 구원을 가져다주신다고 지속적으로 선포하신다. 하나님의 각별한 은혜를 입은 사람들은 하나님의 목적에 따라 때가 차서 활동하시는 성령으로 부름 받은 사람들이기 때문이다. 이들은 은총을 통하여 부르심에 순종하며, 거저 의롭다고 여김을 받으며, 하나님께서 자녀로 받아 주신다. 이들은 하나님의 외아들인 예수 그리스도의 형상과 같이 되며, 경건하게 착한 일을 하며 살다가 마침내 하나님의 자비로 영원한 행복을 얻는다.

믿음을 가지고 예정과 그리스도 안에서의 선택을 생각하는 것은 경건한 사람들에게 참으로 달고 기쁘며 말할 수 없는 위로가 된다. 그리고 이러한 사람들은 육체의 활동과 지상의 것들을 죽이고 그들의 마음을 높은 하늘로 들어 올리는 그리스도의 영의 활동을 느끼게 된다. 그것은 예정과 선택에 대한 생각이 그리스도를 통하여 누리게 될 영원한 구원에 대한 신앙을 확립하며 하나님을 향한 그들의 신앙에 강렬하게 불붙여 주기 때문이다. 그러므로 그리스도의 영을 제대로 갖지 못한 채 의심 많고 현세적인 사람들의 시각으로 하나님의 예정에 대한 선언을 계속해서 따르는 것은 가장 위험한 함정이다. 악마는 이런 사람들을 절망으로 떨어뜨리거나 절망과 다를 바 없는 가장 더러운 삶의 비참함으로 빠뜨린다. 나아가 우리는 하나님께서 성경을 통하여 우리에게 드러나 있는 하나님의 약속을 받아들여야 한다. 그리고 하나님의 말씀 안에서 우리에게 분명하게 선포된 하나님의 뜻은 우리의 행동 속에서 실현되어야 한다.

18. Of obtaining eternal Salvation only by the Name of Christ (그리스도의 이름으로써만 영원한 구원을 얻는 것에 관하여)

They also are to be had accursed that presume to say, That every man shall be saved by the Law or Sect which he professeth, so that he be diligent to frame his life according to that Law, and the light of Nature. For Holy Scripture doth set out unto us only the Name of Jesus Christ, whereby men must be saved.

모든 사람은 자신이 고백한 계명이나 종파에 따라 구원을 받으며 이에 따라 그러한 계명과 자연적인 빛에 따라 자기 생활을 맞추는데 부지 런하면 된다고 말을 믿는 사람은 정죄 받을 것이다. 왜냐하면 성경은 우리에게 예수 그리스도의 이름으로만 구원을 얻을 수 있다고 말하기 때문이다.

19. Of the Church (교회에 관하여)

The visible Church of Christ is a congregation of faithful men, in which the pure Word of God is preached, and the Sacraments be duly ministered according to Christ's ordinance, in all those things that of necessity are requisite to the same.

As the Church of Jerusalem, Alexandria, and Antioch, have erred, so also the Church of Rome hath erred, not only in their living and manner of Ceremonies, but also in matters of Faith.

그리스도의 가시적(可視的) 교회는 신실한 사람들의 모임이다. 여기서 하나님의 순수한 말씀이 선포되며 성례들은 이에 필요한 것을 그리스도께서 제정하신 바에 따라 성례가 올바르게 집행된다. 예루살렘, 알렉산드리아와 안티오키아 교회가 오류를 범했듯이 로마 교회도 행위와 예배 의식의 방법에서 만이 아니라 신앙의 문제에서도 오류를 범하였다.

20. Of the Authority of the Church (교회의 권위에 관하여)

The Church hath power to decree Rites or Ceremonies, and authority in Controversies of Faith: and yet it is not lawful for the Church to ordain any thing that is contrary to God's Word written, neither may it so expound one place of Scripture, that it be repugnant to another. Wherefore, although the Church be a witness and a keeper of Holy Writ, yet, as it ought not to decree any thing against the same, so besides the same ought it not to enforce any thing to be believed for necessity of Salvation.

교회는 예배의식을 결정할 힘과 신앙에 관한 논쟁에 있어서 권위를 가지고 있다. 그러나 교회가, 기록된 하나님의 말씀에 모순된 어떤 명령을 내리는 것은 합법적이지 않고, 성경의 한 부분을 다른 부분과 모순되게 설명하는 것도 마찬가지이다. 그러므로 교회가 비록 거룩한 말씀의 증인이며 보존자이지만 성경에 반하는 어떤 법령도 포고해서는 안 되며, 성경 밖의 것을 가지고 구원에 필요한 것이라고 강제로 믿게 해서도 안 된다.

21. Of the Authority of General Councils (총회의 권위에 관하여)

General Councils may not be gathered together without the commandment and will of Princes. And when they be gathered together, (forasmuch as they be an assembly of men, whereof all be not governed with the Spirit and Word of God), they may err, and sometimes have erred, even in things pertaining unto God. Wherefore things ordained by them as necessary to salvation have neither strength nor authority, unless it may be declared that they be taken out of holy Scripture.

총회는 제후의 명령이나 의지 없이는 소집될 수 없다. 소집된 총회(이 모임은 성령과 하나님의 말씀이 항상 다스리는 것은 아닌 인간들의 모임이기 때문에)는 오류를 범할 수 있고, 또한 하나님에 관한 일에 있어서도 때로 오류를 범한 적도 있었다. 그러므로 총회가 구원에 필수적인 것이라고 제정한 것이 성경에서 근거한 것으로 밝혀지지 않는다면 그것은 힘도 없고 권위도 없다.

22. Of Purgatory (연옥에 관하여)

The Romish Doctrine concerning Purgatory, Pardons, Worshipping and Adoration, as well of Images as of Relics, and also Invocation of Saints, is a fond thing, vainly invented, and grounded upon no warranty of Scripture, but rather repugnant to the Word of God.

연옥, 면죄, 성상 및 유물에 대한 예배와 숭배, 그리고 성인을 통한 기도에 관한 로마 교회의 교리는 어리석은 것이며 헛되게 발명된 것이고 성경에 전혀 근거가 없는 것일 뿐만 아니라 하나님의 말씀에 적대하는 것이다.

23. Of Ministering in the Congregation (교회의 사목에 관하여)

It is not lawful for any man to take upon him the office of public preaching, or ministering the Sacraments in the Congregation, before he be lawfully called, and sent to execute the same. And those we ought to judge lawfully called and sent, which be chosen and called to this work by men who have public authority given unto them in the Congregation, to call and send Ministers into the Lord's vineyard.

누구든지 합법적으로 부름을 받아 회중 안에서 공적인 설교나 성례를 집전하도록 파송받기 전에 이러한 직책을 수행하는 것은 불법이다. 그리고 우리는 합법적으로 부름을 받고 파송 받은 사람이, 회중 안에서 주님의 포도원으로 사목자들을 부르고 파송할 수 있는 공적인 권위를 부여받은 사람에 의해서 이 일을 위하여 선택받고 부름 받았는지를 판단해야 한다.

24. Of Speaking in the Congregation in such a Tongue as the people understandeth (회중이 이해할 수 있는 말의 사용에 관하여)

It is a thing plainly repugnant to the Word of God, and the custom of the Primitive Church to have public Prayer in the

Church, or to minister the Sacraments, in a tongue not understanded of the people.

사람들이 이해하지 못하는 말로 교회 안에서 공적인 기도를 드리거나 성례를 집전하는 것은 분명히 하나님의 말씀과 초대 교회의 관습에 어긋나는 것이다.

25. Of the Sacraments (성례에 관하여)

Sacraments ordained of Christ be not only badges or tokens of Christian men's profession, but rather they be certain sure witnesses, and effectual signs of grace, and God's good will towards us, by the which he doth work invisibly in us, and doth not only quicken, but also strengthen and confirm our Faith in him.

There are two Sacraments ordained of Christ our Lord in the Gospel, that is to say, Baptism, and the Supper of the Lord.

Those five commonly called Sacraments, that is to say, Confirmation, Penance, Orders, Matrimony, and Extreme Unction, are not to be counted for Sacraments of the Gospel, being such as have grown partly of the corrupt following of the Apostles, partly are states of life allowed in the Scriptures, but yet have not like nature of Sacraments with Baptism, and the Lord's Supper, for that they have not any visible sign or ceremony ordained of God.

The Sacraments were not ordained of Christ to be gazed upon, or to be carried about, but that we should duly use them. And in such only as worthily receive the same, they have a wholesome effect or operation: but they that receive them unworthily, purchase to themselves damnation, as Saint Paul saith.

그리스도께서 제정하신 성례는 그리스도인의 신앙고백에 대한 징표요 표시일 뿐만 아니라 확실하고 분명한 증거이며, 우리를 향한 하나님의 은총과 선하신 뜻에 대한 효과적인 표시이다. 이 성례를 통하여 하나님께서는 우리 안에서 보이지 않게 활동하시며, 그리스도를 향한 우리의 신앙에 활력을 주고 굳세게 하며 견고하게 한다. 복음서에서 우리 주님 그리스도께서 제정하신 성례는 두 가지인데, 세례와 주님의 만찬이 그것이다. 소위 다섯 가지 성례라고 말하는 견진, 고해, 신품, 혼배, 조병성례는 복음서에서 말하는 성례에 포함되지 않으며, 부분적으로 사도들을 잘못 모방한데서 나타났으며, 부분적으로 성경에서 허용하고 있는 관습에 대한 언급에서 나타나게 되었다. 하지만 이것은 세례와 주님의 만찬과 같은 성례의 본질을 갖지 못한다. 그러므로 이것들은 하나님께서 제정하신 가시적 표시나 의식이 아니다. 그리스도께서 제정하신 성례는 조배하거나 들고 다니기 위한 것이 아니라 올바르게 사용하기 위한 것이다. 그리고 사도 바울로가 말한 대로 성례는 가치 있게 받아들이는 사람에게만 유익한 효과와 작용이 나타나는 것이며, 이를 무가치하게 받아들이는 사람은 스스로 벌을 초래하는 것이다.

26. Of the Unworthiness of the Ministers, which hinders not the effect of the Sacraments (성직자의 품성 결함이 성례의 효과에 영향을 미치지 못하는 것에 관하여)

Although in the visible Church the evil be ever mingled with the good, and sometimes the evil have chief authority in the Ministration of the Word and Sacraments, yet forasmuch as they do not the same in their own name, but in Christ's, and do minister by his commission and authority, we may use their Ministry, both in hearing the Word of God, and in receiving the Sacraments. Neither is the effect of Christ's ordinance taken away by their wickedness, nor the grace of God's gifts diminished from such as by faith, and rightly, do receive the Sacraments ministered unto them; which be effectual, because of Christ's institution and promise, although they be ministered by evil men.

Nevertheless, it appertaineth to the discipline of the Church, that inquiry be made of evil Ministers, and that they be accused by those that have knowledge of their offences; and finally, being found guilty, by just judgment be deposed.

가시적인 교회 안에서 악한 사람과 성한 사람이 섞여 있고, 때로는 악한 사람이 말씀과 성찬을 집전할 권위를 가지고 있는 경우가 있다 하더라도, 이들이 자신의 이름으로 이를 행하는 것이 아니라 그리스도의 이름으로 행하는 것이며, 그리스도의 위임과 권위로 행하는 것이다. 그러므로 우리는 이들의 집전을 이용할 수 있으며, 이들을 통해서 하나님의 말씀을 듣고 성례를 받을 수도 있다. 그리스도의 제정하신 것의 효과가 이들의 사악함 때문에 소멸되는 것은 아니며 하나님께서 주신 은총도 사람들에게 베풀어진 이 성례를 신앙적으로 올바르게 받는 사람들에게서 사라지지 않는다. 악한 사람이 집전했다 하더라도 그리스도께서 제정하시고 약속하신 것이기 때문에 그것은 유효하다. 그럼에도 불구하고 악한 사목자를 심문하여 그의 잘못을 아는 사람들의 고발에 따라 결국 유죄가 입증된다면, 면직시키는 것이 교회의 치리에 합당하다.

27. Of Baptism (세례에 대하여)

Baptism is not only a sign of profession, and mark of difference, whereby Christian men are discerned from others that be not christened, but it is also a sign of Regeneration or

New-Birth, whereby, as by an instrument, they that receive Baptism rightly are grafted into the Church; the promises of the forgiveness of sin, and of our adoption to be the sons of God by the Holy Ghost, are visibly signed and sealed, Faith is confirmed, and Grace increased by virtue of prayer unto God.

The Baptism of young Children is in any wise to be retained in the Church, as most agreeable with the institution of Christ.

세례는 신앙고백의 징표이며, 신자와 불신자를 구별하는 표시일 뿐만 아니라 거듭남과 새로운 탄생의 징표이다. 이 징표를 도구로 하여 세례를 올바르게 받은 사람은 교회에 결합되며, 죄의 용서와 성령에 의하여 우리가 자녀로 받아들여진다는 약속이 가시적으로 가시적(可視的)으로 드러나며 보증을 받는다. 그리고 하나님께 바치는 기도를 통하여 신앙은 굳어지며 은총이 더해진다. 유아 세례는 그리스도의 제정하신 것에 가장 잘 조화되는 것으로서 교회 안에서 무슨 일이 있어도 보존되어야 한다.

28. Of the Lord's Supper (주님의 만찬에 대하여)

The Supper of the Lord is not only a sign of the love that Christians ought to have among themselves one to another, but rather it is a Sacrament of our Redemption by Christ's death: insomuch that to such as rightly, worthily, and with faith, receive the same, the Bread which we break is a partaking of the Body of Christ; and likewise the Cup of Blessing is a partaking of the Blood of Christ.

Transubstantiation (or the change of the substance of Bread and Wine) in the Supper of the Lord, cannot be proved by Holy Writ; but is repugnant to the plain words of Scripture, overthroweth the nature of a Sacrament, and hath given occasion to many superstitions.

The Body of Christ is given, taken, and eaten, in the Supper, only after an heavenly and spiritual manner. And the mean whereby the Body of Christ is received and eaten in the Supper, is Faith.

The Sacrament of the Lord's Supper was not by Christ's ordinance reserved, carried about, lifted up, or worshipped.

주님의 만찬은 그리스도인들이 다른 사람과 함께 이루어야 할 사랑의 표시일 뿐만 아니라 그리스도의 죽음을 통한 우리의 구원에 관한 성례이다. 그러므로 올바르고, 합당하게, 또한 믿음을 가지고 우리가 떼는 빵을 영하는 것은 그리스도의 몸을 나누어 먹는 것이고, 마찬가지로 축복의 잔은 그리스도의 피를 나누어 먹는 것이다. 주님의 만찬 안에서 화체(즉 빵과 포도주의 실체의 변화)가 된다는 주장은 성경에서 입증될 수 없는 것이다. 성경의 분명한 말씀에 위배되며 성례의 본질을 버리고 많은 미신의 여지를 주었다. 그리스도의 몸은 이 성찬에서 오직 천상적이고 영적인 방법에 따라서 주어지는 것이며 받아서 먹는 것이다. 그리고 그리스도의 몸을 받아먹는 길은 바로 신앙이다. 주님의 만찬의 성례, 즉 성체와 보혈은 그리스도의 제정에 따르면 보존하거나 여기저기 들고 다니거나 들어 올리고 경배하는 대상이 아니다.

29. Of the Wicked, which eat not the Body of Christ in the use of the Lord's Supper (불경한 사람이 주님의 만찬에서 그리스도의 몸을 먹지 못하는 것에 관하여)

The Wicked, and such as be void of a lively faith, although they do carnally and visibly press with their teeth (as Saint Augustine saith) the Sacrament of the Body and Blood of Christ; yet in no wise are they partakers of Christ: but rather, to their condemnation, do eat and drink the sign or Sacrament of so great a thing.

불경건한 사람과 분명한 신앙을 가지지 못한 사람은 (성 어거스틴이 말한 대로) 육체적으로 가시적으로 입에 그리스도의 몸과 피라는 성례를 댄다하더라도, 그리스도를 나누어 먹은 사람이 아니며 오히려 이렇게 위대한 성례와 그 표지를 먹고 마시는 것이 그에게는 벌을 초래한다.

30. Of both Kinds (이종배찬〈二種陪餐〉에 관하여)

The Cup of the Lord is not to be denied to the Lay-people: for both the parts of the Lord's Sacrament, by Christ's ordinance and commandment, ought to be ministered to all Christian men alike.

주님의 잔을 평신도들에게 나누어주는 것을 거절해서는 안 된다. 주님의 성례의 두 부분 모두가 모든 그리스도인들에게 다 같이 배찬되어야 함을 그리스도가 제정하시고 명령하셨기 때문이다.

31. Of the one Oblation of Christ finished upon the Cross (십자가 위에서 끝난 그리스도의 한 번의 제물에 관하여)

The Offering of Christ once made is that perfect redemption, propitiation, and satisfaction, for all the sins of the whole world, both original and actual; and there is none other satisfaction for sin, but that alone. Wherefore the sacrifices of Masses, in the which it was commonly said, that the Priest did offer Christ for the quick and the dead, to have remission of pain or guilt, were blasphemous fables, and dangerous deceits.

단 한번 이루어진 그리스도 자신의 봉헌은 원죄와 실범죄를 포함하여 세계의 모든 죄를 위하여 행하신 완전한 속죄이며, 화해이고 변상이다. 그리고 이 밖에는 죄를 보상할 어떤 것도 없다. 그러므로 이른

바 미사를 희생 제의로 보고 사제가 살아있는 사람과 죽은 사람의 고
통과 죄를 덜기 위해 그리스도를 봉헌했던 것은 불경하게 지어낸 이야
기이며 위험한 기만이었다.

32. Of the Marriage of Priests (사제의 결혼에 관하여)

Bishops, Priests, and Deacons, are not commanded by God's
Law, either to vow the estate of single life, or to abstain from
marriage: therefore it is lawful for them, as for all other
Christian men, to marry at their own discretion, as they shall
judge the same to serve better to godliness.

하나님의 법은 주교와 사제와 부제가 독신 생활을 해야 한다거나
결혼하지 말아야 한다고 규정하지 않았다. 다른 그리스도인들이 자신
의 판단에 따라 결혼하는 것처럼 하나님을 섬기는 일에 더 낫다고 판
단한다면 결혼 또한 정당한 것이다.

33. Of excommunicate Persons, how they are to be avoided (파문된 사람을 피하는 것에 관하여)

That person which by open denunciation of the Church is
rightly cut off from the unity of the Church, and
excommunicated, ought to be taken of the whole multitude of
the faithful, as an Heathen and Publican, until he be openly
reconciled by penance, and received into the Church by a

Judge that hath authority thereunto.

교회의 공개적인 선언에 따라 교회 공동체에서 정당하게 제외되고 파문된 사람에 대해서는 그가 회개를 통하여 공개적으로 화해하여 교회의 권위에 따라 교회로 받아들여지기 까지는 교회의 모든 신자들은 이방인과 세리 취급을 받아야 한다.

34. Of the Traditions of the Church (교회의 전통에 관하여)

It is not necessary that Traditions and Ceremonies be in all places one, or utterly like; for at all times they have been divers, and may be changed according to the diversity of countries, times, and men's manners, so that nothing be ordained against God's Word. Whosoever, through his private judgment, willingly and purposely, doth openly break the Traditions and Ceremonies of the Church, which be not repugnant to the Word of God, and be ordained and approved by common authority, ought to be rebuked openly, (that others may fear to do the like,) as he that offendeth against the common order of the Church, and hurteth the authority of the Magistrate, and woundeth the consciences of the weak brethren.

Every particular or national Church hath authority to

ordain, change, and abolish, Ceremonies or Rites of the Church ordained only by man's authority, so that all things be done to edifying.

전통과 예배 의식은 반드시 어디에서나 한가지이거나 똑같을 필요가 없다. 모든 시대에 걸쳐 전통과 예배 의식은 다양했기 때문이며, 나라와 시대와 사람들의 관습의 다양성에 따라 변할 수 있다. 그러나 하나님의 말씀에 위배되어 제정할 수는 없다. 어떤 목적을 가지고 사적인 판단에 따라 하나님의 말씀에 위배되는 일이 없는 교회의 전통과 예배의식을 공공연히 파괴하는 행위, 즉 교회의 공적인 질서에 반대하고 교회 재판소의 권위를 해치며 약한 형제들의 양심에 상처를 주는 행위는 공개적으로 비난받아 마땅하다. (다른 사람들은 이런 일을 두려워할 것이다).

35. Of the Homilies (교리서에 관하여)

The Second Book of Homilies, the several titles whereof we have joined under this Article, doth contain a godly and wholesome Doctrine, and necessary for these times, as doth the former Book of Homilies, which were set forth in the time of Edward the Sixth; and therefore we judge them to be read in Churches by the Ministers, diligently and distinctly, that they may be understood of the people.

제2교리서는 그 내용의 제목을 이 조항에 부기하여 두거니와, 에드워드 6세 때 발행된 제1교리서와 같이 하나님께 합당한 전체적인 교리를 담고 있으며, 이 시대에 필요한 것들을 담고 있다. 그러므로 우리는 교회 안에서 사목자들이 이를 충실하고 명확하게 읽어 주어 신자들이 이해할 수 있도록 해야 한다고 판단한다.

Of the Names of the Homilies(교리서의 내용)

Of the right Use of the Church. Against Peril of Idolatry. Of repairing and keeping clean of Churches. Of good Works, first of Fasting. Against Gluttony and Drunkenness. Against Excess of Apparel. Of Prayer. Of the Place and Time of Prayer. That Common Prayers and Sacraments ought to be ministered in a known tongue. Of the reverent Estimation of God's Word. Of Alms-doing. Of the Nativity of Christ. Of the Passion of Christ. Of the Resurrection of Christ. Of the worthy receiving of the Sacrament of the Body and Blood of Christ. Of the Gifts of the Holy Ghost. For the Rogation-days. Of the State of Matrimony. Of Repentance. Against Idleness. Against Rebellion.

1. 교회의 올바른 이용에 대하여 2. 우상의 위험에 반대하여 3. 교회의 수리와 청결 유지에 대하여 4. 선행, 특별히 단식에 대하여

5. 과식과 과음에 반대하여 6. 지나친 치장에 반대하여 7. 기도에 대하여 8. 기도의 장소와 시간에 대하여 9. 반드시 알아들을 수 있는 말을 사용한 공동 기도와 성례에 대하여 10. 하나님의 말씀에 대한 경외에 대하여 11. 구제 활동에 대하여 12. 그리스도의 탄생에 대하여 13. 그리스도의 수난에 대하여 14. 그리스도의 부활에 대하여 15. 그리스도의 몸과 피의 성례를 올바르게 받는 것에 대하여 16. 성령의 은사에 대하여 17. 기원절(공도재)에 대하여 18. 결혼생활의 상태에 대하여 19. 회개에 대하여 20. 태만에 반대하여 21. 반란에 반대하여

36. Of Consecration of Bishops and Ministers (주교와 성직 서품에 관하여)

The Book of Consecration of Archbishops and Bishops, and Ordering of Priests and Deacons, lately set forth in the time of Edward the Sixth, and confirmed at the same time by authority of Parliament, doth contain all things necessary to such Consecration and Ordering: neither hath it any thing, that of itself is superstitious and ungodly. And therefore whosoever are consecrated or ordered according to the Rites of that Book, since the second year of the forenamed King Edward unto this time, or hereafter shall be consecrated or ordered according to the same Rites; we decree all such to be rightly, orderly, and lawfully consecrated and ordered.

에드워드 6세 때에 발행되어 의회의 승인을 받은 대주교와 주교의 축성 및 사제와 부제의 서품식 예식문은 축성과 서품에 필요한 모든 것을 포함하고 있다. 이 예식 문에는 미신적이거나 불경건한 것은 아무 것도 없다. 그러므로 성직자는 앞에서 말한 에드워드 왕 제2년부터 오늘에 이르기까지 기도서의 의식에 따라 축성되고 서품되었으며, 이후에도 이와 같은 의식에 따라 축성되고 서품될 것이다. 우리는 이렇게 하여 축성되고 서품을 받은 모든 성직자를 올바른 질서에 따라 정당하게 축성 받고 서품 받은 사람으로 인정한다.

37. Of the Power of the Civil Magistrates (시민 통치 권력에 관하여)

The King's Majesty hath the chief power in this Realm of England, and other his Dominions, unto whom the chief Government of all Estates of this Realm, whether they be Ecclesiastical or Civil, in all causes doth appertain, and is not, nor ought to be, subject to any foreign Jurisdiction.

Where we attribute to the King's Majesty the chief government, by which Titles we understand the minds of some slanderous folks to be offended; we give not our Princes the ministering either of God's Word, or of the Sacraments, the which thing the Injunctions also lately set forth by Elizabeth our Queen do most plainly testify; but that only prerogative, which we see to have been given always to all godly Princes in holy Scriptures by God himself; that is, that they should rule all estates and degrees committed to their charge by God, whether they be Ecclesiastical or Temporal, and restrain with the civil sword the stubborn and evil-doers.

The Bishop of Rome hath no jurisdiction in this Realm of England.

The Laws of the Realm may punish Christian men with death, for heinous and grievous offences.

It is lawful for Christian men, at the commandment of the Magistrate, to wear weapons, and serve in the wars.

왕은 영국의 영토와 그의 통치권이 행사되는 지역에서 최고의 권력을 가진다. 이 영역에 속하는 재산에 대해서 최고 지배권은 교회와 시민 권력을 불문하고 외국의 치리에 종속되지 않는다. 우리가 왕권에 최고의 통치권을 부여한 이상, 이에 대해 중상모략을 하는 이들의 생각은 과오를 범하는 것으로 우리는 이해한다. 우리는 왕에게 하나님의 말씀과 성례를 집전을 권리를 부여하지 않는다. 이에 관하여 엘리자베스 1세 여왕이 발표한 최근의 칙령이 가장 명백하게 선언하고 있다. 그러나 성경에 기록된 경건한 모든 왕들에 대하여 하나님 자신이 늘 부여하신 독자적인 특권이란, 하나님께서 그들에게 책임을 주어 맡긴 모든 재산과 계급을 교회의 것이든 아니든 통치하며, 또 다스릴 때에 국가의 권력을 가지고 완고하고 악한 사람을 처벌하는 것을 말한다.

로마의 주교는 영국 영토 안에서 어떤 치리권도 갖지 못한다. 영국 영역을 지배하는 모든 법은 그리스도인의 가장 악하고 중대한 범죄에 대하여 사형을 선고할 것이다. 그리스도인이 통치자의 명령에 따라 무기를 들고 전쟁에 나가는 것은 정당하다.

38. Of Christian Men's Goods, which are not common (그리스도인의 재산은 공유물이 아님에 관하여)

The Riches and Goods of Christians are not common, as touching the right, title, and possession of the same; as certain Anabaptists do falsely boast. Notwithstanding, every man ought, of such things as he possesseth, liberally to give alms to the poor, according to his ability.

그리스도인의 부와 재산은 그 권리와 명칭과 소유에서, 재세례파 사람들이 거짓되고 과장하여 말하는 것처럼 공유물이 아니다. 그러나 사람들은 모두 그 소유물을 가지고서 자신의 능력에 따라 자유롭게 가난한 사람을 구제해 주어야 한다.

39. Of a Christian Man's Oath (그리스도인의 맹세에 관하여)

As we confess that vain and rash swearing is forbidden Christian men by our Lord Jesus Christ, and James his

Apostle, so we judge, that Christian Religion doth not prohibit, but that a man may swear when the Magistrate requireth, in a cause of faith and charity, so it be done according to the Prophet's teaching in justice, judgement, and truth.

우리 주 예수 그리스도와 사도 야고보께서 우리의 공허하고 경박한 맹세를 금지하고 있지만, 그리스도교의 신앙과 사랑을 위하여 통치자가 맹세를 요구할 때는 맹세할 수 있다. 그러나 이 경우에 예언자들의 교훈에 따라서 정의와 올바른 판단과 진리로 맹세해야 한다.

II. 청교도 운동 전후의 유럽의 통치자들[1]

1. 교황(POPES) : 연도는 재위기간이며 괄호 안은 본명임

Martin V(1417-1431)(Oddone Colonna)

Eugenius IV(1431-1447)(Gabriele Condulmer)

Nicholas V(1447-1455)(Tommaso Parentucelli)

Calixtus III(1455-1458)(Alonso de Borja)

Pius II (1458-1464)(Enea Silvio Piccolomini)

Paul II (1464-1471)(Pietro Barbo)

Sixtus IV (1471-1484)(Francesco della Rovere)

Innocent VIII (1484-1492)(Giovanni Battista Cibo)

Alexander VI (1492-1503)(Rodrigo de Borja)

Pius II (1503)(Francesco Todeschini-Piccolomini)

Julius II (1503-1513)(Giuliano della Rovere)

Leo X (1513-1521)(Giovanni de' Medici)

Adrian VI (1522-1523)(Afrian Floriszn)

Clement VII (1523-1534)(Giulio de' Medici)

Paul III (1534-1549)(Alessandro Famese)

Julius III (1550-1555)(Giovanni Maria Ciocchi del Monte)

Marcellus II(1555)(Marcello Cervini)

Paul IV (1555-1559)(Gian Pietro Caraffa)

Pius IV (1559-1565)(Giovanni Angelo de' Medici)

St. Pius Ⅴ(1566–1572)(Antonio Michele Ghisleri)

Gregory ⅩⅢ (1572–1585)(Ugo Buoncampagni)

Sixtus Ⅴ (1585–1590)(Felice Peretti)

Urban Ⅶ (1590)(Giambattista Castagni)

Gregory ⅩⅣ (1590–1591)(Niccolo Sfondrati)

Innocent Ⅸ (1591)(Gian Antonio Facchinetti)

Clement Ⅷ (1592–1605)(Ippolito Aldobrandini)

Leo ⅩⅠ (1605)(Alessandro de′ Medici)

Paul Ⅴ (1605–1621)(Camillo Borghese)

Gregory ⅩⅤ (1621–1623)(Alessandro Ludovisi)

Urban Ⅷ (1634–1644)(Maffeo Barberini)

Innocent Ⅹ (1644–1655)(Giambattista Pamfili)

———
1) 이상규, 「교회개혁사」, (서울:성광문화사, 1997), 343–47.

2. 독일과 신성로마제국 (KINGS OF GERMANY AND HOLY ROMAN EMPERORS)

1) 룩셈부르크가 (House of Luxemburg)

Sigmund (1410-1437)

2) 합스부르크-트라스타마라가 (House of Habsburg-Trastamara)

Albert II (1438-1439)

Frederick III (1440-1493)

Maximilian I (1493-1519)

Charles V (1519-1556)

Ferdinand I (1556-1564)

Maximilian II (1564-1576)

Rudolph II (1576-1612)

Matthias (1612-1619)

Ferdinand II (1619-1637)

Ferdinand III (1639-1657)

3. 부르군디공 (公, DUKES OF BURGUNDY)

1) 발로이스가 (House of Valois)

Philip "the Bold" (1364–1404)

John "the Fearless" (1404–1419)

Philip "the Good" (1419–1467)

Charles "the Bold" (1467–1477)

2) 함스부르크가 (House of Habsburg)

Maximilian I (regent, 1477–1482)

Philip "the Handsome" (1482–1506)

Charles V (1506–1556)

Philip II (1556–1598)

Philip III (1598–1621)

Philip IV (1621–1655)

4. 영국 (KINGS OF ENGLAND)

1) 랭커스터가 (House of Lancaster)

Henry IV (1399–1413)

Henry V (1413–1422)

Henry VI (1422–1461)

2) 요크가 (House of York)

Edward IV (1461–1483)

Edward V (1483)

Richard III (1483–1485)

3) 튜더가 (House of Tudor)

Henry VII (1485–1509)

Henry VIII (1509–1547)

Edward VI (1547–1553)

Mary (1553–1558)

Elizabeth I (1558–1603)

4) 스튜어트가 (House of Stuart)

James I (1603-1625)

Charles I (1625-1649)

5. 스코틀랜드 (KINGS OF SCOTLAND)

스튜어트가 (House of Stuart)

Robert III (1390-1424)

James I (1424-1437)

James II (1437-1460)

James III (1460-1488)

James IV (1488-1513)

James V (1513-1542)

Mary of Guise (regent, 1543-1560)

Mary, "Queen of Scots" (1561-1567)

James VI (1567-1625)

Charles I (1625-1649)

6. 프랑스 (KINGS OF FRANCE)

1) 발로이스가 (House of Valois)

Charles VI (1380–1422)

Charles VII (1422–1461)

Louis XI (1461–1483)

Charles VIII (1483–1498)

Louis XII (1498–1512)

Francis I (1515–1547)

Henry II (1547–1559)

Francis II (1559–1560)

Charles IX (1560–1574)

Henry III (1574–1589)

2) 부르봉가 (House of Bourbon)

Henry IV (1589–1610)

Louis XIII (1610–1643)

Louis XV (1643–1715)

참고문헌

1. 국내 단행본

김광채 「근세. 현대 교회사」. 서울 : CLC, 2005.

김남준 「존 오웬의 신학」. 서울 : 부흥과개혁사, 2011.

김성천.정준기 「근세 현대 교회사」. 서울 : 기쁨마당, 2013.

나종일.송기범 「영국의 역사」상. 서울 : 한울 아카데미, 2008.

박영호 「청교도 실천신학」. 서울 : 기독교문서선교회, 2005.

오덕교 「장로교회사」. 서울 : 합동신학교 출판부, 1995.

윤병운 「서양철학사」. 서울 : 리빙북, 2008.

원종천 「청교도 언약사상: 개혁운동의 힘」. 서울 : 대한기독교서회, 2002.

이기문 편 「기독교대박과사전」. 서울 : 기독교문사, 1980.

이상규 「교회개혁사」. 서울 : 성광문화사, 1997.

이은선 「종교개혁사」. 서울 : 도서출판 지인, 2014.

정준기 「미국 대 각성운동」. 광주 : 도서출판 복음문화사, 1994.
　　　「청교도 인물사」. 서울 : 생명의말씀사, 2001.

홍치모 「스코틀랜드 종교 개혁과 잉글랜드 혁명」. 서울 : 총신대학 출판부, 1991.

홍치모 편 「칼빈과 낙스」. 서울 : 성광문화사, 1991.

2. 번역본

기쿠치 요시오 「신성로마제국」. 이경덕 옮김. 서울: 다른세상, 2010.

데이비스 멜빈 「칼빈주의 사상과 자유 사상」. 한국 칼빈주의 연구원 역.
서울 : 기독교문화협회, 1993.

라이큰 릴랜드 「청교도-이 세상의 성자들」 (Worldly Saints-The Puritans As They
Really Were). 김성웅 옮김. 서울: 생명의말씀사, 2009.

루이스 피터 「청교도 목사와 설교」 (The Genius of Puritanism). 서창원 옮김.
서울: 청교도신앙사, 2002.

리드 스탠퍼드 「존 낙스의 생애와 사상」. 서영일 역. 서울 : 기독교 문서 선교회, 1984.

모루아 앙드레 「영국사」 (Historore D'angleterre). 신용석 옮김. 서울: 김영사, 2013.

비글 브루스 「복음과 청교도 설교」 (Light and Heat : The Puritan view of The
Pulpit). 원광연 옮김. 서울: 청교도신앙사, 2002.

샤프 필립 「신조학」. 박일민 역. 서울 : 기독교 문서 선교회, 1993.

스콧 월터 「스코틀랜드 역사이야기-2」. 이수잔 옮김. 서울 : 현대지성례, 2005.

위어 엘리슨 「헨리 8세와 여인들」1, 2. 박미경 옮김. 서울 : 루비박스, 2008.
「엘리자베스 1세」. 하연희 옮김. 서울: 루비박스, 2007.

퍼킨스 윌리엄 「기독교의 기본원리」 (The Foundation of Christian Religion).
김홍만 옮김. 서울: 지평서원, 2012.

Bainton Roland H. 「세계교회사」 (Christendom). 이길상 옮김.
서울 : 크리스챤다이제스트, 2001.

Cairns Earle 「세계교회사(하)」. 엄성옥 역. 서울: 은성, 1995.

Estep William R. 「르네상스와 종교개혁」(Renaissance and Reformation).
라은성 역. 서울: 그리심, 2003.

Heron James. 「청교도 역사」 (A Short History of Puritanism). 박영호 역.
서울 : 기독교문서선교회, 1996.

Lewis Peter. 「청교도 목회와 설교」(The Genius of Puritanism). 서창원 옮김. 서울: 청교도신앙사, 2002.

Lloyd-Jones Martyn. 「청교도 신앙 그 기원과 계승자들」(The Puritans: Their Origins and Successors). 서문강 옮김. 서울: 생명의말씀사, 2005.

Packer James I. 「청교도 사상」(Among God'S Giants: Aspects of Puritan Christianty). 박영호 역. 서울: 기독교문서선교회, 2001.

Schaff Philip. History of the Christian Church., Vol. 6. 이길상 옮김. 서울: 크리스챤다이제스트, 2005.

Spitz Lewis. 「종교개혁사」. 서영일 역. 서울: 기독교 문서 선교회, 1991.

Walker Williston. 「세계교회사」(A History of the Christian Church). 송인설 역. 서울 : 크리스챤다이제스트, 2002.

3. 국외 단행본

Ames William. Conscience, London. 1643.

Attersol William. A Commentary upon Epistle of Saint Paul to Philemon. 2nd edition, folio, 1633.

Axtell James. The School Upon a Hill: Education and Society in Colonial England. New Haven, 1974.

Barker Arthur E. Milton and the Puritan Dilemma. Toronto, 1942.

Beveridge William. A Short History of The Westminster Assembly. Greenville : Reformed Academic Press, 1993.

Brauer Gerald, ed. The Westminster Dictionary of Church History. Philadelphia : Westminster, 1969.

Brinton Crane, ed. Civilization in the West. Englewood. Cliff : Prentic-Hall, 1981.

Calvin John. Institute IV.

Collinson Patrick. The Elizabethan Puritan Movement. Berkeley, 1967.

Donaldson Gordon. A Source Book of Scottish History. Edinburgh, 1963.

. The Scottish Reformation. Cambridge, 1960.

. Church and Nation through Sixteen Centuries. London: SCM, 1960.

Fallon R. T. Captain or Colonel: The Soldier in Milton's Life and Art. Columbia: University of Missouri Press, 1984.

Firth C. H. Cromwell's Army. London, 1961; original ed., 1902.

Frere W. H. The English Church in the Reigns of Elizabeth and James I. 1904.

Grun Bernard. History. New York: Touchstone Book, 1982.

Knox John. History of the Reformation in Scotland, ed. W. C. Dickinson. Edinburgh, 1949.

Kelly Maurice. The Great Argument. Princeton, 1941.

Koehler Lyle. A Serach for Power. Urbana, 1980.

Knappen Marshall M. Tudor Puritanism. Chicago: The University of Chicago Press, 1965.

Lake Peter. Moderate Puritans and the Elizabethan Church. Cambridge, 1984.

Laing, David, ed. The Works of John Knox, 3vols. Edinburgh, 1895.

Latourette Kenneth. A History of Christianity. Vol.2. New York : Harper, 1953.

Lieb Michael. Poetics of the Holy. Chapel Hill, 1981.

Lorimer Peter. John Knox and the Church of England. London, 1875.

Lowenstein David. Milton and the Drama of History. Cambridge : Cambridge University Press, 1990.

Mayer John. Praxis Theologica, 1629.

Maxwell William. History of The Westminster Assembly of Divines. The United of America, 1993.

McNeill John. The History and Character of Calvinism. New York : Oxford University Press, 1967.

McLoughlin William G. Revivals, Awakenings, and Reform. Chicago : University of Chicago Press, 1978.

Milton Christopher Kendrick. A Study in Idealogy and Form. New York : Methuen, 1986.

Molen Ronald J. Vander. Church History, 1978.

Peel A. and Carson Leland H, eds. Cartwrightiana. London, 1951.

Perkins William. Christian Oeconomie. London, 1609.

Parker T. H. L. The Oracles of God. London : Lutterworth Press, 1947.

Ridley Jasper. John Knox. Oxford, 1958.

Rogers Jack. Presbyterian Creeds. Philadelphia : Westminster, 1985.

Rogers Daniel. Matrimonial Honour. London, 1642.

Rothrock George A. Europe. Chicago, 1975.

Viault Birdsall. Western Civilization since 1600. New York : McGraw-Hill, 1990.

Warfield B. B. The Westminster Assembly and Its Work. Mack Publishing Company, 1972.

4. 기타

Geroge Timothy. "War and Peace in the Puritan Tradition." Church History 53. 1984,

Hall Basil. "Calvin against the Calvinists." In John Calvin. ed. G. E. Duffield. Grand Rapids: Eerdmans, 1966.

Reid Stanford. "John Calvin, John Knox, and the Scottish Reformation." Calvinism, ed. Richard Gamble. New York: Garland, 1992.

Shipps Kenneth. "The Political Puritan." Church History. 1976.

Siegel Paul. "Milton and the Humanist Attitude toward Women." Journal of the History of Ideas 11. 1950,

Todd Margo. "Humanists, Puritans and the Spiritual Household." Church History 49. 1980.

Walzer Michael. "Calvinists Become Revolutionaries." Calvin and Calvinism. Lexington: Heath, 1970.

朴熙錫. "위클리프의 성경관." 「신학지남」 제208호, 1986.

임종호. 「블로그」, 주낙현 역, 2014년 8월 26일.

브리테니커.동아일보. 「브리테니커 세계 대백과사전」 Vol 10. 서울: 삼화인쇄, 1993.

브리테니커.동아일보. 「브리테니커 세계 대백과사전」 Vol 14. 서울: 삼화인쇄, 1993.

브리테니커.동아일보. 「브리테니커 세계 대백과사전」 Vol 17. 서울: 삼화인쇄, 1993.

브리테니커.동아일보. 「브리테니커 세계 대백과사전」 Vol 23. 서울: 삼화인쇄, 1993.